삶이라는 지옥을 건너는 70가지 방법

한 그루의 나무가 모여 푸른 숲을 이루듯이
청림의 책들은 삶을 풍요롭게 합니다.

삶이라는 지옥을

건너는
70가지 방법

이동용 지음

추수밭

Arthur Schopenhauer

일러두기

※ 기독교의 성경에는 가톨릭에서 쓰는 것(73권)과 개신교에서 쓰는 것(66권)이 따로 있다. 이 책에서 인용이 필요할 때는 개신교의 성경을 사용하도록 한다.

※ 성경 구절을 인용할 때는 성경의 문체를 가급적 살리기 위해 쉼표나 마침표 등을 사용하지 않도록 하고, 인용의 마지막 부분에만 마침이라는 기호의 의미로 마침표를 남겨놓도록 한다.

※ 가톨릭의 개념들, 예를 들어 하느님이니 그리스도교니 하는 것을 지양하고, 하나님이니 기독교니 하는 식으로, 즉 개신교의 개념을 선택하여 옮겨놓았음을 밝혀둔다.

※ 본문에서 쇼펜하우어의 두 권의 책을 인용할 때는 다음과 같은 약어로 표시하기로 한다.
① 《의지》 → 《의지와 표상으로서의 세계》, 홍성광 옮김, 을유문화사 개정증보판, 2015.
② 《인생》 → 《쇼펜하우어의 행복론과 인생론》, 홍성광 옮김, 을유문화사 3쇄, 2015.

염세주의 철학이 주는
뜻밖의 위로

위로는 위험하다. 그것을 들을 준비가 되어 있지 않은 자에게 위로는 치명적인 상처를 남길 수 있고, 준비되어 있다고 하더라도 질투심이나 경쟁심을 자극하기 십상이기 때문이다. '거만한 사람은 위로를 들어도 화를 내고, 지혜로운 사람은 위로를 들으면 사랑한다'라는 성경 말씀도 있다지만, 위로는 사실 누구에게나 주어져 있는 것이다. 거만한 사람도, 지혜롭지 않은 사람도, 책을 전혀 읽지 않는 사람까지도 저마다의 생각으로 위로를 건넬 수 있다. 사람은 누구나 위로를 원하기 때문이다. 그렇지만 아무나 위로가 될 수는 없다. 어쩌면 위로도 기술이다. 어떻게 위로가 통할 수 있을지 그 이유를 찾을 수만 있다면, 그것은 엄청난 힘을 발휘할 것이다.

수천 년 전 한 선지자가 느닷없이 '회개하라!'라고 외쳤을 때 그것

을 받아들인 사람들이 있었던 것처럼, 지금 느닷없는 위로의 소리
에도 사람들은 언제든지 귀를 기울일 준비가 되어 있다. 위로의 힘
은 강력하다. 좋은 인연이 삶에 지대한 영향을 미치듯이, 가슴에 남
은 말은 평생을 인도해준다.

위로의 말은 자신을 되돌아보는 데 쓰일 때 힘을 발휘한다. 위로
가 마음에서 읽히고 있다면, 자기에게 위로가 필요했던 이유를 찾
아내고 치유를 받을 수 있도록 배려해야 한다. 위로가 쓸데없는 소
리나 잔소리로 들리고 있다면, 자기 내면에 거만함이 서려 있는 것
은 아닌지 반성을 해봐야 할 것이다. 이래도 좋고 저래도 좋다. 모
든 것은 그저 받아들이는 사람 마음에 달려 있을 뿐이다.

쇼펜하우어의 철학에는 유명한 별명이 하나 붙어 있다. '염세주
의'라는 이 개념은 지극히 불편한 감정을 불러일으킨다. '세상은 아
름답지도 않을뿐더러 나쁘기만 하다' 혹은 '삶은 살 만한 가치도 없
고 부정적이기만 하다', 이런 식의 평가가 덧붙여지기 때문이다.

"넌 안 돼! 넌 죽을 거야! 넌, 해도 안 돼!" 이런 부정적인 말을 끝
도 없이 듣게 되면 누구라도 마음이 피폐해질 것이다. 말이 폭풍처
럼 밀려와 정신을 차가운 바닥에 드러눕게 할 수도 있다. "그래, 난
안 돼!" 하며 수긍하고서 애써 이루려던 것을 포기할 수도 있다. 그
래도 삶은 여전히 삶으로 주어져 있다. 이것이 삶이라는 수수께끼
현상이다. 사람은 살아 있어야 사람이다.

쓰러져도 내 삶이다. 울고 있어도 내 눈물이다. 못생겨도 내 얼
굴이다. 키가 작아도 내 몸이다. 대머리도 내 머리다. 이를 어쩌랴!

하지만 기준을 다른 곳에 두면, 모든 것이 문제가 되고 만다. 죽어서야 가는 천국이 좋다고 말하는 순간, 이 세상에서 살아야 하는 '나'는 갈 곳을 잃고 만다.

염세주의 철학자, 쇼펜하우어가 세상을 바라보는 시각은 남다르다. 음울하다. 불신이 가득하다. 왜냐하면 세상은 나를 가만두지 않을 것이기 때문이다. 세상은 반드시 나를 죽일 것이다. 죽음이 사람의 운명임을 끝내 가르치고야 말 것이다. 나는 확실히 죽을 것이다.

그런데 쇼펜하우어의 책은 묘한 매력이 있다. 배우고 나면 전혀 다른 것이 주어진다. 염세주의 철학도 감당하고 나면 깨달음의 기회가 주어진다. 쇼펜하우어는 인습적인 기독교적 방식을 버리고 힌두교적 혹은 불교적 방식에서 해답을 찾는다. 후자는 우리가 사는 이 세상을 사바세계로, 참고 견뎌내야 하는 세계로 소개한다. 이 세상이 고해苦海 라고, 눈물의 바다라고 가르친다. 그런데 재미난 것은 이런 세계에서 살아야 하는 이유가 있다는 것이다. 이 이념이 반전을 제공한다.

세상이 지옥 같고 흉측해도 그 세상을 알고 나면 나의 것이 되어 아름답게 펼쳐질 수 있다. 삶은 깨달을 기회이다. "넌 안 될 거야!"라는 말을 듣고 나서, "그래, 난 안 돼! 그래서 어쩌라고!" 하고 대꾸하고 나면, 왠지 모르게 예상치도 못한 힘이 솟구치게 될 것이다.

수유리에서

이 동 용

1부
마음으로 가는 길 찾기

1장   이성   좋은 말은 평생 해도 모자란다

2장   인연   마음이 닿아야 사랑도 할 수 있다

2부
잘 살기 위해 방황하기

3부
나를 가둔 틀에서 벗어나기

독서 나침반과
여행 준비

이대로 여행을 출발하려 하니 걱정이 앞선다. 시작도 하기 전에 포기부터 하지 않을까 하는 염려가 조바심을 내게 한다. 위로의 소리를 듣고 싶으면 우선 스스로 책 앞에 앉아줘야 한다. 책을 붙들고 오열하는 시간도 가져봐야 한다. 가시 같은 날카로운 질문에 심장이 찔려봐야 한다. 사방이 막혀 있다는 답답함도 느껴봐야 한다. 어둠 속에서 추락하고 있는 듯한 아찔함도 경험해봐야 한다. 심연을 품은 거울 속에서 자기 자신을 찾아보기도 해야 한다.

문제에 대한 의식도 없으면서 답을 기대한다면 욕심이다. 일단 문제의식부터 장착해야 한다. 그래서 걱정이다. 무작정 침대 위에 누우면서 치료해달라고 말하는 환자보다 더 황당한 경우는 없기 때문이다. 환자의 입장에서는 자신이 어떤 병원으로 어떤 의사를 찾아 가는지 확실히 아는 것이 급선무이다. 그래서 본론으로 들어가기 전에, 또 다른 형식의 머리말을 하나 마련했다. 출발은 잠시 미루기로 하자.

독서는 일종의 여행이다. 정신으로 떠나는 여행이다. 여행할 때는 떠난 곳에 대한 미련보다는 떠나면서 향하고 있는 곳에 대한 동경이 더 요구된다. 그러면서 마음도 여행지에 맡겨야 한다. 마음의 문을 활짝 열어놓고 여행지가 제공하는 온갖 정보의 빗물에 흠뻑 젖어봐야 한다. 그것이 빗물이 아니라 눈물이 되어 흘러내릴 때 감정은 새로운 힘으로 솟아오르게 될 것이기 때문이다. 이런 반전의 이야기야말로 사람의 문제이다.

.

우선 쇼펜하우어라는 사람을 인정하고 받아들여보자. 인간은 호모 사피엔스라는 학명을 갖고 있듯이, 누구나 자신의 생각을 가지고 살아간다. 쇼펜하우어도 나름대로 생각을 하며 살았다. 다만 그것이 유명해졌을 뿐이다. 사람들은 그의 생각을 일컬어 염세주의라고 부른다. 염세는 가장 나쁘다는 것을 의미하는 라틴어 '페시무스*pessimus*'를 우리말로 번역한 것이다.

문제는 가장 나쁘다고 말해지는 그것을 가장 좋다는 말로 전환할 수 있는 능력이다. 반전을 드러내는 능력이 있어야 염세주의도 힘을 발휘하게 될 것이다. 염세가 염세가 아닐 수 있다. 부정이 부정이 아닐 수 있다. 이런 가능성에 대해서 마음의 문을 활짝 열어보자. 그러면 창문을 통해 어떤 낯선 공기가 들어오기도 하겠지만, 그 느낌은 불쾌함보다는 상쾌함으로 전환될 것이다. 받아들일 마음만 있다면 모든 것은 도움이 될 것이다.

그리고 이성이라는 거대한 개념이 본론의 첫 관문을 형성하여 기다리고 있음을 곧 알게 될 것이다. 이성이라는 소리만 들어도 머리가 지끈거릴 것이다. 도대체 이성이 무엇인가? 아무리 소리 높여 물어봐도 속 시원한 대답은 들을 수 없을 것이다. 이성은 인간의 문제이기 때문이다. 그렇다면 또 다른 질문이 형성된다. '인간이 무엇인가?' 이 질문은 결국 '나는 누구인가?'라는 질문과 같은 맥락을 형성하고 있을 뿐이다. 질문만 돌고 돈다.

쇼펜하우어의 선배들, 특히 '독일 관념론'이라 불리는 철학을 펼쳤던 칸트와 헤겔은 이성을 신성화하는 데 주력했다. 이성은 신성한 것이었다. 이성에는 문제가 없다는 입장이었다. 이성에 대해 찬송가를 불러대던 시대에 맞서 쇼펜하우어는 이성을 그저 도구 정도의 역할로 내려앉히는 혁명을 시도한다. 이성은 신성하지도 않고 신성할 수도 없다는 것이 그의 주장이었다. 이성은 그저 거울과 같아서 들어온 것만 보여준다는 것이다.

무엇이 문제의 핵심인지를 알고 임하는 것과 아무것도 모른 채 다가서는 것은 천지 차이이다. 물론 이미 아는 것이 도리어 방해가 될 수도 있다. 독서에 자신이 있는 사람은 그저 모든 것을 훌훌 털고 잠시 제자리 뛰기를 하며 앞으로 있을 오래달리기를 준비해주면 된다. 능력은 사람마다 다르다. 누구는 이런 소리로 충분하고, 누구는 이런 소리가 부담스럽고, 또 누구는 이런 소리도 도대체 무슨 소리인지 모를 수 있어서 걱정이다.

　쇼펜하우어도 자신의 대표작 《의지와 표상으로서의 세계》를 위한 머리말을 세 개나 작성해놓았다. 걱정이 발목을 잡았던 것이다. 게다가 그는 이 책을 최소한 '두 번 읽어달라'고 신신당부했다. 반복이 답이다. 불교의 스님들도 '염불을 외운다'라는 말을 한다. 같은 문장을 수도 없이 되새김질하는 것이다. 기독교의 성경 저자들도 '묵상'이라는 개념을 전면에 내세웠다. 사람의 행복도 신의 말을 붙들고 묵상하는 시간을 통해서만 실현된다는 말이다.

　지금 우리는 한 권의 책을 읽으려 한다. 쇼펜하우어가 남겨놓은 문장들을 각 꼭지마다 인용하고, 그 인용문이 나침반 역할을 하게 될 것이고, 또 그것을 근거로 하여 눈앞에 드넓은 여행지가 펼쳐지고 있음을 알게 될 것이다. 그리고 지금 읽게 될 이 책은 계속해서 손을 내밀 것이다. 여행에 임하는 자를 인도해주려는 요량으로 내미는 손일 뿐이니 그저 믿고 잡아주길 바란다. 더럽고 역겨웠던 개구리가 공주를 만나 왕자로 변신을 하듯이, 독서도 인연이 되어야 의미를 취하게 되고, 그런 독서를 통해서만 자신의 인생을 바꿔주는 책을 얻게 되는 것이다.

　또 이 책은 가끔 자전거를 처음 배우는 자의 뒤에서 넘어지지 않도록 잡아주다가 부지불식간에 잡았던 손을 놓기도 할 것이다. 도움의 손길이 더 이상 필요 없다고 판단될 때는 조용히 자유를 허용할 것이다. 가고 싶은 대로 가라고 내버려둘 것이다. 이 책이 담아내고 있는 반복되는 말들 속에서 스스로 생각에 임하는 자기 자신을 발견할 때, 이 책은 밤하늘의 별처럼 멀리 떨어져 있을 것이다. 그때는 〈창세기〉에도 나오는, 세상이 창조되기 전의 혼돈을 뜻하는 '깊음 위의 흑암'이 멋진 무대로 인식될 것이다.

이미 쇼펜하우어가 누군지, 염세주의가 무엇인지 대략이라도 아는 독자에게는 미안한 마음부터 전한다. 하지만 그렇지 못한 독자에게는 어둠이 무대가 될 때까지 오르고 또 올라주길 바란다. 짓누르던 어둠이 발아래에 놓일 때까지 염불을 외운다는 마음으로 낭독하며 읽어주면 금상첨화가 될 것 같다. 묵상을 한다는 마음으로 구절들을 노트에 적어두고 시시때때로 꺼내 그 별빛을 확인해주면 더욱 좋겠다. 인연은 그렇게 만들어지는 법이다.

밤하늘에 별빛은 처음부터 있었다. 그 빛을 보는 것이 관건이다. 빛이 현상의 의미로 주어질 때 마침내 깨달음이 주어질 것이다. 무엇을 깨달았는가? 그 깨달음이 빛이 되어 삶의 현장을 밝혀줄 것이다. 밝은 삶은 빛을 알아본 자의 것이다. 살면서 얼마나 많은 빛을 또 얼마나 강렬한 빛을 보았는가? 대답은 자기 몫이다. 아무도 대신 대답해줄 수가 없다.

이미 차례에서 보았겠지만, 이 책은 세 개의 부, 즉 '마음으로 가는 길 찾기', '잘 살기 위해 방황하기', 그리고 '나를 가둔 틀을 벗어나기'로 나눴고, 그에 따른 장별 열 개의 키워드는 쇼펜하우어가 이전 철학자들과 전혀 다른 의미를 제시한 개념들이다. 아울러 세 개의 부는 무엇보다도 쇼펜하우어의 철학이 말하는 '내면의 변화' 흐름으로 간주하면 된다. 그것은 고통으로 가득한 세상에서 방향을 잡고, 삶의 어둠 속에서 빛을 찾고 벗어나는 과정이 될 것이다. 믿고 따라주길 바란다.

1부

마음으로 가는
길 찾기

1장

이성

좋은 말은 평생 해도 모자란다

철학은 지옥 같은 세상에 밝음을 선사한다

학문이 끝나는 곳에서 철학이 시작된다.
_《의지》

밝음의 학문이 철학이다

철학은 혼자서 생각하는 능력이다. 혼자가 되어도 절망하거나 쓰러지지 않고 잘 생각하며 살아가는 방법을 배우고 실천하는 능력이다. 철학은 삶을 살아야 하는 이유를 묻게 하고 또 기어코 질문에 걸맞은 대답을 찾게 해준다. '어떻게 살아야 하는가?', '나는 누구인가?', '삶의 의미는 무엇인가?' 이런 것이 철학이라는 영역에서 던져놓은 대표적인 질문들이다.

질문이 던져지면 대답은 언젠가 그리고 마침내 조물주가 내미는 손길처럼 주어질 것이다. 아무리 사소한 질문이어도 그것이 끌고 오는 대답은 온 세상과 얽힌 현상으로 펼쳐질 것이다. 작은 낚싯바늘 하나가 고래를 낚을 수도 있다. 다만 기다림이 문제이다. 서두르지 말아야 한다. 서두르면, 시간은 늘 한 발자국 앞에서 희롱의 손짓을 보낼 뿐이다.

우리말에서 철학은 밝을 철哲 자를 앞세운다. 밝음의 학문이 철학이다. 어둠 속에서도 빛을 바라볼 줄 아는 지혜의 학문이다. 어둠 속에서도 별을 보는 법을 알면 외롭지 않다. 어둠 속에서도 길을 잃지 않고 밝은 길을 찾아내는 눈을 선사하는 것이 철학의 힘이다.

배우지 않으면 위태롭다

놀고 싶으면 휴식 시간이 주어져야 한다. 쉬는 시간이 되어야 마침내 쉴 수 있는 것이다. 쉴 수만 있다면 노는 것은 세상에서 제일 쉬운 일이 된다. 쉽다는 생각은 자유를 느끼게 해준다. 아무것도 하지 않으면서도 놀 수 있다. 허공을 바라보면서도 모든 것을 얻을 수 있다. 눈을 감고서도 놀 수 있다. 맨땅에 그림을 그리면서도 온 우주의 의미를 담아낼 수 있다.

사람은 배워야 한다. 학교에서 배워야 할 것은 일단 다 배운 뒤라야 철학이 시작된다. 철학자는 자유로워야 한다. 생각이 어느 하나에 얽매이고 나면 철학은 멀어지고 만다. 생각은 자유이다. 하지만 생각을 자유롭게 하기 위해서는 생각을 위해 필요한 모든 것을 일단은 배워야 마땅하다. 배우지도 않고 생각하려 할 때 실수를 저지르게 되는 것이다.

공자도 "학이불사즉망 사이불학즉태學而不思則罔, 思而不學則殆"라는 말을 남겼다. 이 말을 좌우명으로 삼아도 모자람이 없을 것이다. 이 말을 낚싯바늘로 삼으면 인생이라는 고래를 낚는 일은 시간문제가 될 뿐이다. 배우기만 하고 스스로 사색하지 않으면 어둡고, 생각하기만 하고 배우지 않으면 위태롭다는 뜻이다. 이런 의미까지 외워두고 있으면, 생각은 폭포처럼 중력의 맛을 볼 것이다.

천국에 가려면 지옥을 통과하라

007 시리즈물 중에 〈스카이폴〉이란 영화가 있다. 영화의 주제가는 아델이라는 세계적인 가수가 매력적이고 아름다운 목소리로 불렀다. "이제 끝이야" 하며 시작하는 노래가 오히려 절망의 늪으로 끌고 들어가지 않고, 이유 모를 용기를 준다. 그 노래에서 유독 귓가를 맴도는 후렴구가 있다. "하늘이 무너지게 내버려둬 / 그것이 무너질 때 / 우리는 높이 일어설 테니까." 반전이다.

'하늘이 무너져도 솟아날 구멍은 있다.' 자기 자신을 쓰러뜨렸던 온갖 것들 앞에서 이 말만 주문처럼 외우면, 일어설 수 있는 힘이 생겨난다. 눈물을 흘리면서도 담담하게 웃을 수 있는 기적도 일어난다. 그때 세상에 불가능은 없다는 말의 의미를 깨닫게 된다. 몰락의 미학도 도움의 손길을 내민다. 폭포수의 물 한 방울처럼 무지개를 만드는 비결을 알게 된다.

배움이 끝나야 놀 수 있다. 학문이 끝나야 철학이 시작될 수 있다. 철학은 놀면서 시작된다. 끝이라고 생각했던 곳이 시작 지점으로 전환을 일군다. 반전이 발생한다. 진정한 카타르시스는 이런 반전과 함께 실현된다. 철학은 헤라클레스이다.[2] 철학을 배우고 나면, 헤라클레스가 자아의 모습으로 거울 속에 등장할 것이다.

철학을 공부하고 나면, 자신의 생각 속에서 꿈틀대는 힘줄을 느낄 수 있게 된다. 그 힘줄 위에 무엇을 올려놓아도 날카로운 화살이 되어 날아갈 준비를 갖추게 될 것이다. 눈물을 흘리게 했던 일들이 먼 곳으로 날아가 예상치도 못했던 목표를 맞추게 될 것이다. '말루스*Malus*('사과'라는 뜻의 라틴어. '악마'를 뜻하는 라틴어 '말룸*Malum*'과 비슷하여 기독교 전통에서 말루스는 '선악과'로 지칭되기도 했다)'라는 인식의 사과는 에덴동산에 있지만, 그것은 이상하게도 악마로부터 유혹을 받지 않고는 취할 수 없다는 그 수수께끼 같은 이야기의 의미도 깨닫게 될 것이다.

단테의 《신곡》도 천국으로 가는 길을 가르쳐주고, 또 천국에서의 시간과 함께 이야기를 마감하지만, 그 출발은 지옥에서 시작했다. 상상을 초월하는 그 뜨거운 지옥의 온도를 느끼면서 시작했다. 시작 뒤에는 끝까지 견디는 일만 남는다. 우리가 사는 이 세상이 사바

세계이다. 참고 견디는 세계이다. 주어진 이 세상을 잘 견디면 해탈이라는 영광이 주어질 것이다.

앞서 말했듯이 쇼펜하우어는 《의지와 표상으로서의 세계》의 머리말에 이런 말을 남겨놓았다. '두 번 읽어달라'고. 이 책을 두 번 읽는 것 외에는 다른 방도가 없다고 했다. 다른 방도가 없다. 어쩔 수 없다는 얘기이다. 여기서 '두 번'은 숫자에 불과하다. 누구에겐 '세 번'도 될 수 있고, 또 누구에겐 '열 번'도 될 수 있다. 반복이 문제라는 얘기이다. '금욕고행'이란 말은 사실 독서 행위로 간주해도 좋을 것이다.

> 잘 모르겠으면 두 번, 세 번 반복해서 읽어라.
> 철학은 배우고 난 뒤 생각하는 과정에서 시작된다.

사람은 생각하지 않고는 살아갈 수 없다

이성은 받아들인 다음에만 줄 수 있을 뿐이다. 이성이 그 자체로 홀로 갖고 있는 것은 내용이 없는 조작의 형식뿐이다.

_《의지》

나를 아는 것이 관건이다

아폴론 신전에는 '그노티 세아우톤Gnothi seauton'이란 말이 적혀 있었다고 한다. 번역하면 '너 자신을 알라'라는 말이다. 이 말이 지금까지 통하는 이유는, 사람은 반드시 보이지 않는 본질에서 자기 자신을 새롭게 찾아내야 해서이다. 성경에 따르면 예수가 등장하기 전에, 요한이란 사람이 광야에서 이렇게 외쳤다고 한다. "회개하라 천국이 가까이 왔느니라." 이 말이 통하는 이유도 회개(돌이키고 반성함)

가 사람이기에 가능한 그 무엇이기 때문임을 깨달아야 한다.

회개의 대상이 '나 자신'이 되었든 다른 누군가가 되었든, 그것은 사람이기에 인정할 수밖에 없는 것이다. '천국이 가까이 왔느니라'라는 말이 전하는 메시지는 사람의 마음을 두려움에 휩싸이게 한다. 천국이 가까워진 바로 지금이 '회개'해야 할 순간임을 깨닫게 해주기 때문이다. 만만치 않은 순간이다. 자기 자신이 되었든 회개할 내용이 되었든, 그것은 물처럼 돌처럼 가만히 존재하는 것이 아니기 때문이다.

있다 혹은 없다, 이 모든 것이 가능한 것이 자기 자신이고 또 회개해야 할 내용이다. 자기 자신을 알아야 또 회개를 제대로 해야 천국에 이르러 재앙을 면할 것이다. 천국으로 들어갈 수 있는 조건과 자격은 자기 자신을 알고 회개를 제대로 했을 때에만 주어진다. 참으로 묘하기 짝이 없는 이야기다. 구원의 조건은 '아는 것'과 관련하기 때문이다. 아는 것이 무엇인가? 그리고 앎을 통해 잘못을 인정하고 있는가?

이성은 형식이고 생각은 내용이다

돌고 도는 말 속에 중심을 꿰차고 있는 것은 인간의 이성이라는 보이지 않는 중심점이다. 이성이 문제의 핵심이라는 얘기이다. 이성적 존재라서 이성이 문제이고, 이성이 문제여서 아는 것이 문제가 된다. 도대체 이성이 무엇이기에 이토록 사람을 힘들게 하는 것일까? 사람은 생각하는 존재이다. 사람은 생각을 하며 살아야 하는 존재이다. 이것이야말로 그저 먹고사는 것만이 능사가 아님을 말해주는 수수께끼 같은 사실이다.

이성은 생각으로 살아야 하는 세상에서 중력처럼 작동한다. 모든 것은 이성으로 끌려 들어올 수밖에 없다. 사람이 생각하는 것은 바로 이성이 존재하기 때문이고, 이성의 힘으로 인해 마침내 생각할 수 있는 여건이 마련되는 것이다. 그런데 문제는 사물이 이성 속에서 변신을 한다는 데 있다. 모든 것은 이성이라는 거울 속에서 왜곡되어야 하는 운명에 처해지고 만다.

'무슨 생각을 하고 있는가?' 이 질문은 사람이기에 가능한 질문이다. 아무 때나 아무 곳에서나 느닷없이 던져놓아도 이 질문은 유용하게 작동한다. 사람이라면 누구나 이 질문 앞에서 자유로울 수 없기 때문이다. 사람 자체가 이미 생각하는 존재이기 때문이다. 이성은 자기 책임이다. 이성을 어떻게 다루느냐는 오롯이 자기 몫이 된다. 생각하는 능력은 형식으로 주어져 있다. 이제 그 형식 속에 어떤 내용을 채울 것인가가 문제이다.

내용과 형식은 생각의 안과 밖을 의미한다. 내용은 맛을 느끼게 해주지만, 형식을 갖추고 있어야 한다. 형식을 갖추지 않은 것은 결코 내용으로 간주될 수가 없다. 내용과 형식은 생각이라는 존재의 내면과 외면을 형성한다. 둘은 서로 다른 존재이지만 하나로 엮여야 힘을 발휘한다. 내 안에 '나'가 바로서야 힘을 발휘할 수 있다. 내가 나를 알아야 현존재로서 의미 있는 그 무엇이 된다.

위의 질문을 이렇게 바꾸면 어떨까. '생각 속에 무엇이 담겨 있는 가?' 그러면 '무엇'에 대한 질문이 더욱 선명해지기 때문이다. 가급 적이면 '좋은 생각'을 많이 해야 한다. 가능하다면 '좋은 말'을 하며 살아야 한다. 기독교도 이웃사랑을 외쳤고, 불교도 자비심으로 세상을 살아주기를 요구했다.

모든 철학은 나름대로 좋은 이념을 가르치려고 애를 썼다. 철학을 공부하며 누가 누구를 비판했다는 말만 기억하는 것도 실수이다. 모든 철학자는 나름대로 무엇을 사랑했는지를 분명하게 설명해놓았을 것이기 때문이다. '사랑했었다, 사랑했다, 사랑한다, 사랑할 것이다.' 이런 말들이 생각의 내용을 형성할 때, 그 생각은 나를 천국으로 인도해줄 것이다.

생각하는 능력(이성)은 모두에게 주어진다.
이제 어떤 내용을 채울 것인가는 우리에게 달려 있다.

사랑이
지혜보다 앞에 있다

아무도 해치지 말고, 모두를 도와주어라, 네가 할 수 있는 데까지.

《도덕의 기준에 관하여》

"아무도 해치지 말고"

뭐니뭐니해도 돕는 것이 관건이다. 살다 보면 해코지하기 일쑤이다. 누구나 자기 자신을 최고라고 여기기 때문이다. 경쟁을 인정하는 순간, 모든 것은 악순환을 면치 못하게 된다. 잘 살아보자고 외치는 순간, 잘 못 사는 삶을 결정함과 동시에 그 삶을 경시하고 폄하하는 실수를 저지르고 만다. 자신의 발밑에서 밟혀주는 이도 결국에는 사람이라는 사실을 무시하고 나면, 자기 자신이야말로 괴물 그 자체임을 인식조차 하지 못하는 지경이 펼쳐지고 만다.

염세주의 철학자는 좌우명으로 '도와주라'를 외치고 있다. 염세주의라는 철학적 형식과 도움이라는 철학적 내용 사이의 괴리부터 해결해야 한다. 쇼펜하우어는 각자 사는 이유를 누군가를 도와주는 데서 찾으라고 가르치고 있다. 스스로 타인을 위한 위로의 주체로 살아가고 있는가? 하루를 시작하며 누구를 도와주겠노라고 다짐한 적이 몇 번이었나? 그냥 막연하게 '이웃사랑'을 외쳐대며 자기 자신을 속인 적은 없는지 반성도 해봐야 할 일이다.

살면서 도대체 몇 명이나 도와주었는가? 나의 도움을 받은 사람의 이름을 낱낱이 헤아려보기도 해야 한다. 그런 이름들이 별빛이 되어 어두운 밤하늘을 밝혀줄 것이기 때문이다.

외국어를 배울 때 제일 먼저 배우는 것이 욕인 경우가 많다. 남에게 상처를 주는 말을 제일 먼저 배운다는 것이다. 이것이야말로 '참으로 잔인한 게 사람'임을 스스로 증명하는 꼴이다. 예수 그리스도가 이웃사랑을 외친 것이나, 싯다르타가 자비심을 가르친 것이나, 일반적으로는 그러한 가르침을 싫어하고 또 부담스러워하기 때문이다. 그러한 것들은 왠지 어렵고 꺼려진다. 이유가 없다. 그냥 하기 싫다. 그래서 밑도 끝도 없이 수많은 종교의 선지자들이 남을 사랑하고 도우라고 외치고 있는 것이다.

해치지 말고 도와주어라! 쇼펜하우어는 분명 이렇게 가르쳤다. 염세주의라는 개념을 입에 담으면서도 이런 말을 떠올릴 수 있어야 한다. 쉽지 않은 일이다. '염세'라는 말은 지극히 부정적인 이념을 중심으로 해서 돌기 때문이다. 다시 말하지만, 라틴어로 '페시무스Pessimus'는 '나쁜'이란 뜻이다. 나쁜 것을 중심으로 돌고 있는 말을 가지고도 타인을 해치지 않을 수 있어야 하고 또 더 나아가 도와줄 수 있기까지 해야 한다는 것이 철학적 숙제가 된다.

"모두를 도와주어라"

누가 뭐라 해도 철학은 사랑의 학문이다. 철학을 공부하는 이유는 사랑하기 위함이다. 고대 그리스어도 또 라틴어도 모두 '필로소피아Philosophia'라고 하는 이 단어를 '철학'이라고 번역하고 있다. '필로스Philos'는 사랑이라는 단어이고, '소피아Sophia'는 지혜라는 단어이다. 사랑은 동사로서의 역할이 강하고, 지혜는 내용을 규정하는 의미가 지배적이다.

사랑은 사랑하는 행동이 전제되어야 마땅하고, 지혜는 삶에 이로운 내용으로 채워져야 진리로 간주될 수 있는 것이다. 사랑한다고 말하면서 증오하는 것이 인간의 모순이다. 기도할 땐 성스러운 척하다가 기도가 끝나면 남을 험담하기 일쑤인 것이 인간의 알량한 행위이다. 입만 열면 남을 평가하고 폄하하며 거짓말을 남발한다. 이런 행위를 멈추기 위해 사람은 배워야 하는 것이다.

그리고 그리스어나 라틴어에서 공통적으로 발견되는 것은 '필로스'가 앞서고 있다는 사실이다. 동사가 앞서고 있다는 것이다. 지혜가 먼저가 아니라 우선 사랑할 마음의 준비부터 해놓아야 한다는 것이 철학 공부를 위한 조건이 되는 셈이다. 필로소피아! 필로스가 소피아보다 앞에 있다. 사랑이 지혜보다 앞에 있다. 아는 것도 중요하지만 사랑하는 것이 더 중요하다.

사는 동안 몇 명이나 사랑했는가? 단 한 명만 사랑했다고 해서 정말 칭찬받을 수 있을까? 유일신 사상으로는 그럴 수 있겠지만, 이 세상은 수많은 사람들로 가득하다. 단 한 명만 사랑했다고 해서 정말 만족할 수 있을까? 그 단 한 명을 사랑한다고 말하면서 수많은 다른 사람들을 원망하거나 증오한 적은 없는가? 자신을 향한 검증의 칼날은 날카로워야 한다.

어디까지 사랑해보았는가? 누구까지 사랑으로 감싸 안아주었던가? 어떤 이웃까지 진심으로 품어보았는가? 싫어하는 그 무엇까지 회개하며 끌어안아본 적이 있는가? 정말 혐오스러운 존재까지 사랑하며 품어준 적이 있는가?

"네가 할 수 있는 데까지"

쇼펜하우어 좌우명의 세 번째 요구 사항은 '네가 할 수 있는 데까지'라고 한다. 할 수 있다. 사람은 할 수 있는 존재이다. 불가능은 없다. 생각하는 존재에게 생각으로 생각해낼 수 없는 것은 없다. 아직까지 생각해내지 못한 것은 있을지라도 생각이 불가능한 것은 없다.

아폴론이 인류를 향해 남겨놓은 말, '너 자신을 알라'도 아직 알아내지 못한 부분이 있음을 전제한다. 내가 알고 있는 '나'조차 아직 무궁무진한 여백을 품고 있다. 아는 것보다 모르는 것이 더 많다. 자기 자신을 공空과 무無로 채울 수 있을 때 해탈의 소리를 내는 범종梵鐘처럼 맑은 소리, 여유로운 소리를 들려줄 수 있게 될 것이다. 함부로 '여기까지!' 하고 단언하는 실수는 범하지 말아야 한다. 아는 것이 오히려 생각을 흐려놓을 수도 있다.

인간은 생각하는 존재이고, 그 생각을 통해 인간은 스스로 구원을 받을 수도 있고 또 동시에 저주를 받을 수도 있다. 생각을 잘못하면 상상을 초월하는 지옥의 온도를 면치 못하지만, 생각을 잘하면 꿈도 꾸지 못한 천국같은 경지까지 도달할 수 있다. 높이 나는 새가 멀리 본다고 했다.[3] 생각의 높이는 말로 형용될 수 있는 대상이 아니지만, 그 높이까지 이르게 하는 최고의 도구가 바로 말이 된다.

> 철학은 사랑의 학문이다.
> 철학을 공부하는 이유는 사랑하기 위함이다.

말공부는 삶의
기술이자 수양이다

언어는 인간 이성의 첫 번째 산물이며 필수적인 도구다.
_《의지》

언어는 사전 속에 있지 않다

이성이 무엇인가? 그것은 언어와 직결된다. 이른바 말하는 능력으로 연결된다. 이성이 있어서 언어가 존재하는 것이다. 그런데 언어의 존재는 음악의 존재처럼 신비롭다. 음악이 어디 있는가? 악보 속에 있다고 말할 수도 있겠지만, 그 대답은 음악의 존재를 너무도 한정시키는 결과를 초래한다. 마찬가지로 언어가 어디 있는가? 언어의 존재를 사전辭典으로 국한시킨다면, 어처구니없는 주장이 되고 말 것이다.

물론 사전 속에는 그 언어를 사용하는 민족의 거의 모든 말들이 담겨 있다. 모든 사람은 자신이 속한 민족의 언어를 다 알지 못하고 또 다 사용해보지도 못하고 죽는다. 아무리 위대한 시인이라 해도 그가 알고 있는 단어보다 모르는 단어가 더 많을 것이다. 그렇다고 해서 시인이 남겨놓은 말이 위대하지 않다고 말하는 실수는 없어야 한다.

마찬가지로, 시간은 어디 있는가? 시간이 시계 속에 있을까? 만약 그렇게 말한다면, 시간의 의미를 너무도 축소시키는 독단을 펼치게 될 것이다. 시간은 시계 속에 있으면서도 그 안에 없다. 마찬가지로 언어도 사전 속에 있으면서 또한 그 안에 없다. 아무리 두꺼운 사전이라 해도 그것 자체가 언어의 세계를 대체할 수는 없다.

인간은 언어의 사용 속에 존재한다

이성은 무엇인가? 이 질문에 대답하기가 이토록 어렵다. 그 어려움 자체가 문제의 중심으로 부상했다면, 이제 우리는 그 중심으로 빠져들기만 하면 된다. 그 과정이 마치 블랙홀처럼 까마득하게 느껴진다 해도 상관없다. 심연 속에서 예상치 못한 황홀지경을 맛볼 수도 있다. '하늘이 무너져도 솟아날 구멍은 있다.' 속담은 언제나 삶의 지혜를 가르쳐준다.

언어는 이성의 산물이다. 인간은 이성적 존재이고, 그 인간적인 존재의 의미는 언어의 사용 속에서 증명된다. '사람이 어떻게 살았는가?' 이런 질문이 던져지면, 그가 어떤 말을 하며 살았는가를 살펴보면 될 일이다. 그 남겨진 말들이 별들이 되어 나의 삶을 더 빛내줄 수도 있지만, 그것이 족쇄가 되어 내 삶의 가치를 추락시킬 수도 있다.

평생을 걸쳐 한 말들이 생각에 날개를 달아주며 먼 곳으로까지 비상하게 도와줄 수도 있지만, 그 말들이 덫이 되어 옴짝달싹하지 못하게 할 수도 있다. 자기가 하는 말들이 중력을 느끼면서도 무지개를 만드는 물방울이 되게 해줄 수도 있지만, 그 말들이 원인이 되어 끝없는 후회와 절망의 늪에 빠지게 할 수도 있다. 얼마나 많은 별을 얻을 것인가? 얼마나 무거운 족쇄를 찰 것인가? 그 또한 평생 동안 내뱉은 말의 크기만큼 결정될 것이다.

말공부는 신을 아는 일이다

그리고 언어는 필수적인 도구이다. 말을 하지 않고 살 수는 없다. 절에서는 말을 하지 않는 묵언수행이라는 훈련을 거치기도 하지만 그것은 훈련일 뿐, 결국에는 말을 해야 한다. 침묵으로 키운 위대한 말을 해야 한다. 묵언은 오로지 침묵 속에서 성장을 거듭한 말에 의해서만 힘을 발휘할 뿐이다. 연꽃이 땅속 뿌리부터 시작하여 줄기를 거쳐 수면에 이르러서야 꽃으로 피어나듯이, 깊고 깊은 물속을 통과하며 침묵으로 견뎌야 하는 것이다.

'언어가 필수적인 도구'라는 말에 귀를 기울여야 한다. 인간을 지칭하는 학명 중에 '도구를 사용하는 존재'라는 뜻의 '호모 파버Homo Faber'라는 말도 있다. 언어도 도구 중의 하나이고, 도구는 기술을 필요로 한다. 막연한 믿음으로 될 일이 아니다. 알아도 안 되는 것이 있다. 아무리 공부해도 안 되는 것이 있다. 삶도 기술이 필요하다. 사는 기술이 모자라면 삶은 생지옥이 될 수도 있다.

'필수적'이란 말은 '반드시'라는 말을 떠올리게 한다. 말공부는 '반드시' 해야 한다. 기독교에서는 신을 '말'의 형식으로 설명하기도 했다. '태초에 말씀이 계셨고, 이 말씀이 곧 하나님이시라'라는 위대한 통찰이 담긴 문구로 말의 중요성을 강조했다. 신은 말이다. 신의 의미, 곧 말의 의미를 다 깨달았는지가 삶의 마지막에 이르러 시험의 대상이 될 것이다. 불교에서는 거칠고 악한 말의 기운은 결국 방향을 바꾸어 나에게로 돌아온다고 하며 말의 영향력을 설명했다.

막힘 없을 때까지 훈련을 거듭하라

막힘이 없을 때까지 훈련을 거듭해야 한다. 이른바 도道가 틀 때까지 훈련을 멈추지 말아야 한다. 이 말은 늘 막힘이 문제라는 의미이다. 막힐 때 인생은 문세에 직면하게 된다. 그런데 인생 자체는 막힘의 현장이다. 모든 삶은 계속되는 막힘을 뚫고 나가야 하는 과정이다. 난관을 마주했을 때, 세상이 문제라고 탓하고 타인 때문이라고 탓하는 것은 마음만 더 괴로워지게 한다. 그보다는 난관을 부수는 훈련을 해야 한다.

생각으로 걸어야 할 길이 있다. 말이 이끄는 대로 따라가야 할 길이 있다. 그런 길을 따라가다가 숲속에서 무서운 표범을 만난 이야기부터 시작하는 것이 단테의 《신곡》이다. 실존철학자 하이데거는 《숲길》이란 책 속에 '언어는 존재의 집'이라는 말을 남겨놓기도 했다. 숲속에 길이 있고, 그런 길을 익히는 공부에 열중할 때 '존재의 집'이 완성될 것이라는 이념이다. 집을 찾을 수 있으면, 그 집에서 편히 쉴 수 있는 기회도 주어지리라.

인간 존재의 의미는 언어로 표현된다.
위대한 말은 위대한 나를 만든다.

Arthur Schopenhauer

불안을 인생의
친구로 삼으라

이 확신이 있으므로 인간은 확실히 머지않아 죽게 마련이라는 생각에도 그다지
불안해하지 않고, 누구나 자신이 영원히 살 것처럼 살아간다.

_《의지》

인간 이성은 형이상학을 추구한다

이성으로 번역되는 라틴어는 '라치오*Ratio*'라고 한다. 글자의 형태가
주는 이미지를 근거로 하여 '라티오'라고 발음하는 이도 있다. 뭐라
고 말하든 상관없지만, 여기서는 나에게 익숙한 발음인 '라치오'로
이야기를 펼치고자 한다(나의 이런 서술에서도 이미 '습관'이라는 문제가 발생
한다. 습관이 들면 확신이 뒤따를 수밖에 없다. 사람은 습관을 따라 누구나 자신이
하는 생각이 맞다고 판단한다. 하지만 여기엔 인간의 한계가 도사리고 있다).

'라치오'는 원래 '계산 능력'을 의미한다. '일 더하기 일은 이'다. 이 말을 이해할 수 있는 존재는 인간뿐이다. 아무리 똑똑한 동물이라 해도 '일 더하기 일은 이'라는 말을 이해할 수는 없다. 계산 능력이 연출하는 세계는 무궁무진하다. 일 더하기 일을 이해할 수 있다면 이 더하기 이도 이해할 수 있을 것이고, 이런 이해를 근거로 하여 억만 더하기 억만도 계산할 수 있을 것이며, 무궁무진한 숫자까지 떠올리며 계산에 임할 수도 있을 것이다.

또 인간은 빼기도 할 수 있다. '이 빼기 일은 일'이다. 이 공식을 이해할 수 있는 존재도 인간밖에 없다. 공식을 이해할 수 있는 외계 인이 존재할 수는 있겠으나, 그 존재에 대한 생각도 결국에는 인간 이 생각한 결과물이다. 더하기의 원리로 궁극에 이르면 빅뱅 이론 까지 납득이 갈 것이고, 빼기의 원리로 극한에 이르면 블랙홀의 현 상까지 인정하게 될 것이다. 폭발한다는 이념도 이해가 갈 것이고, 사라진다는 말도 이해할 수 있을 것이다.

생각이 확신을 낳는다. 신앙이 확신을 제공한다. 생각이 확신으 로, 그리고 그런 확신이 신앙으로, 또 그런 신앙이 종교로 이어가는 연결 고리를 형성하게 된다. 그래서 쇼펜하우어는 인간을 정의하 며 '호모 메타피지쿠스'⁴라는 말도 했던 것이다. 직역하면 '형이상학 적 인간'이란 뜻이다. 형이하학이 눈에 보이는 세상을 의미한다면, 형이상학은 눈에 보이지 않는 세상을 의미한다. 그래서 '보이는 것 이 전부가 아니다'라는 말도 가능한 것이다.

몸으로 사는 세상도 있지만, 생각으로 살아야 하는 세상도 있다는 것이 문제의 핵심이다. 보이는 세상은 한계가 뚜렷하지만, 보이지 않는 세상은 그 한계를 드러낼 수가 없다. 이른바 '무궁무진한 세계'일 뿐이다. 쇼펜하우어가 보여주려는 세상은 기독교의 일방적 세계관을 훌쩍 넘어선다. 그가 말하는 염세주의를 이해하고 나면 어둠까지 품을 수 있는 새로운 형식의 천국이 펼쳐질 수도 있을 것이다.

인간의 의지와 마음은 땅의 운명을 생각한다

가끔은 하늘을 향해 던졌던 시선을 이 세상을 향해 던지기도 해야한다. 가끔은 싫은 것도 감당하려는 의지를 불태워야 한다. '뜻이 있는 곳에 길이 있다'라는 말처럼, 의지가 있으면 방법은 어떻게든 찾을 수 있다.

쇼펜하우어의 대표작 《의지와 표상으로서의 세계》에서 '의지'란 원어로 '빌레*Wille*'이고, 그것은 '볼렌*wollen*'이란 동사에서 유래했으며, 그 뜻은 '원하다'이다. 원하는 마음이 있어야 의지로 형성되고 힘을 발휘하게 된다. 마음은 '먹기 나름'이라서 문제가 복잡해지고 만다. 무슨 마음을 먹고 있는가? 먹은 그 마음이 삶을 형성할 것이다. 편식은 건강에 해롭다. 이것도 지혜이다.

'마음씨'란 말도 있다. 그 씨앗이 하나의 마음이 되어 사람의 삶을 성장시킬 수도 있는 것이다. 우리의 시인 이육사는 '가난한 노래의 씨를 이곳에 뿌리리라'라는 말을 남기기도 했다.[5] 참으로 위대한 말이다. 우리 민족이 고이 간직하고 살아야 할 말이다. 나라를 잃은 어두운 세월을 보내면서 시인은 시의 형식으로 씨앗을 뿌려놓은 것이다. 씨앗이 자라 무엇이 될지는 그것을 감당하는 마음에 달려 있다.

사람은 이성 때문에 보이지 않는 세상, 즉 늘 극단적인 영원성을 생각한다. 천국도 지옥도, 하늘의 뜻도 대지의 뜻도, 천사도 악마도, 좋은 놈도 나쁜 놈도, 친구도 적도, 선善도 악惡도 다 생각할 수 있다. 아직까지 생각지도 못한 것이 있을 뿐이다. 생각을 많이 거듭한 사람일수록 삶은 풍부해질 것이고, 생각을 많이 거듭한 민족일수록 역사는 찬란할 것이라고도 여겨진다.

하지만 아무리 생각을 거듭한다 해도 죽음을 피할 수 없는 것이 인간의 운명이다. 영원을 생각하는 존재가 영원하지 않다는 것이 모순이다. 그 모순을 깨달아야 삶이 기회를 제공한다. 그 모순으로 인해 생기는 불안을 우리는 두려워하지 말고 친구로 삼아야 한다. 이런 이념으로 키르케고르는 《불안의 개념》(1844)이란 책을 세상에 내놓기도 했다. 불안을 아는 존재야말로 진정으로 고귀하고 위대한 존재임을 깨닫게 해주는 책이다. 반전만이 깨달음의 증거가 된다.

이성적으로 완벽한 논리적 세계보다
인생의 수많은 모순과 불안을 기꺼이 인정하라.

다양한 생각을
인정할 줄 알아야 한다

남의 견해를 반박하지 않는 것이 좋다.
_《인생》

비판으로 사람의 마음을 얻을 수 없다

사실 비판은 누구나 다 할 수 있다. 공부를 하면 비판은 쉬운 일이
된다. 자기 생각이 형성되고 나면 남의 생각이 하찮게 보이는 법이
다. 그래서 나이가 들수록 잔소리가 심해지는 것이다. 자기 생각이
옳다고 확신하기 때문에 잔소리가 입에 걸리게 된다. 하지만 잔소
리로 사람의 마음을 얻을 수는 없다.

노인은 외롭다. 하지만 왜 외로운지를 모른다. 깨닫지 못한 탓에

억울한 것도 많다. 불평으로 아까운 세월을 보낸다. 원망으로 삶을 도배한다. 그래서 노인이 될수록 삶은 흉측한 것이 되고 만다. 하지만 늙어도 늙지 않을 수 있다. 전자의 늙음은 시계 속의 시간, 즉 물리적인 시간에 의한 것이고, 후자의 늙음은 보이지 않는 시간, 즉 생각으로 임하는 시간이다.

늙어도 소년소녀 같은 사람들이 있다. 늙어도 아름다운 사람들이 있다. 이런 사람들은 자기 자신을 의견의 자유라는 넓은 범주 속에 허락할 줄 안다는 특징이 있다. 진정한 자유는 다양한 생각을 허락할 줄 아는 데서 실현된다. 이런 사람을 만나면 이런 대로, 또 저런 사람을 만나면 저런 대로 생각할 줄 알면 된다. 자기 생각에 갇혀 고집만 피우지 않으면 되는 것이다.

말씀 담談 자는 말씀 언言 변에 불 화火 자를 위아래로 배열한 형태를 취하고 있다. 위아래로 나누어져 있지만, 그것이 함께한다는 데 담소談笑의 의미가 있는 것이다. '웃으면서 가벼운 이야기를 나눈다'는 뜻이지만, 거기에 불같은 두 가지의 이야기가 서로를 한데 엮어준다는 데 큰 의미가 있는 것이다. 사랑은 마음이 뜨거운 대화를 가능하게 한다.

웃으며 대화할 수만 있다면 즐거울 수 있다. 남의 말에서 오류를 찾아내려고 혈안인 사람은 적을 만들 수 있어도 친구는 만들 수 없다. 살아가면서 소중한 시간을 적을 만드는 데 사용하기보다는 친구를 만드는 데 사용하는 편이 더 낫다. 적은 많으면 많을수록 외로워지고 위태로워지겠지만, 친구는 많으면 많을수록 더불어 웃을 일이 많아진다.

논리로 선을 긋는 것에는 한계가 있다

이성은 논리를 선호하지만, 논리는 한계를 그 본질로 삼는다. 논리는 하나의 선線을 그으며 이쪽과 저쪽을 나누기에 급급하고, 선으로 아무리 큰 원을 그어놓아도 그 안에 있는 것보다 그 밖에 있는 것이 더 많아지는 법이다. 논리가 서고 나면 그 논리로 책임질 수 없는 말들이 더 많아지고 만다.

그래서 이성적 존재는 다른 이성을 인정하는 법을 배워야 한다. 죽을 때까지 배워도 이성의 바다를 다 항해할 수는 없다. 죽을 때도 '나는 누구인가?'라는 질문을 벗어날 수 없다. 죽는 그 순간에도 '어떻게 살아야 하는가?'라는 질문이 숨통을 끊어놓는 고통을 맛볼 것이다. 그 마지막 질문이 무엇이 될지를 늘 고민하며 살아야 할 것이다.

"비판을 받지 아니하려거든 비판하지 말라."(마태복음 7:1) 비판하며 마지막 시간을 채우지 않도록 훈련에 훈련을 거듭해야 한다. '그게 아니라!' 하며 비판하는 것보다 '그래, 맞아!' 하는 소리로 품어주는 것이 삶을 풍요롭게 만들 것이다. 이성적인 존재는 이성을 통해 스스로를 구원할 수 있는 유일한 존재임을 깨달아야 한다.

선생이 되어 제자를 책망하려 할 때는 그 제자가 책망을 듣고 깨

달을 수 있는지를 헤아리고, 제자가 되어 선생의 가르침을 받을 때
는 자기 자신이 스승의 말을 듣고 거만하게 생각하고 있는지 아니
면 사랑하고 있는지를 반성해보아야 한다.

진정한 자유는 다양한 생각을 인정하는 데서 실현된다.
나와 다른 생각을 비판하려 들지 말고 인정하라.

시인은 함께하는 삶을
말하는 사람이다

무릇 시인이란 보편적인 인간이다.
_《의지》

더불어 사는 방법

사람은 늘 보편적인 것이 무엇인지를 고민해야 한다. 항상 더불어
살 수 있는 방법을 추구해야 한다. '언제나 함께하는 방법'과 같은
고민이 보편적인 것에 대한 생각을 하게 한다. 가장 힘든 일이다.
돌과 함께하고, 나무와 함께하는 것은 그나마 쉬울 수 있다. 나만
잘하면 되기 때문이다. 하지만 사람과 함께하는 것은 세상에서 제
일 힘든 일이다. 아무리 잘해도 아쉬움은 남는다. 아무리 잘해도 상

처를 주기도 하고 상처를 받기도 한다.

입만 열면 부정적인 말을 하는 사람이 있다. 이런 사람들은 늘 타인의 존재를 의식하고, 눈에 들어온 그 타인을 평가하고 단정하는 일에 몰두한다. 이런 현상은 어린 시절이나 노인이 되었을 때 주로 나타난다. 하지만 사춘기에는 모든 것이 긍정적이다. 모든 것이 웃게 한다. 바람만 불어도 간지럽다. 삶이 즐겁고 행복하다. 삶의 예찬은 이럴 때 절정에 도달한다. 사춘기를 지나 청춘이 도래하면 사랑도 하게 된다.

생각하는 존재의 두가지 방식

감수성이란 말이 있다. 느낄 감感 자에 받을 수受 자를 썼다. 이런 말이 있다는 것은 그 말에 어울리는 무언가를 먼저 알고 있었다는 얘기이다. 느낌이 먼저 있었고, 그것을 일컫는 말로 감수성이라는 개념이 탄생한 것이다. 물론 완전히 반대로, 즉 말을 먼저 할 때도 있다. 생각하는 존재는 생각을 앞세울 때가 많다. 말을 먼저 해놓고, 그 말에 어울리는 현상을 찾아 가기도 한다는 얘기이다. '신神'에 대한 생각이 이에 대한 대표적인 사례라 할 수 있겠다.

전자는 밖에서 원인을 찾은 행위이고, 후자는 안에서 원인을 찾는 행위이다. 전자는 밖에서 들어온 것이 자기 안에서 어떤 현상으로 비치는가가 중요하고, 후자는 자기 안에서 만들어진 것이 밖으로 어떻게 드러나느냐가 중요하다. '사람은 생각하는 존재'라는 말 속에는 이 두 가지 행위가 동시에 발생한다는 의미가 담겨 있다. 눈을 뜨고 밖의 것을 바라볼 수도 있고, 뜬 눈으로도 밖의 것은 아랑곳하지 않고 안의 것에 집중할 수도 있는 것이다.

사람은 평생 배워야 한다

본 것에 대한 느낌은 다양한 말들을 동원하여 내용을 형성한다. 시인은 이런 말들을 다루는 기술자들이다. 남들보다 좀 더 많이 고민을 했던 자들이다. 어느 민족에게나 시인이라 불릴 수 있는 자들이 있다. 좀 더 먼저 태어나 조금 더 많은 삶을 살아간 자를 두고 우리는 선생이라 부른다. 먼저 선先, 날 생生, 우리는 이 두 개의 단어를 합쳐서 남을 가르치는 사람을 선생으로 지칭한다. 먼저 태어났기에 가르칠 자격도 주어지는 셈인 것이다.

　시인을 굳이 시를 쓰고 시집을 낸 사람으로만 제한할 필요는 없다. 배울 만한 사람을 시인으로 간주해도 무방하다. 공자는 "삼인행필유아사三人行必有我師", 즉 세 사람만 모여도 나의 스승이 될 만한 사람은 그 안에 있다는 말을 하기도 했다. 시인도 그런 존재로 삼아주면 될 일이다. 대부분의 사람은 자기중심적으로 또 이기적으로 살아간다. 남들처럼 살다가 죽으면 자기만 손해이다.

　자기가 누군지도 모르고 죽어가는 삶이야말로 진정 가련한 것이다. 자기 자신이 자기 자신에 대해서 모른다는 지경만큼 끔찍한 현장도 없다. 진정으로 불쌍한 인생이 바로 이런 것이다. 누군가를 선생으로 두고 열심히 배워보는 것이 그래서 중요한 일이 된다. 사람은 죽을 때까지 배워야 한다. 배워야 할 대상, 가르침을 주는 행위의 모범으로 철학자는 시인과 그의 말을 꼽은 것이다.

서로를 사랑으로 채울 때 구원받는다

사람은 자기를 중심에 두는 행위도 중요하지만 타인을 중심에 두는 행위도 중요하다. 나도 중요하고 너도 중요하다. 너 때문에 억장이 무너지기도 하지만, 또 너 때문에 사는 재미가 날 때도 있다. 사람은 누구나 나이면서 동시에 너가 될 수 있다. 사람은 누구나 '나'로서 나의 주장을 펼칠 때도 있지만 동시에 '너'가 되어 타인에게 소중한 사람이 될 수도 있다.

'내 안에 너 있다.' 어느 드라마의 대사이다. 이런 말이 구원을 의미하는 말이다. 내가 타인의 마음속에 들어갈 수 있을 때, 사랑이라는 기적이 일어난다. 각 종교에도 이러한 구원을 의미하는 개념이 있다. 기독교에서 사람의 아들로서 세상에 온 '임마누엘'이라는 신의 이름은 곁에 함께 있어준다는 뜻이다. 자기 안에 신을 채우고 나면 구원된 것이다. 힌두교나 불교의 개념으로는 공空과 무無가 신의 이념을 대신한다. 불교에서는 그것을 깨달은, 즉 구원을 본 자를 부처님이라고 말한다. 힌두교에서는 무아지경이니 황홀지경이니 하는 말들이 구원의 의미를 취하고 있다. 허물 같은 내가 사라질 때, 온전한 내가 탄생한다. 속이 텅 빈 범종이 맑은 소리를 낸다.

　내 안에 너가 있으면 사랑이란 기적도 일어난다. 단 한 명만 있으면 일어나는 기적이다. 너를 누구로 할지는 상관없다. 너에 대한 인식만 주어지면 구원이 일어난다. 이런 인식을 시인에게서 배우면 될 일이다. 시인이 한 말들을 곱씹으며 묵상하다 보면 그가 보았던 보편적인 것에 도달할 수 있게 된다.

사람은 더불어 살 수 있는 방법을 고민해야 한다.
나와 너의 경계를 허물고 모두를 소중히 여겨라.

2장

인연

마음이 닿아야 사랑도 할 수 있다

삶은 깨달아야
의미가 주어진다

일반적으로 어떤 방식으로 행하든 삶에 대한 시시콜콜한 준비를 하는 것이야말로 가장 빈번하고 어리석은 일 중 하나다. 다시 말해 그런 준비를 하는 경우 아주 오래 살며 장수하는 것을 염두에 두지만, 그렇게 오래 사는 사람은 극히 일부에 불과하다.

_《인생》

영원히 살 거라는 착각

싯다르타는 생로병사라는 질문을 품고 출가했다. 그는 알고 싶다는 욕망을 포기할 수 없었다. 질문이 생기면 대답을 원할 수밖에 없다. 대답을 듣고 싶은 한, 질문으로부터 해방은 불가능해진다. 질문은 생각을 감옥 속에 가두지만, 결국에는 그 질문이 대답을 찾게 하고, 그 질문이 석방과 해방의 주역이 될 것이다. 빛을 보려면 어둠의 원리부터 깨쳐야 하는 것과 같은 원리이다. 빛을 보고 나면 괴롭혔던 온갖 사물들은 제자리를 찾아간다.

청년 싯다르타는 모든 것을 버리고 오로지 앎을 얻어 깨닫고자 떠났다. 깨달음이 그토록 간절했던 것이다. 생각하는 존재에게 생각 자체는 모든 것을 버리고 떠날 정도로 사람을 몰아붙인다. 모든 현실적 행복을 포기할 만큼 간절했다는 그 말이 전하는 의미가 바로 이런 것이다. 하지만 그 의미는 곱씹을수록 남다른 의미로 성장을 거듭한다. 사람은 먹고사는 것만이 문제가 아니라는 말로 연결되기 때문이다. 삶은 깨달아야 의미가 주어진다는 것이다.

사람은 이성적 존재라서 영원히 살 것처럼 생각할 때가 많다. 자기가 죽을 것이라고는 상상도 못하는 것이다. 죽음은 그저 이성적으로만 알고 있을 뿐, 그것을 경험의 내용으로는 받아들이려 하지 않는다는 것이 사람의 한계로 지적될 수 있겠다. 게다가 이성조차 하찮기 그지없다. 시험을 다 치르고 난 뒤 시험장을 떠날 때, 시험을 본 내용은 순식간에 잊힌다는 것을 누구나 잘 알고 있을 것이다. 이성으로 이해한 것이 이토록 가소롭기 짝이 없다.

몸의 삶과 마음의 삶

사람에겐 몸으로 살아야 하는 삶도 있고 마음으로 살아야 하는 삶도 있다. 몸으로 사는 삶은 먹고사는 문제이고, 마음으로 사는 삶은 깨달음의 문제이다. 몸으로 사는 삶은 현상의 문제이고, 마음으로 사는 삶은 본질의 문제이다. 현상에 대한 인식은 감각이 요구되고, 본질에 대한 인식은 생각이 요구된다. 감각에는 오감각이 열려 있어야 하고, 생각에는 마음이 열려 있어야 한다. 몸과 마음을 다 열고 살 수 있는가? 그것이 문제이다.

몸은 겉모습의 문제이고, 마음은 내면의 문제이다. 두 가지 서로 다른 문제가 삶이라는 큰 틀 안에서 통일을 이룰 때, 마침내 위대한 대답이 주어진다. 인도에는 "줄기 없는 연꽃은 없다"라는 속담도 있다. 더러운 진흙 속에 뿌리를 내리고서 참고 견뎌 마침내 수면 위에 도달하여 꽃으로 피어난 것이 연꽃이다. 여기서 '참고 견딤'이 곧 '줄기'라는 현상을 통해 본질로 연결되고 있는 것이다.

사람 마음은 수수께끼 자체이다. 내 마음조차 내 마음대로 안 된다. 가장 소중한 것이 마음이라서 누구나 자기 마음부터 챙기려 한다. 줄 수 있는 최고의 선물도 마음이다. 마음을 계속해서 들여다봐야 한다. 마음을 보는 것은 삶을 보는 일이다. 마음이라는 수수께끼를 푸는 일이 곧 삶이라는 문제를 풀어나가는 길이다.

먹고사는 것만이 삶의 문제가 아니다.
생각하고 깨닫는 과정이 삶을 변화시킨다.

Arthur Schopenhauer

마음은 풀어놓을 때
다잡을 수 있다

우리는 삶에 많은 요구를 하면서 삶의 행복을 넓은 토대 위에 세우지 않도록 조심해야 한다.

_《인생》

보이지 않는 문제가 더 복잡하다

건축물은 넓은 토대를 가질수록 안정적이고 견고한 형태를 취할 수 있게 된다. 피라미드는 가장 안정감을 주는 건축물로 꼽힌다. 피라미드의 바닥(토대)은 그 높이를 가능하게 하는 요인이 된다. 면적이 넓을수록 그에 걸맞은 높이가 실현될 수 있기 때문이다. 탑을 쌓아 올릴 때도 지대석을 어느 정도의 크기로 또 어떻게 놓느냐에 따라 그다음에 놓이게 될 돌들의 크기와 방식도 결정되는 것이다.

마찬가지로 나무는 겉으로 드러난 만큼 뿌리도 웅장할 것이 틀림없다. 높이 오른 만큼 깊이 내려갔어야 한다는 원리는 지극히 당연한 것이 된다. 하지만 아무리 과학적인 논리여도 그것이 사람에게 적용되면 모두 헛것이 되고 만다. 사람은 몸으로만 사는 것이 아니기 때문이다. 오히려 사람의 삶에서는 겉으로 드러난 것보다 보이지 않는 내면의 문제가 더욱 넓게 뻗어 있다. 사람의 문제는 보이지 않는 곳에서 더 복잡하게 얽혀 있다는 것이 큰 문제이다.

사람은 누구나 욕심을 가지고 있다. 욕심은 님치기 쉽기에 과욕이라는 말도 있다. 가질 수도 없으면서 가지려고 할 때 이런 마음이 생기는 법이다. 이런 마음이 사람 내면의 문제를 더 키운다. 그래서 욕심을 부리지 않는 태도는 미덕이자 지혜로 인정받는다. 욕심처럼 내면을 복잡하게 만드는 것들을 비워내기 위해 마음에 집중할 줄 알아야 한다. 명상으로 번역되는 라틴어 '메디타치온*Meditation*'은 집중을 의미한다. 중심을 찾아가는 것이 명상의 관건이다. 명상은 빼기의 원리에 해당한다.

마음의 중심을 찾고 확장하기

중심은 밖에서 찾을 일이 아니라 안에서 찾을 일이다. 생각하는 존재에게 주어진 가장 큰 숙제는 생각을 통해서 중심을 찾아야 한다는 것이다. 그 중심에서 시작된 시선이 밖으로 향할 때, 그 시선은 거대한 세계를 형성하게 한다. 무엇을 보아도 자기 자신에게서 시작되는 연결 고리를 찾아내서 촘촘하게 엮는 것이다. 그런 생각의 현상을 그림으로 그려놓은 것이 '만다라Mandala'이기도 하다. 만다라가 의미하는 세상은 온 우주를 아우른다.

만다라는 산스크리트어로 동그라미를 뜻한다. 글자로는 '둥글 원圓' 자를 떠올리면 된다. 둥근 원의 형태에서 깨달아야 할 것은 인식에도 한계가 주어져 있다는 것이다. 한계를 모르면 위험해진다. 깨달음은 한계를 알고 있다는 데서 구현된다.

사람은 바라는 것이 있는 존재이다. 누군가는 '욕망의 기차'라는 비유로 사람의 삶을 설명하기도 했다. 사람에겐 마음이 있으니 어쩔 수 없이 그 마음이 바라는 대로 마음을 쓸 수밖에 없고 또 그 마음이 이끄는 데로 향할 수밖에 없는 것이다. 하지만 마음대로 살다 보면 낭패를 당할 수도 있다. 마음은 열되, 그 마음이 자기 자신의 것이라는 인식은 절대로 버려서는 안 된다. 마음이 통제될 때, 그 마음은 남다른 쾌감을 전해준다.

마음이 마음대로 안 되는 것이 아니라, 마음을 내버려두어도 자기 자신의 것이 되어서 돌아올 때, 그 마음은 날개를 달고 하늘을 날게 해준다. "마음은 풀어놓을 때 다잡을 수 있다. 풀어놓아야 잡히는 게 마음이다. 풀어놓음과 다잡음은 마음이라는 영역에서는 모순이 아니다."[6] 자유롭게 날아갈 수 있도록 풀어준 마음이 날개를 달고 돌아와줄 때, 마침내 마음속에 무지개가 뜨는 현상을 느낄 수 있을 것이다. 마음이 기적의 현상을 보여준다.

법정 스님은 《무소유》에서 내면을 비우는 만큼 채워나갈 수 있다[7]는 지혜를 가르쳐주었다. 마음을 쓰면 고통이 따를 수밖에 없다. 마음을 쓰지 말라! 이것이 지혜가 되는 소리이다. 마음을 쓰면 신경을 쓸 수밖에 없고, 신경은 쓸수록 약해질 수밖에 없으며, 신경이 약해지면 끊어질 수 있다는 위험이 뒤따르고 만다. 신경을 쓰기보다는 '정신'을 쓸 일이다. 많은 것에 신경을 쓰기보다는 적은 것에 집중할 일이다.

> 사람의 문제는 내면에서 더 복잡하게 얽혀 있다.
> 불필요한 욕심들을 비우고 마음에 집중하라.

Arthur Schopenhauer

나에 대해 생각할수록
삶은 선명해진다

물론 그러기 위해서는 '너 자신을 알라!'라는 말로 시작하는 것이 필요하다.
_《인생》

모든 건 자기 자신에서부터 시작한다

'시작이 반이다'라는 말이 있다. '그러기 위해서'의 의미는 중요하지 않다. 삶의 조건 따위는 중요하지 않다. 그저 살기 위해서라고 그 의미를 한없이 크게 벌려놓아도 상관없다. 무엇이 되었든 간에 사람은 자기 자신에서부터 시작할 수밖에 없다. 자기 자신을 아는 것이 시작 지점이 된다. 그런데 사람이 삶 속에서 마주하는 대부분의 문제는 시작하는 순간부터 바깥의 현상에 너무 집착한다는 데서 발생한다. 눈을 가진 존재가 빛의 의미를 너무 넓게 형성하는 것이 문제이다. 의미가 너무 넓으면 인연은 맺어질 수가 없다.

사람은 눈만 뜨면 볼 것을 찾아 헤맨다. 볼 수 없으면 동경을 하며 시간을 보내기도 한다. 게다가 현실 속에서 보이는 것이 없다고 판단되면 허우적거리기 일쑤이다. 대낮인데도 세상이 어둡다고 말하고, 텅 빈 공간인데도 답답하다고 말하며, 끝도 안 보이는 길에서도 길이 없다고 한탄한다. 도대체 생각하는 존재에게 생각은 무슨 짓을 하는 것일까? 생각은 자유인데, 도리어 생각이 생각을 구속한다. 생각이 생각을 바보로 만든 꼴이다.

언제나 그렇듯이 생각이 바뀌고 나면 어떤 생각 속에서 허덕이던 자기 모습이 보이는 이상한 현상과 마주하게 된다. '아! 내가 그랬구나!' 하고 인식을 얻게 되는 것이다. 생각은 바뀔 수 있다. 생각은 변화에 직면할 수 있다. 변화 속에서 생각은 가치를 인정받게 된다. 그 가능성의 세계가 바로 생각하는 존재가 살아가는 세상이다. 세상을 너무 좁게 만드는 것도 자기 자신이고, 세상을 무궁무진한 영역으로 바꾸는 것도 자기 자신이다.

'보이지 않는 나'를 안다는 것

자기에 대한 생각이 선명할수록 그 존재의 현상은 뚜렷해질 것이다. 생각이 선명할수록 존재도 선명해진다는 이 말의 의미를 곱씹어야 한다. 더 쉽게 말하면, 생각이 선명할수록 삶도 선명해진다는 것을 의미한다. 내 삶이 선명할수록 그 삶은 빛의 의미로 주어질 것임에 틀림없다. 나의 삶이 빛 속에 있는 한, 행복은 따로 추구할 필요도 없게 된다. 스스로 이미 행복 속에 있을 것이기 때문이다.

사람의 삶 내지 인간의 인생을 지도地圖라는 비유로 인식해도 된다. 지도가 자기 역할을 해내기 위해서는 지도 위에 현 위치가 표시되어 있어야 한다. 현 위치를 모르면 그 지도는 아무 짝에도 쓸모가 없다. 삶의 문제에서도 마찬가지이다. 자기 자신의 삶이 쓸모 있는 그 무엇이 되기 위해서는 그 삶을 살아야 할 자기 자신에 대한 인식이 먼저 주어져야 한다. 현재 나는 어떤 사람이고 삶의 어떤 위치에서 있는지 인식하는 것을 두고 우리는 자기 자신에 대해서 안다고 말한다.

'너 자신을 알라!'라는 말을 유명하게 만든 철학자는 소크라테스이다. 하지만 그가 최초로 이 말을 꺼낸 것은 아니다. 이 말은 이미 아폴론 신전에 적혀 있었다고 전해진다. 그리스어로는 '그노티 세아우톤'이라고 한다. 자기 자신을 알아야 한다는 이 말을 빛의 신이 했다는 것이 묘한 관계를 형성한다.

'알다'의 형식이 '빛'의 형식으로 옮겨진다. 엄청난 비약이다. 앎의 형식은 아폴론 신의 형식으로 이어진다. 이 또한 수수께끼 같은 이야기를 형성한다. 아폴론 신전에서는 신탁이 이뤄졌다. 신탁은 신의 뜻이 담겨 있는 말을 의미하지만, 그것은 언제나 해석이 따라 줘야 이해할 수 있는 것으로 간주되었다. 결국 '안다는 것'에서 앎의 내용은 해석에 의해서만 우리에게 주어진다는 공식이 탄생하게 된다. 자기 자신을 설명하고 해석할 수 있는가?

소크라테스는 '너 자신을 알라'라는 말을 세상에 알리며 형이상학적 발상을 시작하는 계기를 마련했다. 즉 '보이는 나' 외에 '보이지 않는 나'에 대한 고민을 할 수 있도록 길을 터준 것이다. 사람은 보이는 것을 넘어 보이지 않는 세계를 볼 줄 아는 눈이 필요하다.

"달을 보았는가?"

고려 시대 천재 화가 혜허는 〈수월관음도〉라는 그림을 그렸다.[8] 그 그림이 연출하는 최고의 이념은 '수월', 즉 '물에 비친 달'과 관련한다. 그런데 그림 속에는 달이 그려져 있지 않다. 결국 '달을 보았는가?'가 문제이다. 보이지 않는 달을 보는 것이 관건이다. 그 달은 내면의 달과 연결된다. '관음', 즉 '소리를 들을 수 있는 경지'를 넘어서 '소리를 볼 수 있는 경지'까지 도달해야만 인식되는 달이다. 생각 속에서 인식의 달을 띄우는 것은 자기 몫이다.

달은 빛의 원인이 되는 태양과는 다른 빛을 보여준다. 되비침의 형식 속에서 형성되는 빛이기 때문이다. 그런데 거기에 '수월'이라는 형식으로 발전을 거듭한다. 되비침의 현상이 다시 한 번 거듭해서 일어나는 것이다. 태양의 빛을 받아 되비춰서 달빛이 형성되고, 또 그 빛을 수면이 다시 받아 '수월'의 의미가 형성되는 것이기 때문이다. 우리 눈에 도달한 그 달은 일종의 가상의 가상, 즉 가짜의 가짜라는 형식을 통해서 구현된 달일 뿐이다.

'달을 보았는가?' 이 질문은 결국 형이상학적 질문이 되는 것이다. 마찬가지로 거울 앞에서 사람은 자기 자신을 의식하고 인식하는 존재이다. 동물은 거울 앞에서 자기 자신을 인식하지 못한다. 사람에게만 주어진 능력이 바로 자기의식이라는 것이다. 더 줄여서, 자의식이라고도 말한다. 자기 자신에 대한 의식을 일컫는 이 개념이 전하는 의미는 무궁무진하다.

'너 자신을 알라!'가 전하는 자기 자신의 의미는 돌이나 나무처럼 한정된 의미를 취하지 않는다. 나의 나다움은 인식하는 크기만큼 커질 것이다. 내가 나를 얼마나 알고 있을까? 이런 질문이 달을 본 성자의 시선과, 또 그가 경험하고 깨달은 관음의 경지와 맞닿아 있다. 대답은 있기도 하고 없기도 하다.

> 자신에 대한 생각이 선명할수록 삶도 뚜렷해진다.
> 자기 자신을 설명하고 해석할 줄 알아야 한다.

Arthur Schopenhauer

개별적인 존재,
그래서 함께하는 존재

> 개는 소리치면 자기도 으르렁거리고, 쓰다듬어주면 자기도 꼬리를 친다. 이처
> 럼 인간의 본성도 적의를 품고 대하면 적대적으로 대응하고, 경멸과 미움의 감
> 정으로 대하면 분노하고 화를 낸다.
>
> _《인생》

누구나 자신만의 세계가 있다

주는 만큼 받는다. 주지도 않으면서 받기만 하고자 한다면 그야말
로 이기적인 사람이다. 이기적인 사람은 환영받지 못한다. 사람들
은 그런 사람을 싫어한다. 그런 사람을 향해서 사람들은 비웃음은
줄 수 있어도 결코 마음을 주지는 못한다. 개도 사람도 다 똑같다.
상대에 따라 태도가 달라진다는 점 말이다. 좋으면 꼬리치고, 싫으
면 으르렁댄다. 사람도 마찬가지다. 다만 사람은 속내를 드러내지

않을 수도 있다는 것이 남다를 뿐이다.

사람은 발 가는 만큼 안다. 경험하는 만큼 안다. 그 아는 것들이 모이고 모여 세계를 형성한다. '세계관'이라고 말할 때, 그 세계관은 사람에게만 문제가 되는 개념이다. 사람은 누구나 자기 자신만이 알고 있는 세계가 있다. 세계를 바라보는 눈에 의해 형성되는 것이 자기 자신만의 세계인 것이다. 무엇이 보이는가? 무엇을 보았는가? 대답은 천차만별이다.

게다가 사람은 누구나 자기 자신의 세계 속에서 자기 자신이 혼자라는 것을 인식한다. 혼자라는 생각이 들기 시작하면, 어쩔 수 없이 외롭다는 인식과 마주하게 된다. 외롭다는 말을 스스로 입에 담는 순간, 내 안의 한계를 인식하게 된다. 한계를 인식한 순간은 비극적 인식만 경험하게 된다. 하늘을 봐도 답답하고, 바다를 봐도 세상 속에 갇혀버린 느낌을 받는다.

개별적인 동시에 함께하는 존재

영어의 '개인Individual'이라는 단어는 라틴어의 '인디비두움Individuum'에서 유래했다. 인디비두움은 라틴어로 반대를 뜻하는 '인In'과 나누다를 뜻하는 '디비데레dividere'를 합친 말이다. 즉 '더 이상 나눌 수 없는 존재'가 개인이다.

'나'는 더 이상 나눌 수 없는 존재이다. 그 존재에 대해서 치밀하게 설명했던 철학자가 쇼펜하우어이다. 그는 이런 존재를 '개별화의 원리'라는 개념으로 설명했다. '나'는 오로지 '나'로서 존재해야만 한다. 그런데 '나'는 나로서 존재한다는 것에만 구속되어서는 안 된다. '나'와 함께할 수 있는 존재를 신으로 간주하든, 타인으로 간주하든, 자기 자신으로 간주하든 상관없다. 아니 이 모든 상황 속에서 생각을 할 줄 알아야 한다는 말이 더 옳을 것이다.

누군가가 함께하는 위로의 힘은 무궁무진하다. 우리는 늘 곁에 존재하는 신의 이름을 부르며, 혹은 타인과 마음을 공유하며 큰 위로를 얻곤 한다. 개별적인 존재인 동시에 함께할 수 있는 존재인 것이다.

생텍쥐페리의 《어린 왕자》에서 앙투안은 어린 왕자를 곁에 두고 생각을 이어간다. 어린 왕자는 자신에게 많은 요구를 하는 장미를 떠나 수많은 별들을 여행하지만 결국에는 그 장미에게로 돌아간다. 꽃밭에는 수많은 꽃들이 있지만 그 많은 꽃들은 나와 상관이 없음을 깨달은 것이다. 어린 왕자는 여우에게서 중요한 깨우침을 얻는다. 정말 중요한 건 눈으로 볼 수 있는 것이 아니라 마음으로 봐야 보인다는 사실 말이다.[9]

나는 오로지 '나'로서 존재해야 한다.
하지만 내 존재의 한계에서 구속되어서는 안 된다.

철학은
사랑의 학문이다

모든 참되고 순수한 사랑은 연민이고, 연민이 아닌 모든 사랑은 사욕이다.
_《의지》

순수한 사랑에는 이기심이 없다

《의지와 표상으로서의 세계》의 67장은 사랑에 대한 이야기로 가득
채워져 있다. 그중에서도 '순수한 사랑'이 단연 최고이다. 사랑하는
주체는 사람이다. 그런데 그 사람은 누가 되었든 간에 개인이다. 개
인이 개인을 사랑한다는 데서 문제가 발생한다. 진정한 사랑은 순
수한 사랑이고, 그것은 개인이 자기 자신을 완전히 포기한 상태를
전제하고, 그런 전제하에서 타인인 다른 개인을 사랑할 때 순수한

사랑이 실현되는 것이다.

순수한 사랑에는 이기적인 요소가 개입되어 있지 않다. 그런 요소가 개입될 수도 없어야 순수한 것이다. 순수의 순수함이 실현되려면 오로지 '이기심은 0퍼센트'가 되고, '타인에 대한 사랑이 100퍼센트'[10]가 되어야 한다. 쇼펜하우어가 이런 '순수한 사랑'을 믿었기에 그의 철학은 낭만주의적인 철학으로 분류되는 것이다. 하지만 그의 낭만주의적 이념 속에는 개인이 주체로 남아 있다는 것이 관건이다. 그의 시선에는 사람의 삶을 응시하는 고집이 있다.

'순수한 너'의 존재는 '순수한 나'의 존재를 전제할 때에만 가능해진다. 건강한 자아가 건강한 자아를 만나야 사랑이라는 기적이 일어난다. 온전한 내가 너를 온전히 감당해낼 때에만 사랑이 실현되는 것이다. 나는 순수한 사랑을 통해 나를 완전히 포기하지만, 네가 내 안에서 완전해짐으로써 나는 다시 완전한 내가 되어 나 자신을 위한 건강을 되찾게 되는 것이다. 나는 너로 인해 존재의 의미를 깨닫게 된다. 네가 있어서 내가 완전한 것이다.

철학은 사랑을 공부하는 것이다

사랑하려면 순수해야 한다. 순수해야 사랑도 할 수 있는 것이다. 사랑할 수 있으면 삶 자체는 천국을 가르쳐줄 것이다. 자기 자신을 버려야 하는 고통은 피할 수 없지만, 버려진 자기 자신은 전혀 다른 대상으로 자기 자신을 채우는 기적을 맛보게 된다. 이것이 사랑의 힘이다.

쇼펜하우어는 끊임없이 동정을 설명하려고 애를 썼다. 동정의 원리 속에 순수한 사랑의 이념이 담겨 있다고 확신했기 때문이다. 철학 공부도 사랑 공부라 했다. 철학을 뜻하는 라틴어도 필로소피 아라고, 즉 사랑을 지혜보다 앞세웠다고 했다. 사랑할 마음이 없다면 철학 공부 자체가 불가능해진다는 이 말을 반드시 염두에 두어야 한다. 하지만 사랑할 마음만 있다면 뭐든지 감싸 안을 수 있게 된다. 그때는 무엇을 공부해도 즐거울 것이다.

사랑할 마음만 있다면, 그 마음이 자기 자신을 신으로도 만들어 줄 것이고, 그런 마음으로 인해 자기 자신은 결국 '신명 나는 존재' 가 될 수도 있는 것이다. 순수한 사랑을 실천할 수 있는 자는 스스로 처한 현실이 어둠 속에 갇혀 있다고 해도 거기서 밤하늘을 인식하게 될 것이고, 그 어둠 속의 밤하늘에서도 은하수를, 찬란한 별들을 발견할 것이다. 이런 별들의 이야기로 쇼펜하우어는 《의지와 표상으로서의 세계》를 마감했다.

사랑할 마음만 있다면 뭐든지 감싸 안을 수 있다.
사랑하는 삶은 어둠 속에서도 빛을 발견할 것이다.

끝을 알아야
시작도 할 수 있다

나그네가 언덕에 올라와서야 비로소 자기가 걸어온 온갖 굽은 길을 서로 연관 지어 훑어보며 인식할 수 있는 것처럼, 우리도 인생의 한 시기나 전체 생애의 끝에 가서야 비로소 행위나 업적, 작품의 참된 연관성, 정확한 일관성과 연결 관계, 즉 그것들의 가치를 인식할 수 있다.

_《인생》

'끝'은 사람의 문제이다

'죽으면 누구나 성불(깨달음에 이르러 부처의 경지에 도달하는 것)할 수 있다'라는 말이 있다. 죽을 때는 누구나 나름대로 깨달음을 얻는다는 말이기도 하다. 하지만 깨달음은 완전하거나 절대적이지 않아서 문제가 된다. 많은 것을 깨닫는 사람이 있는 한편, 전혀 깨닫지 못하는 사람도 있다. 이런 문제와 관련하여 쇼펜하우어는 바다 깊이를 측정할 때를 빗대어 설명하기도 했다. 뱃사람들은 바다 깊이를 측정할 때 '측연추'라는 납덩어리를 바다에 던져 넣는다. 하지만 때에 따라 보다 깊은 곳으로도, 보다 얕은 곳으로도[11] 추를 던진다는 것이 문제이다. 시간과 공간에 따라 결과는 달라질 수밖에 없다.

시간과 공간의 원리는 현상의 원리이고, 현상의 원리는 개별화의 원리가 되며, 개별화의 원리가 사람의 원리가 되고 또 결국에는 삶의 원리가 되는 것이다. 복잡하게 들리지만 본질은 하나에 불과하다. 공식을 이해하고 나면, 수많은 다른 숫자들이 문제로 나서도 간단하게 해결할 수 있다. 더하기의 원리를 깨닫고 나면 아무리 숫자가 복잡하게 바뀌어도 그 원리에 맞춰 정답을 내놓을 수 있게 된다.

사람은 인식할 수 있다. 사람은 깨달을 수 있다. 다만 그 깨달음의 순간은 끝에서 실현된다는 것이 문제이다. 끝은 철학적 문제이다. 사실 자연 속에서는 끝이란 것이 없다. 끝은 오로지 사람의 문제이다. '끝났다!'라고 말할 수 있는 존재는 사람뿐이다. 끝을 아는 자가 시작도 할 수 있다. '자, 지금부터다!'라고 말하면서 전의를 다지는 것도 사람이기에 가능한 일이다. 끝낼 수만 있다면 언제든지 다시 시작할 수 있다.

끝까지 견디는 자가 가치를 깨닫는다

법정 스님이 입적하기 2년 전에 《아름다운 마무리》라는 책을 세상에 내놓았다. 참으로 위대한 작업의 결실이 아닐 수 없다. 이 책이 그의 '마지막 책'임을 감안할 때, 그는 아마도 자신에게 주어진 이성으로 마지막 남은 힘을 다 쏟아 부었을 것만 같다. 향년 77세의 나이로 입적하였으니, 집필 시기는 75세 즈음이었을 것이다. 그 나이에 창작을 한다는 것은 실로 예사롭지 않다. 이성의 불꽃을 생애 끝까지 태운 모범을 이런 데서 찾을 수 있다.

아름다운 마무리란 낡은 사고방식이나 습관을 과감히 버리고 새롭게 거듭나는 것이기에, 끝이 아니라 새로운 시작이다.[12] 스님은 이런 말을 지으며 자기 자신의 인생 여정에 대해서도 나름대로 마무리 작업에 돌입했을 것이다. 이런 작업이 '아름다운 마무리'인 것이다. 이런 마무리가 사람의 삶을 아름답게 해준다.

또 끝까지 갔던 정신의 모범으로 괴테의 인생을 빼놓을 수 없다. 그는 1772년부터 1832년까지 《파우스트》를 집필했다. 60년이란 세월이 이 작품을 완성하는 데 소요된 것이다. 물론 가끔은 다른 일을 하며 쉬어 가는 시간도 있었겠지만, 그는 마지막 순간까지, 죽던 날 새벽에도 《파우스트》를 수정한 원고를 책상 위에 남겨놓을 정도로 치열하게 살았다. 죽음의 순간까지 함께 했던 책이 《파우스트》라는 것을 감안하고 나면 이 책이 숭고하게 보이기까지 한다. 그의 삶은 글을 짓는 작가로서 보여줄 수 있는 최고의 모범이 아닐 수 없다.

괴테의 유언으로 알려진 말도 그래서 감동적이다. "두 번째 창문도 열어라. 더 많은 빛이 들어올 수 있도록."[13] '더 많은 빛'을 들어오게 할 수 있었던 '두 번째 창문'은 비유적 표현으로 읽는 것이 더 나을 것이다. 빛에 대한 인식은 삶의 현장 속에서는 점점 흐려지겠지만, 죽음 이후에는 희망으로 인해 더욱 강렬해질 것임이 틀림없다. 그래서 그 '창문'을 물리적인 것으로만 이해하면 너무도 평범해지고 만다.

　성경에서는 '끝까지 견디는 자는 구원을 얻는다'고 한다. 사는 동안 죽지 말아야 한다. 사는 동안에는 삶이 문제일 뿐이다. 끝까지 견디기 위해 끝까지 가야 한다. 그 끝에서 우리는 비로소 모든 것들의 가치를 깨닫게 된다.

끝을 아는 자가 시작도 할 수 있다.
끝낼 수만 있다면 언제든 다시 시작할 수 있다.

Arthur Schopenhauer

삶을 제대로 보려면
거리가 필요하다

나그네가 앞으로 걸어갈 때 사물은 멀리서 보았을 때와 다른 모습이고, 가까이
다가가면 보이는 모습이 변하듯이 우리 인생도 마찬가지다.

_《인생》

삶의 시계는 제각각으로 흐른다

인식에도 거리가 필요하다. 너무 가까이 두고 보면 사물을 제대로
볼 수가 없다. 무엇을 보려 해도 적당히 거리를 두고 보아야 한다.
여기서 거리는 공간적 개념이지만 생각의 영역으로 들어오면 시간
적 개념까지 공유하게 된다. 시간이 흘러줘야 한다는 얘기다. 무엇
인가를 이해하고 그 이해한 것에서 인식까지 원한다면 어쩔 수 없
이 시간이 요구될 수밖에 없다.

지금 보는 이 빛도 8분 17초 전에 발생한 것이라고 한다. 빛이 태양에서 출발하여 지구까지 도달하는 시간이다. 빛이 닿으면 인연이 생기고, 인연이 닿으면 관계가 형성된다. 이때 시간은 위대해진다. 사람은 태어남과 동시에 시간 속으로 들어가게 되고, 그 시간 속에서 시간을 경험하며 시간과 함께 살다가 시간 속에서 죽음을 맞이할 것이기 때문이다. 그래서 시간 속에 존재한다는 말이나 시간적으로 실존한다는 말도 진리가 되는 것이다.

시간 속에서 시간적으로 존재하는 것은 존재자의 현상과 본질을 말한다. 현상적으로 말하면 시간은 삶 자체가 되는 것이고, 본질적으로 말하면 시간은 의미가 된다. 현상은 눈에 보이는 세계 속에서 이해가 가능하고, 본질은 눈에 보이지 않는 세계를 구성하는 요인이 된다. 똑같은 한 시간이라 해도 누구에겐 할 일이 없어 따분한 시간이 되고, 또 누구에겐 할 일이 너무 많아서 쫓기다가 끝나는 시간이 된다.

시간은 너무 많아도 탈이고 너무 없어도 문제다. 시간은 시간다워야 시간으로서 환영받는다. 시간의 진정한 의미는 빠름 속에서 여유가 구현될 때 주어진다. 빠르게 떨어지는 폭포수에서 거대한 무지개를 만드는 것은 작은 물방울이라는 존재들이다. 마찬가지로 우주의 시간과 비교한다면, 삶에게 주어진 시간은 너무도 짧다. 대부분 삼만육천오백 일을 다 채우지 못한다. 물론 그 이상을 사는 사람도 있겠지만 현실적으로는 거의 없다.

결국 마지막은 찾아온다

이제는 '백세시대'라고들 말하지만, 이것은 아직도 희망사항에 불과하다. 기업 윤리가 끼어들어 병원을 찾아가게 만들고 보험에 가입해서 미래를 준비하는 일에 돈을 쓰도록 유혹하고 있을 뿐이다. 일종의 희망 사업이다. 그런 시대가 되느니 안 되느니, 그런 것에 논쟁을 벌이기보다 들판에 나가 힘껏 움직임으로써 근육을 키우거나 현상 유지하는 것이 더 낫다. 지금 있는 건강이라도 죽을 때까지 유지하려 하는 것이 더 낫다는 얘기이다.

아무리 발버둥 쳐도 결국에는 바닥에 도달하고 말 것이다. 봄, 여름, 가을, 겨울 사계절의 순간을 인생에 빗대어 보아도 나름대로 인식이 온다. 파릇파릇한 새싹이 돋아나던 때가 있었다. 솜털 같은 머리카락이 눈을 찌르던 때가 있었다. 그러다가 뜨거운 삶이 펼쳐졌다. 힘이 남아돌아 날뛰던 사춘기를 지나 청년기를 맞이하며 사랑에 빠지기도 했다. 그리고 가을이 되어 열매가 맺어졌다. 열심히 산 보람이 느껴지는 순간이 있었다.

그리고 결국에는 겨울이 찾아온다. 시간의 흐름은 피해갈 수가 없다. 마지막은 기어코 찾아올 것이다. 시간은 화살처럼 날아와서 종국에는 심장을 맞히고 말 것이다. 누구나 죽음이란 관문을 통과하게 된다. 그 순간 누구는 미소를 지으며 여유 있게 눈을 감겠지만, 누구는 조금만 더 열심히 살았으면 하는 아쉬움 속에서 숨을 거둘 것이다.

시간은 여유 속에서 주어진다

아쉬움이 남는 삶은 극복되어야 한다. 최선을 다해 살아야 한다. 자기변명이나 자기합리화로 자기 자신에게 주어진 시간을 의미 없이 보내지 않기 위해서, 그 시간을 낭비하지 않기 위해서, 없던 숙제도 만들어내서 열심히 살아야 한다. 삶의 숙제는 죽을 때까지 주어질 것이다. 창조적인 정신은 어떤 식으로든 기어코 숙제를 찾아내고야 말 것이다. 인연을 인식도 하지 못하고 떠나보내는 실수는 하지 않기 위해서 두 눈 부릅뜨고 살아야 한다.

잘 할 수 있는 것이 무엇일까? 이 질문은 마지막 순간까지 끌고 가야 할 것이다. 마지막 순간에 남을 원망하거나 자기 자신에게 실망하거나 비난을 하며 시간을 허비하지 않으려면 다양한 방법으로 생각하는 훈련에 임해야 한다. 그 마지막 순간에 좋은 말을 입에 담으려면 치열하게 훈련해야 한다. 훈련만이 실수를 줄여줄 것이고, 잠시라도 잘못해서 쓸데없는 생각을 하는 일이 없도록 해줄 것이다.

거울 앞에서도 너무 가까우면 자기 얼굴조차 제대로 볼 수가 없다. 시력이 가장 이상적으로 힘을 발휘할 수 있는 거리가 있듯이, 자기 자신에게 주어진 시간에 대해서도 그것을 인식할 수 있는 가장 적당한 거리가 있다. 조금이라도 움직일 수 있는 공간이 있어야 힘을 쓸 수 있다. 옴짝달싹하지 못하면 제대로 힘도 써보지 못하고 시간을 보내고 말 것이다. 늘 시간이 문제이다. 항상 시간 속에 인연이 있다. 언제나 시간은 여유 속에서 주어진다.

거리가 주어지면 사랑도 할 수 있다. 무소유의 사랑도 적당한 거리가 유지될 때 실현된다. 마음의 원리와 비결도 바로 이 적당한 거리가 유지될 때 깨달을 수 있다. 마음이 너무 없어도 안 되고, 마음이 너무 급해도 안 되고, 마음이 너무 꽉 차 있어도 안 된다. 놓아준 마음이 다른 마음에 닿으면 사랑도 할 수 있다. 놓아준 마음이 사랑을 안고 돌아오는 것이다. 텅 빈 마음이 다른 마음도 담아낸다. 이것이 진리이다.

삶의 시간에도 적당한 거리가 필요하다.
주어진 시간을 인식할수록 삶의 아쉬움은 줄어든다.

3장

운명
어쩔 수 없다면 운명이다

Arthur Schopenhauer

누구나 운명을 맞닥뜨린다

그렇지만 대체로 얼마 안 가 운명이 다가와 우리를 거칠게 움켜잡고는, '우리 것은 아무것도 없고, 모두 그의 것이다'라고 가르쳐준다.

_《인생》

몸과 마음의 한계

사람에게는 한계가 있다. 그 한계의 다른 이름이 운명이다. '한계' 라 쓰고 '운명'이라 읽을 수 있어야 한다. 신에게는 전지전능함이 주어져 있지만, 사람에겐 제한된 형식이 주어져 있다. 그 제한된 형식이 몸과 마음으로 규정되고 있을 뿐이다. 사람은 몸과 마음을 모두 갖고 있다는 것이 문제이다. 체력은 강화시킬 수 있어도, 체격은 어쩔 수 없다. 마음은 바꿀 수 있어도, 상황 자체는 어쩔 수 없다.

게다가 마음을 바꾸는 것도 쉽지 않다. 마음을 마음대로 바꾸기까지는 수많은 희생이 따른다. 변화에 수긍하고 따르는 것보다 변화를 주도적으로 이끄는 것이 더 어렵다. 그것은 정말 많은 수련을 거친 후에나 주어지는 능력이다. 선구자가 된다는 것은 말처럼 쉬운 일이 아니다. 때로는 목숨까지 걸어야 하는 상황이 펼쳐질 수도 있다. 마음을 마음대로 바꿀 수 있으려면, 주변의 모든 것에 대해 저항할 힘도 있어야 한다.

근력은 근육의 힘을 의미한다. 근육이 힘을 발휘해서 움직이는 동물적 존재가 될 수 있는 것이다. 하지만 사람은 스스로 움직일 수 있는 동물이면서 동시에 생각하는 동물이라는 것이 문제이다. 생각하는 데도 나름대로 힘이 요구된다. 그래서 '정신력'이라는 말도 생겨나게 되는 것이다. 근육이 있어서 일정 무게를 감당할 수 있듯이, 정신력이 있어서 우리는 어느 정도의 일까지는 견딜 수 있게 되는 것이다.

어디까지 견뎌보았는가? 견디면 견딜수록 정신력은 강해질 것이다. 물론 한계는 있다. 아무리 노력해도 만화 속 영웅들의 근육처럼 커지지는 않는다. 때로는 약물에 의존하여 단시간에 그런 근육을 얻을 수도 있지만, 약물을 끊으면 근육의 양은 순식간에 사라지고 만다. 정신력도 마찬가지로, 우울증에 좋다는 약으로 잠깐 동안 견디며 버틸 수는 있어도, 약을 끊으면 순식간에 똑같은 상황과 현실이 눈앞에 펼쳐지고 말 것이다.

운명과 마주하는 일

끝까지 견디다 보면 한계를 알게 된다. 노력을 거듭하다가 이제 그만해야겠다는 마음이 들 때, 사람은 누구나 한계에 도달한다. 공자는 삶에서 한계에 직면하는 나이를 오십 세로 보았고, 그 나이를 일컬어 '지천명'이라고 했다. 하늘이 내려준 운명을 안다는 뜻이다. 삶을 오십 년쯤 살아보면, 자기 자신이 할 수 있는 것과 할 수 없는 것을 알게 된다는 얘기이다.

하지만 인식은 나이의 문제가 아니라서 복잡해진다. 대부분의 사람들은 오십 세가 훌쩍 넘었는데도 자기가 할 수 있는 것이 무엇인지 전혀 감도 못 잡는다. 하물며 좀 극단적으로 말하자면, 자기가 누군지도 모르고 살아간다. 육십 세가 '이순'이라고? 무슨 말을 들어도 다 알아듣는 나이라고? 대부분의 사람들은 그 나이가 되면 무슨 말을 들어도 기분이 잘 상할 뿐이다. 감정이 쉽게 뒤틀리고, 그러면서 쉽게 흥분하고 분노하기 일쑤이다.

사람은 깨달아야 한다. 자기 운명과 마주쳐야 한다. 운명과 마주한다는 것은 결코 쉬운 일이 아니다. 한계에 직면하는 일이라서 고통이 따른다. 한계는 자기 자신만의 것이라서 어느 누구도 도와줄 수 없다. 오롯이 혼자서만 감당할 수 있고 또 혼자서만 극복할 수 있다. 운명과 마주하는 것이 쉬운 일이었다면, 공자도 '지천명'이라는 말을 하지 않았을 것이다.

'어쩔 수 없다!'는 말을 해야 할 때가 있다. 누구나 더 이상 어떻게 할 수가 없는 상황, 즉 스스로 능동적으로 또 적극적으로 행동할 수가 없는 지경에 처할 수 있다는 것이다. 그때 '운명'이란 것이 다가온다. 운명이 엄습하면 모든 것은 인식의 빛 아래 놓이게 된다. 그 빛을 피할 수 있는 인간은 없다. 그 운명이 삶의 주체가 되고, 인간은 그 운명 앞에서 옴짝달싹하지 못하는 신세가 되지만, 그 운명이 '우리를 거칠게 움켜잡고' 우리를 가르칠 것이다.

살다 보면 누구나 자신의 한계에 직면한다.
다가오는 운명을 어떻게 마주하느냐가 중요하다.

Arthur Schopenhauer

가짜 운명으로
도피해서는 안 된다

그러나 가볍게 넘기지 못하는 사람은 어떤 일이 일어나는 것은 모두 필연적이
라는 대진리를 마음에 새기면서 숙명론적인 입장으로 도피하는 수밖에 없을 것
이다.

_《인생》

본질을 흐리는 가짜 운명

운명이라고 말하면서 운명을 도피처로 만들 수 있다. 아무 데서나
멈추면서 '더 이상 갈 수 없다'고 떼를 쓴다. 일어설 힘이 있으면서
'힘이 없다'고 핑계를 댄다. 눈물도 안 나면서 '울고 싶다'고 으름장
을 놓는다. 죽을 마음도 없으면서 '죽고 싶다'는 말로 상대의 마음에
흠집을 낸다. 이런 말들은 모두 '마음에도 없는 말'들이다. 사람은
분명 마음에도 없는 말을 할 수 있는 존재이고, 또 그런 말을 함으

로써 본질을 흐리는 것이 문제이다.

사람은 말을 하면서도 말을 하지 않을 수 있고, 또 침묵하면서도 말을 할 수 있다. 비밀을 말하는 것처럼 하면서 비밀을 숨길 수도 있고, 또 아무렇지도 않은 듯 무심하게 말하면서 비밀을 드러낼 수도 있다. 시간과 장소에 따라 사람은 그 상황에 맞는 말을 찾아 할 줄 아는 존재이다. 어떤 상황이 펼쳐져도 그 상황 속에 자기 자신을 적당하게 맞출 수 있는 능력이 있다는 얘기이다.

이성적 존재는 이성을 가지고 비이성을 연출할 수도 있다. 자기 자신의 속내를 숨기기 위해 이성을 동원할 수도 있다는 얘기이다. 이런 능력을 간파했던 자가 바로 셰익스피어이고 그의 작품 속 '햄릿'이 바로 이런 종류의 인물이었다. 작가는 이 인물을 비극의 주인공으로 제시했다. 그렇게 살면 안 된다는 경고의 의미가 담겨 있다는 얘기이다. 이성이 생각을 방해할 수도 있다. 합리적인 생각이 자연스러운 생각을 저해할 수도 있는 것이다.

햄릿은 진실을 알기 위해 스스로 미친 사람처럼 말하고 행동했다. 하지만 자기 자신의 마음을 숨기면 숨길수록 상황은 더욱 복잡해지고 만다. 작은아버지가 자기 아버지를 죽였다는 증거는 없다. 정말 작은아버지가 그런 극악무도한 살인자가 아닐 수도 있다. 또 어머니가 불륜을 저질렀다는 증거도 없다. 어머니는 정말 자기 아버지이자 그녀의 남편이었던 선왕을 진심으로 사랑했을지도 모른다. 하지만 무대는 오로지 망령을 보고 그 망령이 들려준 소리를 진실로 간주한 햄릿의 시각과 생각에 의해 진행될 뿐이다. 그가 비극을 초래했다.

진정한 운명이 아닌 운명이 너무도 많다. 진짜가 아닌 가짜 운명이 너무도 많다. 진상이 아니라 가상으로 굳어진 운명이 너무도 많다. 아무것이나 한계라고 정하고 또 필연이라고 말한다. 아무것이나 정답이라고 함부로 간주한다. 아무 길이나 선택하면서 다른 선택의 여지는 없었다고 말한다. 이것이 생각하며 삶을 살아야 하는 사람의 문제이다. 생각이 진행되는 형이상학적인 세상이 있고, 또 몸이 움직임으로써 진행되는 물리적인 세상이 있다.

운명이 아니면서 운명 행세를 하는 개념들이 너무도 많다. 정해진 것이라고 말하면서 그것 외에는 전혀 다른 생각을 하지 않으려는 태도가 발생한다. 이런 경향을 설명하는 개념이 '고정관념'이다. 그런 관념에 빠진 자는 자신의 생각이 운명인 듯이 판단하고, 어쩔 수 없다고 말하지만, 다른 사람의 입장에서 보면 충분히 개선할 여지가 있다. 자기 자신이 그 안에 갇혀 있다는 것이 문제가 된다.

경계해야 할 부정적인 마음

'자기합리화'도 '자기변명'도 '자기연민'도 모두 운명의 본질을 흐리는 부정적인 개념들이다. 자기연민이라 함은 자신이 불쌍하다고 여기는 생각의 형식을 두고 하는 말이다. 이런 사람의 특징은 늘 타인을 탓한다는 데서 찾을 수 있다. 항상 "너 때문에!"라는 말로 상황을 설명하려 한다. 언제나 자기가 손해를 보고 있다면서 불평불만을 쏟아낸다. 타인의 입장에 대해서는 아는 바가 없고, 있다고 해도 오로지 자기 입장에서 찾아낸 문제만 있다.

자기변명이라 함은 소크라테스처럼 법정에서 자기 자신을 위해 진리를 설명하는 것을 의미할 수도 있지만, 부정적으로 해석하면, 가짜를 진리라고 간주하고 그것에 대해 선을 긋는 행위도 될 수 있다. 자기 자신이 저지른 어떤 잘못이나 실수에 대하여 이런저런 구실을 대며 구차하게 그 이유를 설명하는 것이 바로 자기변명이다. 이런 식의 변명으로는 회복될 수 있는 것이 아무것도 없다. 변명은 오로지 존재의 현상을 흐리게 한다.

자기합리화라 함은 분명히 자기도 잘못을 했으면서도 자기는 아무 잘못이 없다는 식으로 말하는 방식을 일컫는다. 말하자면 스스로 느껴야 할 자책감이나 죄책감에서 벗어나기 위하여 자신이 한 행위를 고의로 정당화하는 일이다. 이때 그는 그저 빠져나가려는 심리에만 집중한다. 이유가 될 수 없는 것을 이유로 끌어들여 그것을 형식을 갖춘 하나의 논리로 형성한다. 하지만 이런 논리는 궤변을 낳는다.

또 '독단'도 '편견'도 부정적이다. 독단이라 함은 혼자서 판단하거나 결정하는 행위를 일컫는다. 그것은 객관적이지 않고 오로지 주관적 인식만으로 판단하는 일에 해당한다. 그저 자기 생각뿐이다. 자기 생각에서 벗어날 생각조차 하지 못한다. 이성이 강해질수록 이런 경향 또한 강해진다. 이성이 모습을 드러내기 시작하는 어린

아이나 이성이 굳어져가는 노인의 경우에서 이런 태도가 두드러지
게 나타난다.

편견이라 함은 한쪽으로 치우친 공정하지 못한 생각이나 견해를
두고 한 말이다. 한쪽만 본다는 것이 문제이다. 현상은 다양하고,
또 현상 속의 사물들은 다양한 측면을 갖고 있는데, 오로지 한 곳만
을 주시하며 거기서 단일한 판단을 도출하는 것이 문제이다. 이것
은 생각이 저지를 수 있는 대표적인 실수이다. 편견이야말로 세상
을 보는 법을 배워야 하는 이유를 보여준다.

아무것이나 한계라고 하며 가짜 운명에 갇히면 안 된다.
본질을 흐리는 부정적 마음은 내 존재를 흐리게 만든다.

Arthur Schopenhauer

질투를 피할 수 없다면
이용하라

질투는 인간의 자연스러운 감정이다. 그럼에도 질투란 악덕인 동시에 불행이다.
_《인생》

질투의 원인은 비교에 있다

1984년에 제작된 〈아마데우스〉란 영화가 있다. 모차르트의 일대기를 그린 영화이지만, 처음부터 끝까지 이야기를 끌고 가는 화자는 살리에리라는 인물이다. 그는 모차르트의 동시대인으로서 경쟁자의 역할을 담당한다. 그는 음악을 너무 쉽게 만드는 모차르트를 볼 때마다 질투심을 억제하지 못한다. 견딜 수 없어서 정신 줄을 놓고 만다. 영화는 정신병원에서 시작하고 정신병원에서 끝난다. 살리에리가 정신 줄을 놓은 이유가 영화 전체의 이야기로 구성된다.

영화는 비극의 형식을 취한다. 모차르트는 무관심 속에서 죽었고, 살리에리는 미쳐버린다. 끊임없이 과거 이야기만 늘어놓는 전형적인 늙은이의 모습을 보여준다. 창문으로 바깥의 환한 빛이 전달되고는 있지만, 그의 정신은 자기 자신만의 세계 안에 갇혀 있다. 영화는 아무도 들어주지 않는 그 이야기를 영상 속에 담아 들려준다. 살리에리를 보며 관객은 경계심이 발동한다. '그렇게는 살지 말아야지!' 하는 마음이 생기는 것이다.

질투의 원인은 비교에 있다. 생각하는 존재에게 비교는 운명이다. 이성 때문에 계산을 할 수 있고, 그 능력 때문에 다양한 것을 계산해낼 수밖에 없으며, 다양한 것에 대한 인식 때문에 비교는 운명이 되고 만다. '일 더하기 일은 이'라는 인식이 가져다주는 정답의 크기는 '이 더하기 이는 사'라는 인식이 가져다주는 정답의 크기보다 작다. 자기 자신의 것이 작다는 것을 아는 자는 더 큰 것을 가진 자를 만나면 질투를 하지 않을 수 없게 된다.

질투를 다루는 방법

문제는 질투를 느낄 때 어떻게 해야 하느냐이다. 질투 때문에 삶 전체가 무너질 수도 있다. 살리에리가 바로 자기 자신의 질투를 억제하지 못하고 통제하지 못하여 스스로 질투의 희생이 된 전형적인 인물이다. 질투는 하지 않을 수 없지만 억제하고 통제할 수는 있다. 질투를 잘 이용하면 욕망에 불을 지를 수도 있다. 의지를 발동시켜 하고 싶은 일에 집중할 수 있도록 하기도 한다. 하지만 질투가 통제를 벗어나면 위험한 흉기가 된다.

셰익스피어도 인간의 질투를 주목했고, 그 결과물로《오셀로》라는 비극 작품을 세상에 내놓았다. 질투가 이 작품의 주제가 된다. 셰익스피어가 연출한 오셀로는 '부하의 이간질'[14]에 휘둘리는 인물이다. 남의 말에 휘둘려 사물을 있는 그대로 볼 수 없는 지경에 처하고 만 것이다. 사람이 그럴 수 있다는 것이 가장 큰 문제이다. 세뇌 당할 수 있다는 것이 이성적 존재의 운명적 상황이다. 논리가 서고 나면 그것을 벗어나는 것이 너무도 힘들다.

이성은 기회가 되기도 하고 함정이 되기도 한다. 사람은 자기 자신을 기회로 삼기도 하고 방해로 삼기도 한다. 이성이 자기 자신이라는 튼튼한 주인을 만나면 힘찬 발전을 거듭할 수 있지만, 주인을 타인에게서 찾으면 질투라는 함정에 빠질 수도 있다. 질투가 시선을 지배하면 다른 것을 보지 못하는 지경이 펼쳐진다. '제 눈에 안경'이란 말도 있다. 사람은 보고 싶은 것만 본다는 것이 문제라는 것이다. 눈에 콩깍지가 씌면 큰일이다.

사람은 백과사전처럼 생각할 수 없다. 사물을 사전 속의 개념들처럼 다룰 수가 없다. 사전 속의 개념들과 그 개념들에 따르는 의미 설명들은 그저 대표적인 사례가 될 뿐이다. 전혀 다른 단어를 발견할 수도 있고 발명할 수도 있다. 또 기존의 개념이라 해도 거기서 전혀 다른 의미를 부여할 수도 있다. 해석은 자유니까! 사람은 생각을 통해 전혀 다른 사람으로 거듭날 수도 있다. 생각이 달라지면 사람도 달라진다. 사람은 그럴 수 있다.

질투는 '인간의 자연스러운 감정'이다. 자연스럽다. 자연스러운 것은 어쩔 수 없는 것이다. 태어나면서 그렇게 태어나고 만 것이다. 그것을 누구에게 탓할 수도 없는 노릇이다. "그럼에도 질투란 악덕인 동시에 불행이다." 쇼펜하우어의 가르침에서 우리는 경계의 대상을 발견해야 한다. 악덕은 미덕을 전제한다. 불행은 행복을 전제한다. 우리는 언제나 반대를 생각할 수 있다. 악덕과 불행은 지양하고, 미덕과 행복은 지향해야 마땅한 것이다.

질투는 생각하는 존재에게 피할 수 없는 감정이다.
질투를 하지 않을 수는 없지만 통제할 수는 있다.

Arthur Schopenhauer

사람의 만남은
불협화음을 만들어낸다

인간은 원래 자기 자신과만 완전히 융화할 수 있다. 친구와도 애인과도 완전히 융화할 수는 없다. 개성이나 기분이 달라 사소한 것일지라도 언제나 불협화음을 초래한다.

_《인생》_

불협화음을 견뎌야 함께할 수 있다

독일의 상징주의 화가 프란츠 폰 스투크_Franz von Stuck_의 그림 중에 〈불협화음〉이란 제목의 작품이 있다. 그림에는 두 명의 판_Pan_(그리스 신화에 등장하는 목축의 신이자 목동의 수호신)이 등장하는데, 어른 판과 아기 판이 서로 다른 표정을 짓고 있는 것이 너무도 희극적이다. 그림 속 아기 판은 팬파이프를 연주하고 있다. 그림에는 소리가 담기지 않았지만, 서두른 아기 판의 연주가 소음으로 들렸나보다. 아기 판이 당돌하게 입술을 팬파이프 위에 올려놓고 연주에 임하고 있는 와중에, 어른 판은 귀를 틀어막고 신음을 하고 있는 듯하다.

하지만 아기 판도 언젠가는 연주를 제대로 하는 실력을 갖춰 자격이 충분한 어른 판이 될 것이다. 시간이 필요하다는 얘기이다. 처음부터 잘 할 수는 없는 노릇이다. 그런데 이런 불협화음이 어른들 사이에서도 발생한다는 것이 문제이다. 이때는 취향이나 성향이 문제로 등장하고 만다. '나는 이것이 좋다고 생각하는데, 너는 저것을 좋다고 생각한다.' 이런 차이가 문제로 등장할 수 있다는 얘기이다.

이유야 어떻든 간에 사람 사는 곳에는 불협화음이 있기 마련이다. 그것을 견디면 함께 살아갈 수 있고, 견딜 수 없으면 함께할 수가 없다. 불협화음을 대하는 방식을 정치 체제에 빗대어 설명할 수도 있겠다. 이른바 성숙한 민주주의는 서로 다른 정치 이념이 공존하는 사회를 실현시키는 것이다. 서로 원수가 되어 상대를 제거하려는 것은 민주주의의 이념이 될 수 없다. 합의를 하자면서 상대가 자기 밑으로 들어오기를 바라는 것도 민주주의적인 방식이 아니고, 설득의 기술이라 말하면서 남을 속이는 결과를 초래했다면, 그것 또한 부정적일 뿐이다.

만남에서도 불협화음으로 한계를 드러내는 경우가 많다. 친구나 이웃을 만드는 것이 이상적이라는 사실은 누구나 다 알지만, 그것을 실천하는 이는 많지 않다. 만남이라는 말을 하지만, 그 만남 속에서 언제나 부하를 기대하는 사람이 있다. 말 잘 듣는 아랫사람을 기대하는 것이다. 자신을 낮추고 타인에게 맞추는 사람을 두고 사회성이 좋다고 말하는 사람이 있다. 그런 사람은 끊임없이 나이를 따지거나 지위나 자격을 따진다. 거만하고 오만한 사람이다.

우리는 전혀 다른 존재이다

신은 서로 사랑하라고 가르쳤지만, 그런 말이 가르침의 내용으로 규정될 수 있는 이유는 사람들이 서로 사랑하지 않는다는 것이 일상의 현상이기 때문이다. 신의 가르침은 계명으로 진행되고, 사람들은 그것에 복종해야 하는 상황이 연출된다. 신학은 늘 이런 식으로 일방적이기만 하다. 하지만 사람 사이에는 이런 논리가 적용되지 않는다. 아니 적용될 수도 없고 또 적용되어서도 안 된다.

누가 누구를 가르치려 들면 문제가 발생한다. 대개 두 사람이 만나 결혼을 하게 되면 크고 작은 갈등이 발생하고 만다. 작은 충돌이 심각한 갈등으로 번지기도 한다. 평생을 다르게 살아온 두 사람이 함께 산다는 것은 거의 불가능에 가깝다. 그래도 갈등을 극복하고 함께 살 수 있다면, 가족이라는 형식 속에서 평생을 함께할 동반자를 얻게 된다. 그 한 사람을 얻기 위해 상상도 못할 과정을 거치는 경우도 있다는 것이 놀라울 따름이다.

갈등 때문에 괴로울 때는 힘을 회복할 수 있도록 스스로 시간을 가져야 한다. 힘을 회복할 기회를 스스로에게 제공해야 한다. 그 회복을 위한 최고의 처방은 혼자 있는 것이다. 인간은 원래 자기 자신과만 완전히 용화할 수 있기 때문이다. 자기 자신에게로 돌아가고 나면 거기서부터 새로운 출발을 시도할 수 있게 된다. 자기 자신의 한계를 알고 나면 그것을 극복하기 위해 스스로 묘책을 고안하기도 한다.

문제를 알고 나면 대답은 언제든지 찾을 수 있다. 정답이 없는 문제는 존재하지 않는다. 사람이 생각할 수 있는 문제라면 거기에는 반드시 해답이 있기 마련이다. 불협화음은 없을 수 없다고 했다. 하지만 불협화음이 무엇인지 알고 나면 사람은 기기서 조화롭고 아름다운 화음을 찾아낼 수도 있다. 서로 양보하고 배려하며 조금씩 물러설 줄만 알면 되는 것이다. 신은 양보가 필요 없는 존재이지만, 사람은 전혀 다른 존재라는 사실만 깨달으면 된다.

사람이 사는 곳에는 불협화음이 생기기 마련이다.
서로 양보하고 배려하면 어울리는 화음을 찾을 수 있다.

Arthur Schopenhauer

어른은 혼자가 되는 것을
두려워하지 않는다

인간 각자의 군서 본능은 나이와 정확히 반비례한다. 어린아이는 불과 몇 분만 혼자 내버려두어도 불안해서 마구 울음을 터뜨린다. 소년에게는 혼자 있는 것이 커다란 속죄 행위이다. 청년은 서로 어울리는 것을 좋아한다. 그들 중에서 보다 고상하고 지조 높은 청년들만 때로 고독을 추구하기도 한다. 하지만 그들도 하루 종일 혼자 지내기는 아직 쉽지 않다. 반면에 어른에게는 그것이 어려운 일이 아니다.

_《인생》

하나의 의견에 갇히지 않아야 한다

어른이 된다는 것은 쉬운 일이 아니다. 나이가 들어도 어린아이 같은 사람이 너무도 많다. 자기 자신의 고집을 굽힐 줄 모르는 사람이 일상을 채운다. 자기 자신의 운명 속에 갇혀 옴짝달싹하지 못하는 가련한 사람들이 너무도 많다. 자존심만 세져서 타인을 배려할 수 없는 지경에 처한 정신들이 셀 수 없이 많다. 자기 생각과 다르다면 쉽게 흥분하고 심지어는 분노까지 하게 되는 사람들이 넘쳐난다.

대부분의 사람들은 '각자의 군서 본능(무리지어 살려고 하는 본능)'을 앞세우고, 그 본능에 따라 살아간다. '친구 따라 강남 간다'라고, 유행 따라 삶이라는 소중한 시간을 허비하기도 한다. 기업 윤리를 자기 의지로 착각하고 살아가기도 한다. 아파트업자는 아파트에 살아야 진정한 삶이 펼쳐지는 듯이 홍보하고, 기계를 만드는 업자는 특정 기계를 사용해야 제대로 사는 삶인 것처럼 광고하며, 교육업자는 시험에서 고득점을 얻어야 성공한 삶이라는 식으로 가르친다.

타인이 만든 콘텐츠를 보고서 자기 자신의 의견을 형성해놓고서, 그 의견이 자기 자신의 의지에서 기인한 생각인 양 착각하는 이들이 너무도 많다. 진정한 어른은 하나의 의견에 갇혀 있는 존재가 결코 아니다. 진정한 어른이 무엇인지 알고자 할 때 가장 자주 드는 사례가 나이에 따라 변하는 과정에 대한 이해이다. 우리는 공자가 가르쳐준 것을 기준으로 하여 인생을 나이대로 구분하여 설명하곤 한다.

십오 세는 지학志學, 즉 배움에 뜻을 가지는 나이이고, 이십 세는 약관弱冠, 즉 관을 쓰는 나이이며, 삼십 세는 이립而立, 즉 독립하는 나이이고, 사십 세는 불혹不惑, 즉 유혹당하지 않는 나이이며, 오십 세는 지천명知天命, 하늘이 정한 운명을 아는 나이이고, 육십 세는 이순耳順, 즉 귀가 순해지는 나이이며, 칠십 세는 종심소욕 불유구從心所慾 不踰矩, 즉 마음대로 해도 법대로 하는 나이라고 배운다. 하지만 이 모든 것은 깨달은 자의 몫이다. 대부분의 사람들은 정반대의 현상을 보이고 만다.

십오 세는 배움에 뜻을 두기보다 나가 놀고 싶을 나이이고, 이십 세는 취직할 생각은 아예 못하는 나이이며, 삼십 세는 독립할 뜻도 없는 나이이고, 사십 세는 시간만 나면 누군가를 유혹하거나 스스로 유혹당해서 바람피우고 싶을 나이이며, 오십 세는 군서 본능이 극에 달해 자기가 누군지도 모를 나이이고, 육십 세는 남의 말은 들으려 하지도 않을 나이이며, 칠십 세는 누가 옆에서 도와주지 않으면 큰 낭패를 당할 나이이다. 이것이 일반적이다.

깨달은 자라면 정반대의 현상을 보일 것이다. 자기 자신의 이성을 제대로 활용할 줄 아는 자라면 대부분의 사람들이 보이는 행동은 보이지 않을 것이다. 쇼펜하우어도 공자처럼 나름대로 모범적인 사람들에 대한 설명을 해놓았다. "인간 각자의 군서 본능은 나이와 정확히 반비례한다." 이 문장은 정말 중요한 인식을 담고 있다. 쇼펜하우어가 인간에게 거는 기대가 예사롭지 않음을 확인하게 하는 문장이다.

정신의 근육은 나를 지탱해준다

무리 본능은 어릴수록 강해지고, 나이가 들수록 약해진다. 건강한 정신일수록 혼자가 되는 것을 두려워하지 않고 오히려 즐긴다. 약한 정신일수록 노인이 되어 외로움에 시달린다. 정신에도 근육이 있다고 했다. 정신력을 정신이 건강할 때 훈련으로 강화시켜놓아야 한다. 근육은 약할 때는 단련시킬 수가 없기 때문이다. 적당한 시기에 배움에 임해야 하고, 또 최선을 다해야 한다. 이것이 모두 자기 자신을 위한 행동이 된다.

건강한 어른이 되는 것은 쉬운 일이 아니다. 모범적인 어른이 되는 것은 엄청난 노력이 전제되어야 한다. 노력하지 않고 주어지는 것은 단 한 가지도 없다. 그래서 사는 것은 만만찮은 것이다. 죽지 않으려면 목숨을 걸어야 한다. 죽을 것 같이 고통스러운 '죽음 경험'을 거치면서 삶이 진행될 뿐이다. 사는 동안 배우고 훈련해야 할 것은 혼자가 되는 것이다. 마지막 순간에는 오롯이 혼자서만 갈 수 있는 길을 선택하고 걸어가야 하기 때문이다.

사람은 자기 의견에, 자기가 속한 집단에 얽매이기 쉽다.
한 생각에 갇히지 않고 자기를 넓힐 때 어른이 된다.

Arthur Schopenhauer

혼자가 되려면
마음의 훈련이 필요하다

오랫동안 집에만 있다 보면 우리 몸이 외부의 영향에 민감해져서 조금만 찬바람을 맞아도 쉽게 병이 드는 것처럼, 오랫동안 계속된 은둔과 고독 때문에 마음이 민감해져 별것 아닌 일이나 말, 어쩌면 단순한 표정에도 불안해지고 모욕을 느끼거나 마음이 상하는 것이 단점이다. 반면에 늘 시끌벅적하게 사는 사람은 그런 것에 전혀 신경 쓰지 않는다.

_《인생》

사람을 함부로 판단해선 안 된다

혼자가 되는 훈련에서 조심해야 할 것이 있다면, '단순한 표정에도 불안해지고 모욕을 느끼거나 마음이 상하는 것'이다. 오랫동안 혼자 지내다 보면 외부의 자극에 예민해질 수 있다. 바깥바람에 단련이 덜 되어 있어서 쉽게 감기 들 수 있다는 것이다. 공부를 많이 한 사람이 쉽게 흥분하는 경우도 있다. '절대로 저럴 사람이 아닌데' 하는 인상을 주는 행동을 할 때도 있다. 그게 다 사람이라서 그런 것이다.

　감정을 드러낸다고 해서 그 사람을 무시하는 실수는 저지르지 말아야 한다. 순수한 사람일수록 감정을 표현하는 일에 서툴기 때문이다. 시합에서 진 선수라고 해서 함부로 얕보면 안 되는 것과 같다. 전사는 패할 수는 있어도 결국에는 전사의 몸과 피를 갖고 있다. 단 한 번의 패배가 그 사람에게서 전사의 자격을 박탈하는 것은 아니다. 한 번 넘어졌다고 그 사람을 무시하면 큰코다친다.

　단 한 번의 실패나 패배로 그 사람의 인생을 망치게 할 수는 없다. 사람이니까 실수도 하고 실패도 하고 패배도 하는 것이다. 사람이니까 용서도 되는 것이다. 사람이 사람이 아니라 신이라면 용서할 일도 없을뿐더러 실수도 실패도 패배도 당연히 없을 것이다. 신에게는 그런 것이 문제되지 않을 것이기 때문이다. 하지만 사람은 다르다. 그래도 사람이라서 허용되는 것이 있다. 아무리 큰 패배라 해도 그것을 딛고 일어서고 나면 아무것도 아닌 것이 된다.

　패배를 맛본 후 재기를 꿈꾸며 단련하고 수련하고 훈련에 돌입할 때 사람들은 가끔 '와신상담臥薪嘗膽'의 심정으로 고독한 생활을 감당하려 하기도 한다. 그것 자체는 아무 문제없다. 늘 문제는 그다음이다. 잠시 멈춘 뒤에는 반드시 다시 출발해야 하기 때문이다. 다시 출발을 해야 할 때가 가장 위험한 순간이다. 첫 단추를 어떻게 꿰느냐에 따라 운명은 전혀 다른 그 무엇으로 형성되고 말 것이기 때문이다.

외부의 충격에 쉽게 흔들리지 않는 여유

'외부의 영향'에 너무 민감하게 반응하지 않도록 충분히 마음의 여유를 가지고 있어야 한다. 마음의 여유는 마음을 먹기 나름이라는 수수께끼 같은 현상으로 이해해야 한다. 마음의 준비가 되어 있으면, '외부의 영향'은 오히려 자극제가 될 수도 있다. 외부의 자극에 쉽게 무너지지 않은 강한 정신력으로 현실을 응시할 수도 있는 것이다.

건강은 건강할 때 챙겨야 한다는 말도 있다. 건강을 잃었을 때는 할 수 없는 것이 너무도 많다. 근육을 다쳤을 때도 전혀 움직일 수 없도록 그 부위를 꽁꽁 싸매야 하는 것처럼, 정신이나 마음이 다쳤을 때도 그 부위를 완전한 형식으로 보호해야 한다. 다친 부위를 함부로 드러내는 실수는 없어야 한다. 상처가 마음의 큰 힘으로 전환될 때까지 침묵으로 마음을 지켜야 한다.

약해졌을 때는 조금만 찬바람을 맞아도 쉽게 병이 든다는 사실을 절대로 잊어서는 안 된다. 자신이 생각하는 존재는 생각으로 착각할 때가 너무 많기 때문에 이런 말을 기억해야 하는 것이다. 할 수 없는 것을 할 수 있다고 착각할 때 사람은 자기 자신의 삶을 사지로 몰아붙이고 만다. '나는 아직 이 정도 바람에는 견딜 수 있는 상태'라는 착각이 사람을 더 병들게 한다. 사람이 저지를 수 있는 최대의 실수가 이런 순간에 발생한다.

결국 누구나 혼자이다

고독은 즐겨야 한다. 외로움에 시달려서는 안 된다. 외로움이 엄습할 때 자기 자신을 지켜주는 비결도 연습해야 한다. 사람은 누구나 혼자이지만, 혼자라는 상황을 비관적으로 인식하기보다 낙관적으로 인식할 수 있는 비결을 반복적으로 훈련해야 한다는 얘기이다. 마음은 쉽게 다칠 수 있다는 것을 명심하고서 마음을 지키는 훈련은 삶이 끝나는 그 순간까지 지속되어야 한다. 사람은 죽을 때까지 공부해야 한다.

"반면에 늘 시끌벅적하게 사는 사람은 그런 것에 전혀 신경 쓰지 않는다." 고립되지 않고 늘 여러 사람과 어울리며 지내는 사람들은 대수롭지 않게 생각한다는 얘기이다. 대부분의 사람은 '스치는 바람에 흔들리는 잎새' 때문에 괴로워하지 않는다. 대부분의 사람은 '별이 바람에 스치는 밤'을 인식하지도 못한다. 이런 것을 인식하는 자는 지극히 예민하다는 소리를 들을 테지만, 그런 예민함이 역사를 만들기도 한다. 감수성이 예민한 사람이 인식하는 세상에 대해서 보통 사람은 아는 바가 거의 없다.

쇼펜하우어의 말이 '시끌벅적하게 사는 사람처럼 살아'는 뜻은 아니다. 말은 제대로 들어야 한다. 시끌벅적하게 사는 사람처럼 감각을 단련하라는 말일 뿐이다. 혼자는 운명이다. 결국에는 그 혼자된 상황 속에서 인생의 마지막을 경험하게 될 것이다. 사람은 누구나 생로병사의 의미를 깨닫는 순간을 맞이할 것이다. 그때 자기 자신

을 영원한 시간 속으로 미지의 여행을 감당할 수 있도록 훈련에 훈
련을 거듭하라는 말이다.

어쩔 수 없다면 운명이지만, 다른 방도가 있다면 운명이 아니다.
더 이상 버틸 수 없다면 한계이지만, 조금이라도 더 버틸 힘이 있다
면 한계가 아니다. 인생에는 갈림길이란 것도 존재한다. 시간은 늘
선택을 강요한다. 가지 않은 길에 대해 미련을 갖기보다 가야 할 길
에 집중하는 것이 훨씬 더 낫다. 운명이라고 인식되면 해야 할 일이
하나 있다. 그것은 운명을 사랑하는 것이다.

> 마음이 약해졌을 땐 작은 자극에도 상처받기 쉽다.
> 그럴 때 나를 지킬 수 있는 훈련을 거듭해야 한다.

Arthur Schopenhauer

늘 실수를
경계하라

최조의 현자인 소크라테스조차 자신의 개인적인 일을 올바로 처리하거나, 적어
도 실수를 피하기 위해 다이모니온의 경고를 필요로 했다. 그것은 인간의 분별
력이 우연과 오류를 미연에 방지하기에는 불충분함을 입증한다.

_《인생》

인간은 부족한 존재이다

매 순간 정신을 차려야 한다. 삶을 의식해야 한다. 살다 보면 제정
신이 아닌 때도 있기 때문이다. 거의 같은 시기에 집필된《햄릿》과
《돈키호테》는 전혀 다른 정신을 가르쳐준다. 셰익스피어는 영국 사
람이고, 세르반테스는 스페인 사람이다. 둘은 서로 만난 적도 없
다. 서로 같은 시대에 살았을 뿐이다. 그런데 생각하는 형식은 같았
다. 둘은 모두 근대를 연 영웅들이다. 근대의 정신을 가르쳐준 최고

의 선생들이다.

햄릿은 비극의 주인공으로서 경계심으로 바라보고 관찰해야 할 인물인 데 반해, 돈키호테는 광기의 기사로 불리는 오해 속에서 견딘 불굴의 의지를 확인해야 할 인물이다. 세르반테스는 자신이 창조한 인물을 위해 묘비명도 적어준다. 그 마지막 부분에는 그가 평생을 미치광이로 살다가 본정신으로 세상을 떠났음을 밝힌다.[15] 돈키호테는 죽을 때까지 죽을 마음이 없었다. 그는 죽는 순간까지 새로운 도전에 임했다.

돈키호테의 이야기를 뮤지컬로 만든 것은 1965년의 일이다. 그 뮤지컬의 마지막을 장식하는 노래는 〈이룰 수 없는 꿈〉이다. "'꿈'은 이룰 수 없어도 포기할 수 없고, '싸움'은 이길 수 없어도 도전으로 맞서고, '슬픔'은 견딜 수 없어도 웃음으로 바꾸고, '길'은 험해도 돌아설 수 없어서, 오로지 '정의'만을 위해 싸우겠다고 다짐하고 또 다짐한다."[16]

인간은 쓰러질 것이다. '세월 앞에 장사 없다'라는 말이 있다. 아무리 버텨도 어쩔 수 없이 쓰러지고 말 것이다. 인간은 부족하다. 부족해서 인간인 것이다. 부족함이 없다면 신이라 불렸을 것이다. 독일 속담 중에 '실수는 인간적이다'라는 말이 있다. 물론 실수 자체는 부정적이다. 그렇다면 실수를 경계하며 사는 것이 가장 인간적인 삶의 형식이라고 말할 수도 있을 것이다.

세상의 현상과 본질

쇼펜하우어가 《의지와 표상으로서의 세계》에서 치열하게 설명하고자 했던 것은 '현상의 원리'이다. '본질의 원리'가 아니었다는 사실 앞에서 우리는 한참 머물러야 한다. 인식이 올 때까지 기다릴 줄도 알아야 한다. 현상은 보이는 것이고, 본질은 보이지 않는 것이다. 현상은 빛의 원리이고, 본질은 어둠의 원리이다. 하지만 쇼펜하우어는 현상에 주목했다. 빛의 원리에 관심을 쏟았다. 거기서부터 현상에 대한 고민이 시작된 것이다.

현상의 원리는 본질의 원리에 정반대가 되는 것이다. 중세 천 년 동안 사람들은 보이지 않는 세상에 대한 상상의 나래를 펼쳤다. 천국에 가본 자가 없으니 무슨 말을 해도 상관없었다. 죽어본 자가 없으니 죽음 이후에 대해서 무슨 말을 해도 받아들여졌다. 천국에서 경험하게 될 영생이라는 말이 품은 매력은 너무도 치명적이었다. 하지만 그 모든 낙천적인 것을 버리고 이제 현실 속으로 시선을 던져야 할 때가 되었다.

현상의 원리는 삶의 원리이고, 삶의 원리는 시간과 공간의 원리로 이어진다. 그중에서도 시간과 현상에 대한 관계 규명이야말로 철학이 주목하는 부분이다. 신학은 보이지 않는 신을 영원불변의 신으로 간주하고 신에게만 주목하면 되었지만, 신학의 정반대에 있는 학문은 다양한 것을 볼 수밖에 없다. 그래서 그것을 지칭하는 이름도 수도 없이 많다. 그 최초의 개념이 근대 르네상스의 시작을 알렸던 '인문학'이다. 그리고 생철학, 현상학, 실존철학, 실존주의 등으로 발전을 거듭했던 것이다.

사람 사는 이야기는 무궁무진하다. 신학이 연출한 이야기만큼이나 무궁무진하다. 너도 나도 소설 같은 삶을 살아간다. 할 이야기가 너무도 많다. 하지만 그 이야기를 형식을 갖춰서 할 수 있는 사람은 많지 않다. 이야기가 많다는 것은 이야기의 소재가 많다는 것이고, 그것은 내용이 다양하다는 말로도 이해될 수 있다. 내용은 몸으로 살아야 하는 세상과 연결되고, 형식은 생각으로 살아야 하는 세상과 연결된다.

결국 내용과 형식은 가장 대표적인 문학적 고민의 대상이 되는 것이다. 내용과 형식은 다시 소재와 주제로 나뉠 수 있고, 또 그 내용과 형식을 철학적인 고민으로 옮겨놓은 개념이 바로 현상과 본질이다. 사람이기에 삶은 운명이 되고, 또 사람이기에 천국을 포기할 수도 없다. 사람이기에 신도 운명이고 영생도 운명이 된다. 그런 것을 부정하는 것 자체가 운명을 인정하지 않는 것이 된다.

사람은 몸으로도 살아야 하고, 생각으로도 살아야 한다. 둘 다 건강하게 살아줘야 할 삶이다. 두 개의 삶은 모두 그 삶을 살아야 할 그 사람의 책임이 되는 것이다. 현상은 다양해서 우연이 지배적이고, 본질은 단일해서 필연이 지배적이다. 다양해도 어쩔 수 없고, 단일해도 어쩔 수 없다. 둘 다 운명이라는 형식으로 이해하면 되는 것이다. 신에 대해 이야기할 때도 마찬가지다. 어떤 신을 말하든 상관없다.

정답을 운운하면서도 그 정답 속에 담기는 내용에 대해 마음의 문을 열어두면 될 일이다. 사람은 어쨌거나 한계와 무한 사이에서 방황을 거듭한다. 운명을 인식하는 순간 그 운명을 극복할 기회도 주어진다. 한계를 인식하는 순간 그 한계를 넘어설 수 있는 기회도 주어진다. 걸림돌도 디딤돌로 변할 수 있고, 파도가 밀려 와도 몸을 실을 줄만 알면 파도타기라는 놀이가 실현될 것이다.

인생에 밤이 없을 수는 없다. 밤이 되었다고 무서움에 휩싸일 필요는 없다. 그런 두려움은 어릴 때는 현실을 만드는 요인이었겠지만, 성숙해진 뒤에는 아무것도 아니다. 그래서 소크라테스는 '다이모니온*Daimonion*('다이몬과 같은 것'이라는 뜻으로, 대개 금지의 형태로 나타나는 내적인 신의 소리나 마음속으로부터의 경고를 의미한다)'에 대해서 경고를 했던 것이다. 다이모니온은 정신의 다른 말이다. 정신이 무슨 짓을 할지 모르니 늘 경계해야 한다는 말로 들어주면 된다.

인간은 부족하기에 실수를 하고 한계도 마주한다.
그 과정에서 저마다의 이야기를 만드는 것이 삶이다.

Arthur Schopenhauer

잘 살기 위해
방황하기

4장

어둠

밤이 되어야 별이 보인다

Arthur Schopenhauer

진정한 우정은
어려울 때 빛을 발한다

어떤 친구가 진정한 친구인지 알아보려면, 진지한 도움과 상당한 희생을 요하
는 경우 다음으로 최상의 기회는 자신이 방금 당한 불행을 알리는 순간이다.
_《인생》_

진정한 친구를 가려내는 방법

쇼펜하우어는 '어떤 친구가 진정한 친구인지 알아보기 위한' 두 가
지 방법을 제시한다. 첫째는 '진지한 도움과 상당한 희생을 요구'
해보는 것이다. 그때 반응을 보고 그 친구가 진정한 친구인지 알아
볼 수 있다는 얘기이다. 잔인하긴 하지만 그래도 좋은 방법에 속한
다 할 수 있다.

둘째는 '자신이 방금 당한 불행을 알리는 것'이다. 이것은 첫 번째

방법보다는 덜 잔인하다. 일단 자기 자신의 불행을 알려준다는 대목에서 스스로 많은 희생을 감수하고 있기 때문이다. 대부분의 경우, 자존심 때문에라도 이런 일을 감행하지 못한다. 그럼에도 불구하고 지금 처한 상황을 설명하고 도움을 청해보면 친구는 분명 반응을 보일 것이다. 그때의 반응이 친구의 가치를 판단할 수 있는 중요한 정보를 제공해줄 것이다.

쇼펜하우어는 중요한 대목에서 언제나 인용을 선택한다. "가장 친한 친구에게 불행이 닥칠 때, 우리는 마냥 싫지만은 않은 감정을 느끼기도 한다." 라 로슈푸코La Rochefoucauld의 말이다. 우리의 격언 중에도 '남의 불행은 나의 행복'이란 말이 있다. 우리가 위로받는 최고의 순간은 타인의 불행을 확인하는 순간이다. 그때 우리는 타인의 불행에 함께 슬퍼하기보다 다행이라고 생각하면서 상대적 행복감에 휩싸이는 것이다.

물론 정반대로 상대적 박탈감에 휩싸일 때도 있다. 친구가 일이 잘 되었을 때, 소위 '성공'을 했을 때, 즉 중요한 시험에 합격을 한다거나 남들이 다 우러러 보는 대학에 입학한다거나 높은 연봉이 보장되는 회사에 들어간 소식을 접할 때, 사람들은 박탈감에 휩싸이는 것이다. 이런 것이 '인간의 본성'이다. 이성을 갖고 있으니 비교는 당연한 것이다. 그런 감정 자체를 두고 비도덕이니 부도덕이니 하는 말로 평가해서는 안 된다.

'남의 불행이 나의 행복'이 되어선 안 된다

하지만 '남의 불행은 나의 행복'이라는 논리로 친구를 얻을 수는 없다. 그런 마음을 가지고 대할 수 있는 사람들은 세상에 널려 있다. 이 세상에 있는 모든 사람들은 그저 함께 살아가는 사람들일 뿐이다. 그들 모두와 마음을 공유할 수는 없다. 마음을 주고 마음을 받는 우정이나 사랑의 관계는 맺지 못한다는 얘기이다. 이 세상에 아무리 사람들이 많아도 대부분은 나와 무관한 사람들일 뿐이다.

대부분의 사람은 '남의 불행은 나의 행복'이라는 논리로 살아간다. 뒷담화하는 것도 같은 논리에서만 설명될 수 있을 뿐이다. 사람들은 타인에 대한 흉허물을 이야기하면서 스트레스를 해소하기도 한다. 스스로 위로를 받을 수 있는 최고의 처방이 되기도 한다. 하지만 이것은 대부분의 사람들이 하는 방식에 지나지 않는다. 뒷담화는 스스로도 뒷담화의 희생이 될 수 있다는 것을 깨닫고 나면 소름이 끼치는 방법이 아닐 수 없다.

기꺼이 손을 내밀 줄 알아야 한다

위의 인용문을 통해 얻을 수 있는 지혜는 '어려울 때에야 비로소 진정한 친구가 누구인지 알아낼 수 있는 기회가 주어진다'는 사실이다. 소위 일이 잘 풀릴 때, 즉 자기 자신에게 부족함이 없을 때는,

아니 베풀 수 있는 여력이 있을 때는 시장터에 파리들이 꼬이듯이 그렇게 친구들이 많이 찾아든다. 하지만 일이 잘 안 풀릴 때는 아무도 제 발로 찾아오지 않는다. 상황이 부담스러워서일 수도 있고, 얻을 것이 없어서일 수도 있다.

하지만 진정한 친구라면 어려울 때 빛을 발할 것이다. 그가 내미는 손은 미켈란젤로가 〈아담의 창조〉를 그릴 때 신의 모습을 그가 내미는 손에 집중하게끔 그려놓은 것과 같은 이념을 발견하게 해줄 것이다. 친구가 나의 구세주가 되어주는 순간이 연출될 것이기 때문이다. 그 친구의 도움으로 인해 자기 자신이 삶을 연명할 수 있는 기회를 얻게 되었다는 사실을 깨달을 수도 있기 때문이다.

또 반대로 생각을 거듭할 수도 있다. 불행한 소식을 전하는 친구를 접했을 때, 우리는 밤하늘의 별빛을 주시하듯이 집중력을 발휘하면 되는 것이다. 이 경우에도 그의 불행은 나의 행복을 위한 씨앗이 될 것이 틀림없다. 논리는 같지만 의미는 완전히 다르다. 극장에서 비극을 관람할 때처럼 동정과 공포가 엄습하겠지만, 그 모든 역겨운 감정들을 견디고 나면 그것들은 결국 카타르시스라는 쾌감을 불러일으키는 요인으로 작동할 것이다.

'불행 중 다행'이라는 말도 있다. 이 말 속의 지혜를 깨닫는 것이 관건이다. 세상은 타인들로 가득하다. 타인들도 사람들이다. 그들도 이성을 갖고 있고 그들도 이기적이다. 그들도 나름대로 논리를 갖고 있고 그들도 취향이란 것을 갖고 살아간다. 사람들은 모두 저마다 원하는 바에 따라 살아가고자 한다. 욕망은 서로 갈등을 빚을 것임에 틀림없다. 하지만 갈등은 상처를 남기기도 하지만, 승리감을 제공하기도 한다. 중요한 건 그 승리감을 어떻게 다루냐이다. 승리감에 취해 상대를 업신여기고 비웃는 게 아니라, 상대에게 진심 어린 위로를 전할 줄 알아야 한다. 내가 타인을 위해 기꺼이 건넨 위로의 마음은 언젠가 나에게 불행이 닥쳤을 때 빛처럼 돌아와줄 것이다.

> 남의 불행을 내 행복으로 삼아서는 우정을 쌓을 수 없다.
> 진정한 친구는 어려울 때도 기꺼이 도움의 손길을 건넨다.

Arthur Schopenhauer

세상은 '고약한 상태'에
놓여 있다

세상은 고약한 상태에 있다. 사나운 것들은 서로를 잡아먹고, 순한 것들은 서로를 속인다. 우리는 그것을 세상 돌아가는 이치라 부른다.

_《인생》

세상은 아무 잘못이 없다

사실 세상은 아무 잘못 없다. 사람은 누구나 자기 자신이 잘못했다고 생각하기보다 자기 자신이 억울하다는 생각부터 하게 된다. 누구나 자기 자신의 생각대로 생각하기를 더 선호하기 때문이다. 내로남불, 즉 '내가 하면 로맨스, 남이 하면 불륜'이라고 여기며, 남 탓하는 것이 지혜라고 생각하는 것이 일반적인 논리이다. 자기가 잘못한 것이 드러나면 '너도 그랬지 않냐!' 하고 역공을 펼치는 것이

영리한 처세라고 판단하는 것이다.

하지만 남을 공격해서 얻은 것은 잠시 스쳐 지나가는 명예에 불과하다. 세월이 지나면 부당한 방식으로 혹은 악랄한 방식으로 얻은 것은 제대로 된 평가를 받을 수밖에 없다. 보편적 의미의 인간애를 실천한 것이라면 세월이 흐를수록 더욱 빛을 발하겠지만, 어느 특정 집단이나 어느 특정 세력에 빌붙은 처세에 불과한 것이라면 세월이 흐를수록 더욱 흉측한 모습을 드러내고 말 것이다.

다시 말하지만 세상은 아무 잘못도 없다. 하지만 그 세상이 '고약한 상태'에 놓여 있다. 이런 인식을 두고 사람들은 '염세주의'라는 단어를 떠올렸던 것이고, 그런 개념을 쇼펜하우어의 철학을 지칭하는 이름으로 사용하게 된 것이다. 쇼펜하우어는 단 한 번도 자기 자신의 철학을 이런 개념으로 불렀던 적이 없다. 하물며 '염세주의'라는 단어 자체를 그의 글 속에서 발견할 수 없다. 우리는 쇼펜하우어라는 철학자와 그의 철학을 그 철학자 자신도 모르는 이름으로 불러대고 있는 것이나 다름이 없다.

물론 쇼펜하우어가 지닌 철학적 이념이나 철학적 인식은 염세주의적인 것이 맞다. 그는 세상을 부정적으로 바라본다. 그런 인식을 증명하는 대표적인 문구가 "모든 인생은 고통이다"라는 것이다. 하지만 고전주의나 낭만주의에서 고전이나 낭만이 의미하는 것처럼, 염세주의라고 말할 때 그 염세에 대해서 긍정적인 의미를 파악하는 것이 그 무엇보다도 중요한 인식이 된다. 이 문제는 다음 장에서 다루기로 하고 지금은 세상에 대한 쇼펜하우어의 인식에 집중해보자.

힘의 원리

쇼펜하우어는 "세상은 고약한 상태에 있다"고 단언했다. 그리고 그 이유를 "사나운 것들은 서로를 잡아먹고, 순한 것들은 서로를 속인 다"라는 말로 설명에 임하고 있다. 단언한 것은 명제에 해당하고, 그 이유의 내용이 명제를 설명한다. '사나운 것들은 서로를 잡아먹 고' 싶어 한다. 그것이 사나운 것들의 본성이다. 힘이 있는 자는 힘 을 사용하고 싶어 하고, 힘을 사용한 자는 그 결과를 확인하고 싶어 한다. 어쩔 수 없는 일이다.

이런 고약한 세상에서 살아남기 위해 '순한 것들은 서로를 속일 수밖에' 없다. 힘으로는 안 되니 속임수를 써서라도 살아남아야 하 는 것이다. 거짓말 자체가 잘못된 것은 아니다. 거짓말 자체가 부정 적인 것은 아니다. 거짓말이 도구가 되어야 할 때도 있는 법이다. 작가에게는 없는 이야기를 잘 지어내는 것이 능력이다. 소설을 쓰 려면 없던 인물도 만들어내야 하는 것이다. 이런 식으로 생각하면 모든 창조는 거짓말의 결과물이 된다.

세상은 '서로를 잡아먹고' 또 '서로를 속인다'는 행위가 서로 대응 하며 얽혀 있는 곳이다. 강한 자는 왕 노릇하고 싶어 하고, 약한 자 는 요령껏 살아남아야 하는 것이다. 약한 자가 희생이 되어야 한다 는 식의 논리, 즉 순교자를 요구했던 중세적 발상은 이제 현대에는 맞지 않다. 믿음의 논리에서는 그런 중세적 논리가 매력적일 수 있 지만, 현내의 현실 속에서는 전혀 이울리지도 않는다.

현대인이 매력적으로 인식하는 것은 오로지 힘의 원리이다. 그래서 살벌한 느낌마저 들게 되는 것이다. 능력이 없으면 능력 있는 자를 위해 살아야 한다. 문제는 그 능력의 기준이 특정한 범주로 제한되어 있다는 것이다. 모든 시대는 그 시대의 정신이라는 것이 존재한다. 어쩔 수 없다. 시간과 공간의 원리를 저버릴 수 없다는 것이 사람 사는 세상의 한계이다.

세상은 서로를 잡아먹고 속이는 행위가 난무하는 곳이다.
그것은 힘의 원리 속에서 살아남기 위한
인간의 생존방식이다.

Arthur Schopenhauer

불행이 먼저이고
그다음이 행복이다

모든 인생은 고통이다.
_《의지》

삶과 죽음이라는 문제

"모든 인생은 고통이다." 앞에서도 언급했듯이, 이 문장은 쇼펜하우어의 철학을 대변하는 문장이다. 쇼펜하우어에 대해서 조금이라도 공부한 사람이라면 이 문장을 알고 있을 것이다. 예를 들어 셰익스피어를 공부한 사람이라면 《햄릿》의 대사, 즉 '사느냐 죽느냐 그것이 문제로다!' 하는 것쯤은 당연히 알고 있는 것이나 다름 없다. 쇼펜하우어를 스승으로 간주했던 니체는 '신은 죽었다!'라는 말을 하면서 자기 자신의 철학을 위한 대전제로 삼기도 했다.

'사느냐 죽느냐 그것이 문제로다!'나 '모든 인생은 고통이다'나 '신은 죽었다'는 모두 인문학적 발언들이다. 신학적 이념에 정면으로 충돌하는 내용이다. 세상에서는 언제나 삶과 죽음이 문제로 규정되어 있다. 영화 속에서도 "죽을래, 살래?"라는 대사가 중요한 장면을 연출하기도 한다. 늘 선택을 강요당하고 있는 상황이다. 한 순간의 선택이 한평생을 좌우한다. 어떤 길을 선택할 것인가에 따라 그 결과는 전혀 다르게 주어질 것이다.

쇼펜하우어의 철학적 대전제는 '모든 인생은 고통이다'라는 문구 하나로 대변된다. 지극히 염세적이다. 학자들의 설명대로 주장하자면, 이것이야말로 지극히 염세주의적인 말이다. 정말 그럴까? 모든 인생이 정말 고통뿐일까? 이런 질문은 쇼펜하우어의 것이 아니다. 그의 철학을 접하고 더 큰 세상으로 나아가려 했던 니체는 이런 질문으로 심각하게 고민했지만, 아직 쇼펜하우어의 철학에서 그다음의 현상에 대해서는 문제로 삼지 않는다.

쇼펜하우어의 시각으로 세상을 바라보는 훈련을 거듭해야 할 때다. 이를테면 극장에서 비극을 관람할 때는 그 비극 속에 몰입해야 한다는 얘기이다. 비극에 몰입도 하지 않은 상태에서 카타르시스를 기대하는 것은 욕심에 지나지 않는다. 아플 때는 상상을 초월하는 수준으로 아파봐야 한다. 눈물을 흘려야 할 때는 눈알이 빠질 정도로 눈물을 쏟아보아야 한다. 절망을 할 때도 대충 절망하다가 '이제 그만!' 하고 돌아서는 일이 있어서는 안 된다.

"모든 인생은 고통이다." 이 문구로 묵상의 시간도 가져야 한다. 되새김질하며 그 문장이 가져다주는 인식에 몰두해봐야 한다. 수많은 또 다른 문구들이 엮여들 때까지 견뎌야 한다. 세상은 생지옥이다. 세상은 눈물의 골짜기이다. 세상은 고해이다. 세상은 눈물로 채워진 바다이다. 수많은 부정적인 말들이 떠오를 때까지 견뎌주어야 인식이 온다. 힌두교나 불교는 이런 인식을 거쳐야 주어지는 깨달음을 가르치려 했던 종교들이다.

불교에서는 죽음을 단말마의 고통으로 설명하기도 한다. 살아생전에는 단 한 번도 겪어보지 못한 고통이란다. 상상도 못할 고통이 될 것이다. 얼마나 아플까? 살아 있는 자들 중에는 단 한 번이라도 죽어본 자가 없어서 그 고통의 내용을 접할 수가 없다. 그래도 사람은 잘 알고 있다. 죽음만큼은 확실하다는 사실을 잘 알고 있는 것이다. 사람이라면 삶의 대가를 죽음으로 치러야 한다는 사실도 잘 알고 있다.

모든 인생이 고통인 이유

"모든 인생은 고통이다." 이것은 《의지와 표상으로서의 세계》의 56장 마지막 문장이다. 그것도 주문장이 아니라 부문장으로 처리되어 있다. 그토록 가볍게 처리된 문장이 쇼펜하우어의 철학을 대변한다. 어쩌면 쇼펜하우어는 이 문장을 보물찾기 형식으로 자기 책 속에 숨겨놓았는지도 모른다. 거북이가 바다로부터 멀리 떨어지지 않은 곳에 알을 낳고 모래 속에 숨기듯이, 우리는 그 의미를 찾아내고 인식해야 한다는 숙제를 떠안고 있는 것이다.

"모든 인생은 고통이다." 이 말이 알이라면, 그 알을 깨고 나오는 인식은 도대체 무엇이란 말인가? "모든 인생은 고통이다." 누구나 고통은 싫다. 그래서 그 고통 때문에 인생을 포기하란 말인가? 만약 그런 식으로 말했다면, 쇼펜하우어의 철학은 자살 이론이 된다. 자살을 종용하는 철학이 되고 마는 것이다. 하지만 56장 전체를 관통하는 이념 속에는 자살하라는 소리가 없다. 쇼펜하우어의 글을 읽으며 자살을 떠올린 것은 독자의 실수이다.

56장이 반복해서 들려주는 소리는 한결같다. "언제나 노력한다", "노력은 무한히 나아간다", "노력이 없는 것은 없다", "모든 노력은 부족에서, 자신의 상태에 대한 불만에서 생기므로 노력이 충족되지 않는 한 고뇌이기 때문이다", 이런 말들이 이어지다가 "모든 인생은 고통이다"라는 말로 끝난다. 여기서 우리는 종합적인 인식을 끌어내야 한다. 모든 인생이 고통인 이유는 노력하지 않을 수 없기 때문이라는 것을 인식의 소리로 들을 수 있어야 한다.

고통이 없는 사람은 없다. 살고자 할 때 직면하는 현상은 오로지 고통을 통해서만 인식된다. 꿈이 무엇인가? 사람은 이런 질문과 함께 성장을 거듭한다. 안 되는 것이 먼저이고, 부정적인 인식이 먼저이다. 불행이 먼저이고, 그다음에 행복이 주어지는 것이다. 비극이 먼저이고, 그런 다음에 비극적 인식이 주어지는 것이다. 카타르시스라고 부르든 쾌감이라고 부르든 정화라고 부르든 이름은 상관없다. 그 이름이 전하는 메시지를 알아주면 되는 것이다.

모든 인생은 노력하지 않을 수 없기 때문에 고통이다.
살고자 하는 노력은 우리를 고통스럽게 하고
또 성장시킨다.

어두운 생각이
실수를 낳는다

아이들이 어두움을 무서워하듯 우리도 무서워하는 무無의 어두운 인식을 쫓아
내지 않으면 안 된다.

_《의지》

인상은 주관적이다

미술사를 공부하다 보면 '인상주의'라는 시대의 그림을 접할 수 있
다. 인상주의 방식으로 그림을 그리려면 사물을 바라보고 그리는 방
식을 지양해야 한다. 정물화를 그리듯이 사물이 지닌 비율과 그 외
면을 지배하고 있는 음영의 관계 등을 그대로 옮기는 작업이 아니기
때문이다. 말 그대로 사물을 바라본 후 돌아서서 일정 시간이 흐른
뒤에 자기 내면에 남아 있는 '인상'을 그림 속에 담아내는 것이다.

인상주의의 그림은 모두 선이 불분명하다. 인상주의라는 개념이 시대적 개념으로 등장하는 계기가 된 그림은 모네가 1872년에 그린 〈인상, 해돋이〉이다. 이 그림과 동갑내기가 되는 작품이 니체의《비극의 탄생》이다. 비극? 그 의미는 여전히 해돋이의 현상처럼 흐릿하다. 선명하게 밝혀진 것은 하나도 없다. 탄생? 이 또한 인상의 의미처럼 모호하다. 그런데도 인상은 지배적이다.

인상은 누구나 다 갖고 있다. 한 번 보고 나면 그 인상은 평생을 이어간다. 좋은 인상이든 나쁜 인상이든 그것은 그저 주관적이다. 다른 사람에게는 그 인상이 전혀 다른 의미로 해석될 수도 있다. 그래서 쇼펜하우어는 어떤 상황에서도 눈앞에 있는 구체적인 대상에게 가진 인상을 극복해야 한다고 역설했던 것이다. 감각은 외부의 정보를 받아들이게 하지만, 그것이 내부로 들어오면 이성이라는 거울에 비춰짐으로써 어쩔 수 없이 왜곡되기 때문이다.

사물에 대한 인상은 사람마다 다르다. 그 다름을 공부하는 것이 예술 공부이다. 특히 작품을 대할 때는 그 작품을 창조한 예술가의 생각으로 먼저 바라봐야 한다. 작품을 내 마음대로 해석하는 것이 아니라, 예술가가 바라본 시각으로 사물을 해석하려는 의지가 중요하다. 왜 모네는 해돋이의 현상을 그런 식으로만 그릴 수밖에 없었을까? 그것은 어쩌면 세기말적 증상이 아닐까? 불안심리가 그림 속에 담긴 것이 아닐까?

이성이 힘을 발휘할 수 없는 상황

아이들은 모두 어둠을 싫어한다. 잠을 자야 할 때조차 불을 켜두기를 바란다. 눈을 가진 존재의 문제 상황이다. 어둠 속에서는 눈이 제 역할을 하지 못한다. 눈을 가졌는데 볼 수가 없다는 것이 불안을 조장한다. 마찬가지로 이성이 있는데 그 이성이 감당하지 못하는 경우가 펼쳐지면 사람은 불안을 느낄 수밖에 없다. 예상을 할 수 없는 상황에서는 공포가 엄습해올 수도 있는 것이다. 생각이 공포에 휩싸이면 답이 없다.

어둠은 볼 수 없는 상황이고, 볼 수 없는 상황은 이해할 수 없는 상황이며, 이해할 수 없는 상황은 이성이 힘을 발휘할 수 없는 상황이고, 이성이 힘을 발휘할 수 없는 상황은 생각이 무용지물이 되는 상황이고, 생각이 무용지물이 되는 상황은 생각하는 존재가 위기에 처한 상황이다. 생각하는 존재에게 생각은 스스로 구원할 수 있는 최고의 도구이지만, 생각이 어둠 속에 갇힌 상황이라면 스스로 모든 출구를 제거한 상황이 펼쳐진다.

어둠은 아무 잘못 없다. 밤은 아무 잘못 없다. 밤이 되어 그 어둠 때문에 공포에 휩싸였다면, 공포를 자아낸 생각이 잘못하고 있을 뿐이다. 물은 아무 잘못 없다. 물놀이를 하다가 목숨을 잃었다고 해서 그 물을 처단할 수는 없는 것이다. 하지만 사람의 경우는 다르다. 사람은 생각하는 존재이고, 그 생각이 실수를 저지를 수는 있는 법이다.

모든 어둠은 떨칠 수 있다

생각은 잘못할 수 있다. 생각은 실수할 수 있다. 이성은 비이성적일 수 있다. 논리는 비논리 속에 갇힐 수 있다. 이성의 칼날이 자기 자신을 향하면 존재 자체가 위기에 처할 수밖에 없다. 이성이 자신의 이성을 감당하지 못하면 미치거나 자살할 수밖에 없다. 쇼펜하우어는 어두운 인식을 떨치지 못했을 때 일어날 최악의 결과에 대해 이야기했을 뿐, 미치라고 가르친 적도 없고 자살하라고 가르친 적도 없다. 그의 철학을 그런 식으로 매도하지 않기를 간절히 바란다.

아무것도 없다는 것이 무서운가? 없을 무無 자는 하나로 묶은 짚단을 불 위에 올려놓은 형태를 취하고 있다. 모든 것을 불태울 수 있는가? 그럴 용기가 있는가? 모든 것을 태우는 것이 무서운가? 염세주의의 형식으로 말하자면, '모든 것은 불태울 수 있다'는 것이 대답이다. 무는 무서워할 대상이 아니다.

염세주의에서 염세가 주인공이 될 수 있듯이, 허무주의에서 허무가 주인공이 될 수도 있다. 범종(절에서 사람을 모이게 하거나 시각을 알리기 위해 치는 종)은 속이 텅 비어 있지만 지옥에 떨어진 영혼까지도 위로하는 소리를 낸다고 했다. 허무주의의 형식으로 모든 것을 무의 형식으로 바꿀 수만 있다면, 누구라도 충분히 위로의 소리를 내뱉을 수 있을 것이다. 가치 있다고 인정했던 과거의 모든 것을 파괴하고 나면 자연스러운 것이 탄생하기 때문이다.

무에 대한 어두운 인식은 쫓아내야 마땅하다. 그런 인식이 우리

내면을 채우고 있다면 빛의 형식으로 전환시킬 수 있는 기회를 제공해야 한다. 생각하는 존재는 생각이라는 형식을 통해서만 답을 찾아낼 수 있다. 생각하는 존재는 생각하는 일을 포기해서도 안 되지만, 포기할 수도 없는 노릇이다. 어차피 죽을 때까지 생각을 해야 한다면 좋은 생각을 해야 할 일이다.

무언가에 대한 어두운 생각은 불안과 공포로 이어진다.
생각이 실수를 만들기 전에 나쁜 생각을 떨쳐라.

Arthur Schopenhauer

세계를 극복하면
새로운 세계가 펼쳐진다

그러나 이와 반대로 의지가 방향을 돌려 스스로를 부정한 사람들에게도, 우리
의 그토록 실제적인 이 세계는 모든 태양이나 은하수와 더불어 ― 무인 것이다.
_《의지》

모두 아무것도 아니다

'무인 것이다'는 《의지와 표상으로서의 세계》라는 참으로 신비로운
세계로의 긴 철학적 여정의 마지막을 장식하는 구절이다. 〈표상으
로서의 세계〉, 〈의지로서의 세계〉, 그리고 다시 〈표상으로서의 세
계〉, 〈의지로서의 세계〉, 이렇게 총 네 권의 책을 마감하는 구절이
'무인 것이다'이고, 이 구절은 또다시 긴 여운을 남긴다. 왜냐하면
그동안 치열하게 설명했던 모든 것 또한 이 주장과 함께 아무것도

아닌 것이 되고 말기 때문이다.

쇼펜하우어는 아무것도 아닌 것을 가르치려고 그토록 애를 썼던 것이다. 무의 의미를 가르치려고 그토록 긴 여정을 기획했다. 그의 바람대로 아무것도 아닌 것에 대한 설명을 들으려고 그토록 치열하게 독서에 매진했고, 또 마침내 대답을 들었다고 하더라도, 그 대답을 통해 얻을 수 있는 것은 거의 없다. 모두 무이기 때문이다. 모두 아무것도 아니기 때문이다. 인식은 무와 함께 주어진다. 인식의 빛은 무의 형식 속에서 빛의 의미를 채운다.

무이다! 무이다? 하지만 무가 모든 것을 바꿔놓는다. 허무하다! 허무하다? 하지만 그것이 무궁무진한 하늘을 인식할 수도 있게 한다. 이것이 인식이 가져다주는 변화의 지점이다. 그동안 '그토록 실제적인' 것으로 인정해왔던 '이 세계'는 그 자체가 아무것도 아닌 무의 형식으로 결정된다. 하지만 그 형식 속에 들어 있는 것 자체는 무의 의미와 함께 새로운 의미를 취할 수 있는 계기로 변신을 거듭한다. 다시 말해, 모든 것이 될 수 있다는 것이다.

'무'이기에 뭐든 채울 수 있다

'의지가 방향을 돌려 스스로를 부정한 사람들'에게 벌어지는 현상은 상상을 초월한다. '내가 내가 아니다!'라고 말할 수 있는 의지는 스스로 전혀 다른 사람으로 변신할 수 있는 기회를 쟁취하게 된다. 이성의 칼날이 자기 자신으로 향하지만, 이성의 형식이 생각의 형식을 지키는 한, 생각의 주체인 의지는 자기 자신을 지켜줄 것이다. 이성이 이성의 힘으로 새로운 이성으로 거듭나는 것이다. 생각이 생각을 포기하지만 동시에 새로운 생각을 품는다.

쇼펜하우어는 '세계극복자'를 이상형으로 제시했다. 세계극복자란 말 그대로 '세계를 극복한 사람들'을 일컫는 말이다. 주어진 세계를 극복하고 나면 새로운 세계가 눈앞에 펼쳐진다. 한계를 넘고 나면 새로운 한계가 주어진다. 산을 넘고 나면 전혀 다른 풍경이 펼쳐진다. 가장 소중하다고 생각했던 것까지 무의 형식으로 불태우고 나면 남는 것은 하나도 없겠지만, 그 무의 형식 속에서 새로운 것이 전혀 다른 의미가 되어 내용으로 채워질 것이다.

'스스로를 부정한 사람들'은 '세계를 극복한 사람들'이다. 자기가 알고 있던 세계를 포기한 사람은 전혀 다른 세계를 선택할 가능성을 스스로에게 열어두게 된다. 이런 가능성의 세계를 직면하고 있는 자에게는 모든 빛이 사라진 밤이 오히려 무궁무진한 세계의 현상으로 나타나게 되는 것이다. 어둠 속에서 모든 경계는 사라지고 자유가 주어진다. 정신은 스스로 어두운 밤이 되면서 모든 한계는 사라지고 무한한 수평선과 지평선을 직면하게 된다.

정신의 밤이 존재한다. 피곤한 저녁을 견디고 나면 깊은 심연이 머리 위로 상승하는 기분 속에 빠질 수 있다. 이런 식으로 위가 아래가 되고, 아래가 위가 되고 나면 모든 것은 반전을 일으킨다. 고통이었던 것이 웃을 수 있는 좋은 기회로 작동하기 때문이고, 불행이라고 생각했던 것이 행복의 원인으로 바뀌기 때문이다. 모든 상황은 생각하기 나름이다. 생각하는 존재는 생각으로 상황을 바꿀수 있는 유일한 존재이다.

정신이 겪는 밤이라는 시간에 대한 최고의 비유로 우리의 시인 윤동주의 시들을 꼽을 수 있다. 〈서시〉에서 '잎새에 스치는 바람에도 괴로워'했던 시인은 '별을 노래하듯 모든 죽어가는 것을 사랑'하려고 다짐하게 되는데, 바로 그때 '별이 바람에 스치게'[17] 되는 현실 인식을 얻게 된다. 또 〈별 헤는 밤〉에서 밤이 되었다는 것을 인식한 시인은 '별 하나를 셀 때마다 아름다운 말 한마디씩 불러'[18] 보며 그 시간을 견딘다.

'하늘이 무너져도 솟아날 구멍이 있다'는 말이 지닌 힘은 상상을 초월한다. 힘들다고 생각되는 상황에서도 좋은 생각을 하려고 애를 써야 하는 이유가 된다. 좋은 생각을 하는 것도 기술이 필요하다. 모든 기술은 긴 시간의 훈련을 요구한다. 생각이 미로에 갇힐수 있다. 생각이 길을 잃고 헤맬 수도 있고 또 영영 출구를 찾지 못할 수도 있다. 하지만 그런 위기 속에서 벗어날 때 생각은 위대한 성장을 거듭하게 되는 것이다.

이 세상의 모든 것은 아무것도 아니다.
그렇기에 새로운 가능성으로 채워질 수 있다.

사람은 자기 자신이
보는 대로 생각한다

아무도 자신을 넘어서 볼 수 없다.
_《인생》

자기自己 자신自身과 자신自信

사람에겐 자기 자신이란 것이 있고, 그것 때문에 자의식이 주어진다. 사람은 자기 자신에 대한 생각이 건강하면 세상 또한 건강하게 보일 것이다. 결국 사람의 생각은 자기 자신이 보는 눈과 시선에 의존할 수밖에 없다. "아무도 자신을 넘어서 볼 수 없다." 자신이 자기 자신의 한계가 되는 것이다. 지극히 당연한 소리이다. 그런데 사람에겐 자신自身도 문제지만, 자신自信도 문제라는 것이 수수께끼 같은 현상을 연출하고 만다.

자신自身은 현상적인 문제이다. 몸 신身 자의 형태는 배불뚝이 몸의 형상을 떠올리게 한다. 그리고 우리는 자기己 라는 말도 사용하고, 자기를 습관적으로 자신보다 앞에 놓는다. 대부분 '자기 자신'이라고 말하지 '자신 자기'라고 말하는 사람은 거의 없다는 얘기이다. 그런데 몸 기己 자는 외부의 것을 다 걷어낸, 그래서 뼈대만 남은 그런 형태를 취하고 있는 듯하다. 이는 본질의 문제와 관련되어 있다는 인상을 준다.

결국 사람은 현상적인 자신과 본질적인 자기가 합쳐진 존재이다. 그런데 거기에 더하여 자신自信 또한 중요한 기준이 되고 만다. 여기서 말하는 자신은 자기 자신을 믿는 행위를 의미한다. 자신이 있는가? 그것이 문제가 된다는 얘기이다. 자신이 있다, 자신이 없다. 둘 다 맞는 말이다. 다만 상황이 다를 뿐이다. 자신이 있으면 뭐든지 할 수 있다. 자신이 있으면 자기는 가능성의 주체가 된다. 자신이 있으면 지옥도 마다 않고 여행할 수 있다.

자신감은 미덕이다. 그것은 소위 도덕적으로 바르고 아름다운 일로 간주된다는 얘기이다. 사람에게 자신감이 미덕이 된다는 것은 대부분의 사람들이 자신감 없이 살아가고 있다는 것을 방증한다. 대부분의 사람들은 자신감을 미덕으로 삼지 못하고 유행이나 시대정신 혹은 풍습이나 관례 뒤에 숨어서 살아가고 있다. 대부분의 사람들은 자신감이 미덕임을 알고 있어도 그 자신감을 타인을 위해 발휘하려는 노예근성에 사로잡혀 있기도 하다.

대부분의 사람들은 무리 속에 있으면서 위로를 찾는다. 다 똑같은 생각을 하면서 자기 생각이라 착각하는 것이다. 대부분의 사람들은 강한 자에게 머리를 숙이며 생명을 보장받으려 하고, 강한 권력에 복종하며 자기 존재를 인정받으려 한다. 그런 것을 삶의 지혜로 삼으며 스스로 위로를 얻고 있는 것이다. 하지만 그런 삶은 아무리 최선을 다해서 살아도 결국에는 자기 자신의 삶을 살아간 것이 아니라서 허망함을 피할 수 없게 된다.

한 번뿐인 인생을 어떻게 살았느냐에 대한 심사는 스스로 죽음 직전에 하게 될 것이고, 그 결과에 대한 판단과 판정도 또한 스스로 내려야 하기 때문에 결코 만만찮은 순간이 될 것이다. 사람은 자기 자신을 속일 수 없기 때문이다. 자기 자신을 속이며 살아갈 수는 있어도 자기 자신을 속이며 죽을 수는 없는 법이다. 자기 자신이 진심을 아무리 속인다 해도 자기 자신은 속인 부분을 너무도 잘 알고 있다.

자신이 있는 사람이라면 자기 자신이 보는 것에 위축되지 않을 것이다. 사람은 오로지 자기 자신의 눈으로 세상을 바라보겠지만, 그리고 또 바로 그것이 자기 자신의 운명이라 말하겠지만, 그것 때문에 삶이 위기에 처하는 일은 없을 것이다. 아무도 자기 자신의 삶을 누구에게 대신 살아달라고 부탁할 수도 없다. '자신을 넘어서 볼 수 없다'라는 말은 스스로 눈을 뜨고 자기 자신을 기준으로 삼아 세상을 바라봐야 한다는 숙제를 인식하게 한다.

내가 보는 세상을 넘어서야 한다

생각이 변하면 존재가 변하고, 존재가 변하면 세상이 변한다. 세상의 변화는 자기 자신에게 달려 있다는 얘기이다. 그 세상에서 존재는 자기 자신의 모든 것을 의존하며 살아야 한다. 생각이 시작되는 지점은 외부의 것을 받아들이는 감각적 인식이고, 그중 단연 최고의 감각이라 말할 수 있는 것이 시각이다. 사람은 자신이 보는 것을 사실로 또 진실로 간주할 수밖에 없다. 늘 그렇듯이 무엇을 보느냐가 문제이다.

사람은 눈이 있어 볼 수 있는 존재이다. 눈은 감각기관에 해당하고, 감각은 육체의 문제이지만, 사람은 이성 때문에 주어진 '생각하는 능력'도 갖고 살아야 한다. 그 이성 때문에 눈을 감아도 보이는 것이 있다. 하지만 이성이 제공해서 보일 수 있게 된 것은 자기 자신의 이성이 제공하는 공식 안에서만 결정되고 형성된다. 그래서 사람은 어떤 사물을 대하더라도 자기가 보고 싶은 대로 볼 수밖에 없다는 것이 문제이다.

시각이란 사물이나 현상을 바라보거나 파악하는 각도 또는 입장을 의미한다. 바꿔 말하면, 현상은 바라보는 사람의 시각에 따라 달라진다. 자기가 바라보는 현상이 유일무이한 것처럼 간주하는 것이야말로 사람이 저지를 수 있는 최고의 실수이다. 그런 실수로 인해 잔인한 행동을 하게 된다. 자기 자신의 것만이 사실이니 진실이니 하는 말을 하게 되는 독단이 펼쳐지게 되는 것이다. 독단은 어떤 상황에서도 미덕이 될 수 없다.

또 자기 자신이 바라보는 현상만을 기준으로 삼을 때, 그것이 부정적인 의미로 채워지면 자기 자신의 삶 전체가 위기에 처하고 만다. 그런 지경에서 대낮인데도 빛을 보지 못하는 일이 발생하는 것이다. '앞이 캄캄하다'는 말을 하게 되는 경우가 바로 이런 경우이다. 보는 법에 대한 문제가 인식되었다면 이제 자기 자신의 눈에 대해 책임을 져야 할 것이다.

> 생각이 변하면 존재가 변하고, 세상도 따라 변한다.
> 내가 사는 세상은 내가 무엇을 보느냐에 달려 있다.

눈은 자기 자신을
보지 못한다

인간은 자신의 몸무게를 지탱하고 있으면서도 타인의 몸을 움직이려고 할 때와
달리 그것을 느끼지 못한다. 이처럼 인간은 자신의 결점이나 악덕은 깨닫지 못
하고 타인의 결점이나 악덕만 알아챈다.

_《인생》

나와 삶을 인식하는 것

2013년에 개봉한 〈그래비티〉라는 영화를 보면 대부분의 시간이 우
주 공간 속에서 진행된다. 고독하다. 곁에는 아무도 없다. 무중력
의 공간에서 붕붕 떠다니는 것이 현실이다. 아무런 소리도 들려오
지 않는다. 그곳은 지구가 아니다. 이 세상이 아니다. 세상 밖의 현
실이 펼쳐지고 있을 뿐이다. 마지막 장면이 되어서야 다시 지구의
모습이 펼쳐진다. 해변의 모래 위에 누워서 편안하게 하늘을 바라

본다. 중력을 느끼면서 행복감에 젖어든다.

'그래비티'가 영화 제목이다. 결국 중력이 영화의 주제가 된 셈이다. 중력의 소중함을 인식하게 하는 영화라 말할 수 있겠다. 자기 자신에게도 현상을 지배하는 혹은 현상을 채우고 있는 무게라는 것이 존재한다. 그것을 인식하는 것이 얼마나 소중하고 또 행복의 근원이 되는지를 깨닫는 것이 관건이다. 대부분의 사람들은 당연하다고만 여기며 소중함을 인식하지도 못하고 살아간다. 인식 없이 산 시간들이 모이고 모여 삶을 허무하게 만든다.

앞서도 몇 번 언급했다시피, 인간은 거울을 가진 존재라고 말할 수 있다. 거울을 가지고 인식을 얻는 것은 인간뿐이다. 거울 앞에서 자기 자신의 모습을 아는 것도 인간뿐이다. 거울의 의미는 늘 인간의 존재 의미와 함께 따라 다닌다. 그런데 그렇게 거울 속에서 자기 자신을 볼 줄 아는 존재가 자기 자신의 결점이나 악덕은 제대로 깨닫지 못한다는 것이 인간의 또 다른 문제이다.

생각은 시간과 공간의 원리 속에 존재한다

늘 지나고 나면 길이 보인다. 항상 시간이 흐르고 나면 지나간 현상에 대해 생각할 겨를이 생기고, 그때가 되어서야 마침내 지난 순간에 대한 제대로 된 깨달음을 얻게 된다. 그래서 인간은 후회의 동물이기도 하다. 그때 그 순간에 사물을 객관적으로 볼 수만 있었다면 그런 실수는 하지 않았을 것이다. 하지만 사람은 자신의 이성 때문에 사물을 있는 그대로 보지 못하는 존재이다. 도대체 사람의 눈은 사람에게 무슨 짓을 하고 있는 것일까?

시대정신과 관련해서도 문제는 같은 방식으로 발생한다. 사람들은 자기 자신이 속한 시대에 대해서 사물을 있는 그대로 보지 못한다. 대개 어느 특정 이념에 휩쓸려 상황을 파악한다. 유행도 마찬가지이다. 영원할 것 같지만 그것조차 시간과 공간의 원리 속에 갇혀 있는 하나의 현상에 지나지 않는다. 미덕도 도덕도 관습도 풍습도 다 마찬가지이다. 아무리 좋은 생각이라 해도 시간과 공간의 원리를 벗어난 것은 존재하지 않는다.

옛날 사진을 보다 보면 변화에 대한 남다른 생각이 들기도 한다. 세월이 십 년, 이십 년 흐른 뒤에 그때 그 시절의 사진을 보면 많은 것을 생각하게 된다. 당시에 자기 자신이 가졌던 생각이 옳았는지, 또 옳았어도 그것을 행동으로 옮길 만큼 용기는 있었는지, 또 용기조차 없었다면 자기 자신은 어떻게 살았는지 등을 돌아보고 반성하게 되는 것이다.

눈의 본성, 사람의 문제

하지만 눈은 본래 외부의 사물을 잘 보지만 정작 자기 자신은 못 본다는 것이 모순이다. '잘 본다'와 '잘 보지 못한다'가 공존하기 때문이다. 사람 사는 모습을 본다는 것은 참으로 신비로운 사건이 아닐 수 없다. 그것은 돌이나 나무를 보는 것과 비교도 안 된다. 그런 사물들에는 생각이 존재하지 않기 때문이다. 하물며 강아지나 고양이와 장난을 칠 때조차 그 눈빛이 전하는 메시지는 한결같다. 그냥 놀고 싶을 뿐이다. 하지만 사람은 다르다. 사람은 웃으면서 울 수도 있고, 울면서 웃을 수도 있다.

"어찌하여 형제의 눈 속에 있는 티는 보고 네 눈 속에 있는 들보는 깨닫지 못하느냐."(마태복음 7:3) 쇼펜하우어도 이 구절을 알고 있었다. 그리고 그는 이 구절을 통해 사람의 문제를 확인한다. 사람의 경우 '눈의 본성'은 동물의 경우와 완전히 다르다. 동물은 자기 자신의 직관, 즉 동물적 직관에 몰두할 수 있는 반면, 사람은 이성이 그 직관까지도 지배한다는 것이 가장 큰 문제이다. 멀쩡하게 뜬 눈으로도 사람은 특정 사물을 보지 못하는 경우가 허다하다.

동물에겐 비가 오면 그냥 비가 온다는 것으로 끝이다. 더 이상은 없다. 하지만 사람에겐 비가 오면 '좋다' 혹은 '나쁘다'로 구분이 되고, 그 구분조차 천차만별의 다양한 수준으로 나뉜다. 이래서 좋고 저래서 좋다, 싫을 때도 이래서 싫고 저래서 싫다. 이유도 다양하다. 사람은 자기 취향에는 민감하지만 남의 취향에 대해서는 너무도 무감각하거나 너무도 잔인하기 짝이 없다. "넌 왜 그러냐?" 하고 핀잔을 줄 때가 너무도 많기 때문이다.

위의 인용문에서 가장 눈에 띄는 비유는 몸무게와 관련한 것이다. 쇼펜하우어가 철학적으로 고민한 흔적이 확인되는 부분이다.

이념은 단일하나, 그것을 어떤 비유로 설명할 것인지가 문제이다. 비유, 그것은 얼마나 철학자가 그 문제를 두고 고민을 했느냐를 확인하게 하는 대표적인 부분이다. 사람의 몸무게에 대한 인식은 참으로 놀랍다. 사람은 자기 몸무게를 알지 못한다. 사람은 체중계 위에 올라서서야 마침내 그 무게를 감지한다.

사람은 자신의 몸무게에 민감하기도 하고 무감각하기도 하다. 민감할 때는 건강이나 미모에 신경 쓸 경우이고, 무감각할 때는 움직이면서 그 무게를 감지 못하는 경우이다. 사람은 자기 자신의 다리를 들 때 그 한 쪽 다리의 무게가 얼마인지 깨닫지 못한다. 한 쪽 팔을 들 때도 그 무게에는 인식이 없다. 쇼펜하우어는 그것을 감지한 것이다. 그것을 관찰해낸 것이다. 사람의 몸무게와 인식의 관계를 깨달은 것이다.

사람은 이성 때문에 사물을 있는 그대로 보지 못한다.
눈이 타인이 아닌 나를 향할 때 삶을 제대로 볼 수 있다.

5장

고통

이 세상이 사바세계이다

Arthur Schopenhauer

삶이란 지극히
불편한 것이다

인생은 불편한 것이다. 나는 이제부터 이것에 대해서 깊이 고민을 할 생각이다.
_〈크리스토프 마르틴 빌란트와의 대화〉

삶과 죽음이라는 문제

쇼펜하우어는 스물세 살이 되었을 때 이런 결심을 했다. "인생은 불편한 것이다. 나는 이제부터 이것에 대해서 깊이 고민을 할 생각이다." 그리고 그는 평생을 이 고민 속에서 살아가게 된다. 참으로 멋진 인생이 아닐 수 없다. '깊은 고민'이라 해도 마다 않고 빠져보겠다는 그 결심이 남달라 보인다. 깊은 곳은 심연과 같다. 깊을수록 빛은 사라지고 말 것이다. 어둠이 지배하는 곳이 깊은 곳의 현상이다.

하지만 고민이 깊을수록 그 고민이 끌고 올라갈 수 있는 지경 또한 높은 곳이 될 것이다. 뒤로 물러선 거리만큼 앞으로 전진하게 해줄 것이기 때문이다. 어둠을 아는 만큼 밝음을 깨닫게 될 것이다. 상처받은 만큼 아름다운 꽃을 피울 것이다. 아는 만큼 보일 것이다. 삶의 현장은 거짓말을 하지 않는다. 거짓말에 속는 것은 사람의 정신뿐이다. 생각이 스스로 거짓말이라는 거미줄에 걸려들게 하는 원인이 된다.

'인생은 불편한 것이다.' 맞는 말이다. 그러나 왜 인생이 불편한 것으로 인식되어야 하는 것일까? 이것이 철학적 고민이 된다. 왜 그래야 할까? 인생은 불편한가? 정말 그런가? 인생을 살아야 하는 인간이 무슨 죄인가? 칼데론의 말처럼 '태어난 게 죄'란 말인가? 쇼펜하우어는 '인간이 저지른 가장 큰 죄는 그가 태어난 사실'이라는 구절을 두 번이나 인용했다. 술어를 조금 바꿨을 뿐, 원문은 똑같다. 그만큼 그의 철학에 있어서 대전제가 되는 것이다.

'세상이 나쁘고 악하다', '그래서 살기 힘들다'. 사람들이 가장 많이 하는 말이다. 반대로, '즐겁게 살고 싶다', '행복하게 살고 싶다' 이런 마음이 욕망이라는 이름으로 목적지를 형성하고 있다. 사람들이 간절하게 원하는 것일수록 현실 속에서는 요원한 것이 된다. 사람들이 천국에서의 영생을 그토록 원하는 것은 현실 속에서 지옥을 경험하고 있기 때문일 것이고, 또 삶보다는 죽음을 직면하고 살아야 하는 절박함과 위기감을 인식하고 있기 때문일 것이다.

삶의 문제는 사는 것이지 죽는 것이 아니다. 죽고 싶다는 말 자체도 살고 싶은데 살 수가 없어서 하는 말이다. 자살자에게 공통된 현상은 살고 싶은데 원하는 대로 살 수가 없어서 죽음을 선택하는 것이다. 죽음만이 문제의 해결이라는 생각이 자기 자신의 목숨에 손을 대게 한다. 죽음이 열쇠라는 생각이 이토록 위험한 것이다. 사는 동안 죽음을 생각해야 하는 것은 맞는 말이지만, 그렇다고 죽음에 손을 내밀라는 얘기는 아니다.

셰익스피어가 햄릿이란 인물의 입을 통해 남겨놓은 말, "사느냐 죽느냐, 그것이 문제로다"라는 말의 진정한 의미는 사는 데 있는 것이지 죽는 데 있는 것이 아니다. 천국에서나 가능하다는 영생에서 삶과 죽음이라는 현실로 시선을 돌리게 했던 것이 근대의 정신이었다. 현실을 있는 그대로 보는 것이 관건이다. 현실을 현실로 인정하고 받아들이는 것이 숙제이다.

쇼펜하우어는 삶의 현장 속으로 시선을 돌린다. 천국과 영생이라는 낙천적인 이념에서 돌아서고 삶과 죽음이라는 지극히 불편하고 염세적인 것에 손을 내민다. 삶도 죽음도 모두 자기 자신의 것이라는 생각에 몰두한다. 아무도 원하지 않는 곳을 스스로 선택하여 나아가려 한다. 아무도 따라 가고 싶지 않은 곳을 자처하고 있기 때문에 더욱 소중해 보인다. 이런 다짐과 결심이 선구자의 길을 개척하게 한다.

인생이라는 무모한 도전

쇼펜하우어의 아버지는 자신의 아들에게 세계 여행이라는 소중한 기회를 제공해주었다. 세상 돌아가는 것을 보고 세상의 이치를 배우고 돌아오라는 이유에서였다. 소년 쇼펜하우어는 그렇게 어머니와 함께 세상 구경을 하는 영광을 꿰찼다. 그리고 프랑스 툴롱에 있는 감옥에 들렸다가 고야가 그린 〈범죄만큼이나 야만적인 감금〉이란 그림을 구경하게 된다. 그 그림을 보고 소년은 깨달음을 얻는다. 인생은 불편하다는 사실을 인식한 것이다.

죄수가 쇠사슬로 꽁꽁 묶여 있다. 손도 발도 모두 쇠사슬에 묶인 상태이다. 그리고 죄수가 있는 곳은 감옥이다. 그리고 감옥 안에 있는 존재는 죄인이다. 수많은 연관 관계가 인식의 그물에 걸려드는 현장이다. '태어난 게 죄'일까? 인간이 죄인으로 태어난 것일까? 삶의 현장이 감옥일까? 자유는 인간의 것이 아닌 것일까? 쇠사슬로 묶어야 했던 이유는 그만큼 인간이 무서운 존재라는 얘기가 아닐까? 그렇다면 누가 인간을 무서워한다는 말일까?

쇼펜하우어가 철학의 길을 걷고자 결심한 것은 인간이라는 존재의 형식이 쇠사슬로 손발이 꽁꽁 묶여 있다는 생각 때문이었다. 또 조금이라도 많은 사람을 감옥에 갇혀 있는 죄인의 삶에서 석방시키고 해방시키고자 하는 욕망에 근거를 두고 있다. 가능한 일일까? 무모한 도전은 아닐까? 삶이 얽혀 있는 불편한 것에서 사람을 해방시킬 수 있을까? 사람을 자유인으로 만들 수 있을까? 쇼펜하우어의 고민은 이런 데 집중한다. 고민 속에 이미 길이 있다. 문제 속에 이미 해답이 있다.

어둠을 아는 만큼 밝음을 깨닫게 될 것이다.
상처받은 만큼 아름다운 꽃을 피울 것이다.

Arthur Schopenhauer

우연은 두 얼굴을 지니고 있다

어쩌면 우연은 되도록 일의 결정을 맡겨서는 안 되는 악한 힘일지도 모른다.
_《인생》

우연은 고통이며 행복이다

우연에 대한 쇼펜하우어의 태도가 남다르다. 우연은 '악한 힘'이라고 단언하지 않았다. 악한 힘이 될 수도 있지만, 그렇지 않을 수도 있다는 것을 말하고 있다. 노골적으로 말하자면, 우연은 선물일 수도 있다. 소위 '즐거운 희망'의 조건은 다름 아닌 우연 그 자체이기 때문이다. 사람이 희망을 거는 이유는 능력 밖의 것을 바라야 하기 때문이다. 스스로는 어쩔 수 없지만 그래도 포기할 수 없을 때 혹은 포기는 하기 싫을 때 희망에 손을 내밀게 되는 것이다.

인간은 희망하는 존재이다. 인간은 희망을 아는 존재이다. 희망을 알고 있으니 희망을 포기할 수가 없는 것이다. 하지만 희망의 정반대편에 절망이 있다는 것도 잊지 말아야 한다. 희망의 존재가 절망의 존재를 가능하게 한다. 살기 힘드니까 편안한 삶을 바라는 것이고, 불행을 아니까 행복을 간절하게 바라게 되는 것이며, 불운을 아니까 행운을 기대하는 것이고, 아픔을 아니까 건강을 원하는 것이며, 눈물의 맛을 아니까 웃음을 원하는 것이다.

우연의 존재는 필연의 존재를 가능하게 한다. 필연이 없는 곳에서 우연은 등장할 수가 없다. 법이 있는 곳에 불법이 등장할 수 있는 상황과 같은 원리이다. 법이 없다면 불법도 불가능한 것이기 때문이다. 결국 우연과 필연은 같은 사물에 대한 다른 이름일 뿐이다.

우연은 괴물이 될 수 있다. 모르고 당하면 지옥을 경험할 수도 있다. 괴물이 다가오고 있다. 그 괴물이 우연이라는 이름을 갖고 있을 뿐이다. 사람의 삶은 괴물과 마주해야 하는 미로와 같다. 사람은 자기 자신에게 주어진 미로 속으로 들어가야 할 운명에 처해 있고 그 운명을 외면할 수도 없다. 왜냐하면 그 운명은 자기 자신의 것이기 때문이다. 사람은 자기 자신을 포기할 수가 없다. 자기 자신이 있기에 사람의 삶도 가능하다.

하지만 우연은 선물이 될 수도 있다. 늘 예상치 못한 결과 앞에서 우리는 환한 미소를 지을 수 있게 되는 것이다. 예상했어도 그 결과가 가져다주는 만족감과 행복감 그리고 승리감은 항상 상상을 초월하게 한다. 그래서 니체도 차라투스트라를 '우연을 구제하는 자'[19]로 설명했던 것이다. 우연은 구원의 대상이다. 사람은 구원자 내지 구세주가 되어야 마땅하다. 사람은 자기 자신을 위해 구원 행위를 일삼아야 하는 것이다.

우연은 고통과 행복이라는 두 얼굴을 지니고 있다. 늘 시작 지점에서는 어김없이 우연이 다가온다. 1월을 의미하는 독일어 '야누아르*Januar*'도 로마 신화의 신 '야누스*Janus*'에서 유래했고, 이 신은 앞과 뒤에 하나씩, 즉 두 개의 얼굴을 갖고 있다는 것이 특징이다. 어떤 얼굴을 볼 것인가? 그것은 선택의 문제이다. 니체는 영혼의 얼음을 깨뜨리고 그 안에서 해방되는 1월을 향해 찬양의 노래를 부른다.[20]

우연은 조건일 뿐이다

우연은 찬양의 대상이 된다. 살 수도 있고 죽을 수도 있다. 그것이 가능성이라 불린다. 모험이나 여행도 마찬가지의 상황이다. 죽을 수도 있지만 견디고 나면 상상을 초월하는 것이 삶의 이름으로 주어지게 될 것이다. 우연은 도전의 대상이 된다. 도전하는 자에게 승리가 가능성으로 주어진다. 도전하지 않는 자에게는 승리가 주어지지 않는다. 도전 없이는 승리도 없다는 논리부터 깨달아야 한다.

인식이 없으면 우연은 잔인해진다. 우연은 대충 봐주고 넘어가려 하지 않는다. 끌고 갈 수 있는 데까지 끌고 갈 것이다. 지옥 중에서도 가장 깊은 곳의 온도를 체감하게 할 것이다. 아무리 울어도 소용없다. 아무리 용서해달라고 애원해도 소용없다. 우연은 오로지 자기 자신만을 위한 조건일 뿐이고, 그 조건으로부터 자유로운 자기 자신은 존재하지 않는다. 사람이라면 누구나 우연을 책임지고 살아야 한다.

> 우연은 무엇이든 될 수 있는 가능성을 지녔다.
> 우연을 행복으로 끌고 가는 일은 나의 책임이다.

연꽃은 진흙 속에
뿌리를 내린다

줄기 없는 연꽃은 없다.
_《인생》

남의 것을 자기화하는 능력

"줄기 없는 연꽃은 없다"라는 말은 사실 인도의 속담이다. 즉 쇼펜하우어가 한 말이 아니라, 남의 말을 인용한 것이다. 그래도 그런 말을 알아주고 사용했다는 점에서 남다른 능력을 보이는 것이다. 예를 들어, 좋아하는 시집 중에 《사랑하라 한번도 상처받지 않은 것처럼》이란 것이 있다. 류시화 시인이 이 책의 저자이다. 그런데 그가 직접 쓴 시는 이 시집 안에 단 한 편뿐이다. 나머지는 모두 남의 것을 자기화하여 옮겨놓은 것이다.

남의 것도 자기 방식으로 옮기면 자기 것이 될 수 있다. 이것은 남의 것을 베껴 쓰는 행위와는 구별되어야 한다. 베껴 쓰는 행위야말로 도둑질이다. 표절의 경우도 이런 경우에 해당한다. 남의 물건을 그대로 자기 집안에 옮겨놓고 자기 물건이라고 우기는 것과 같은 행위이기 때문이다. 인용도 기술이다. 인용된 문구는 벽돌과 같다. 그것들 사이에 진흙을 넣어 서로 어울리게 할 때 튼튼한 성벽도 쌓아지는 것이다.

류시화 시인은 길을 가다가 혹은 여행 중에 여기저기서 얻은 문구들을 적어두었다가 그것을 시의 형식으로 전환시켜 자기 자신의 문장으로 만든 것이다. 참으로 대단한 관찰력이고 응용력이며 사고력이다. 시인의 능력을 가장 강렬하게 확인할 수 있는 현장이 바로 《사랑하라 한번도 상처받지 않은 것처럼》이다. 세상에는 쓸데없는 말들이 너무도 많다. 거기서 쓸모 있는 말을 골라내는 데도 남다른 능력이 요구된다.

마찬가지로 쇼펜하우어의 문체도 끝도 없이 인용이 이어진다. 극단적으로 말하면, 인용에서 인용으로 넘어가는 경우가 허다하다. 그렇다고 해서 그가 표절을 남발하고 있는가? 그것은 결코 아니다. 그의 철학에서 독특한 점이 바로 이런 데서 발견되어야 한다. 남 얘기를 하는 것 같지만 남 얘기가 결코 아니다. 주워온 벽돌 같지만 그것들이 모이고 모여 자기만의 건물이 된다. 때로는 성의 모습으로 또 때로는 탑의 모습으로 보일 뿐이다.

참고 견딘 끝에 피어나는 꽃

"줄기 없는 연꽃은 없다." 중요한 것은 쇼펜하우어가 이 문구를 가지고 무슨 말을 하고 있느냐이다. 연꽃은 힌두교나 불교의 사원에서 자주 접할 수 있는 성화의 소재이기도 하다. 힌두교나 불교의 화가들은 왜 유독 연꽃 그림에 집중을 했던 것일까? 그리고 또 왜 쇼펜하우어는 이런 문구에 귀를 기울였던 것일까? 쇼펜하우어가 이 문구에서 얻어낸 지혜는 무엇일까? 우리는 이 질문에 대답을 내놓아야 한다.

첫째, 뿌리가 내린 곳은 진흙이다. 흙 속에 뿌리를 내린 것이다. 천국이 아니라는 사실부터 깨달아야 한다. 흔히 흙장난은 더럽다고 인식된다. 흙이 더럽다는 인식이 강하다는 얘기이다. 그런데 그런 흙 속에 뿌리를 내려야 한다. 모두들 꺼리는 그 대상을 삶의 터전으로 인정하고 받아들여야 한다는 것이다. 게다가 기독교는 땅 아래에는 지옥이 있다는 생각을 진리로 여겨왔다. 이에 반해 하늘에는 천국이 있다는 식으로 대립적으로 생각해왔던 것이다.

한자 중에 효도 효孝 자의 형태는 많은 생각을 떠올리게 한다. 아들 자子 자는 그냥 범위를 넓혀 사람으로 인식해도 된다. 그런데 그 사람이 흙 토土 아래 놓여 있다. 흙을 짊어지고 있다고 할까. 흙의 의미를 짊어지고 살아야 하는 것이 효도의 정신이다. 하늘의 뜻을 짊어지는 것이 아니라는 데서 인식을 얻어야 한다. 대지의 뜻이 하늘의 뜻에 대응하고 있다는 것도 깨달아야 한다.

괴테는《파우스트》속에 '대지의 정령'[21]이란 말을 남겨놓았다. '대지의 뜻'은 더럽고 흉측하다는 인식이 강렬하다. 그래서 대지의 정령이 모습을 드러냈을 때, 파우스트는 얼굴을 돌리고 만다. 차마 그 얼굴을 볼 수가 없었던 것이다. 더럽다는 인식이 시선을 압도했기 때문이다. 대지의 얼굴은 악마의 이미지는 아니지만, 그렇다고 마음 편하게 대할 수 있는 것도 아니다. '하늘의 뜻'은 마음을 한없이 편하게 하지만, '대지의 뜻'은 완전히 정반대의 현상을 떠올리게 할 뿐이다.

둘째, "줄기 없는 연꽃은 없다"에서 핵심은 무엇보다도 '줄기'에 있다. 줄기는 참고 견디는 순간을 상징한다. 불교에서는 우리가 사는 이 세상을 '사바세계娑婆世界'라고 한다. 사바세계는 '참고 견딘다'는 것을 뜻한다. 이 세상은 사바세계이다. 이 말은 또한 이 세계야말로 기회의 현장이라는 의미를 전한다. 이 세상을 잘 참고 견디면 이 세상에서 뜻을 이룰 수 있다는 얘기이다. 성불이 되는 것도 이 세상을 견뎌냈을 때에만 가능한 이야기가 된다. 성불은 인식의 결과이고, 인식은 시간과 공간에 뿌리를 둘 때에 실현된다.

마지막으로 셋째는 연꽃의 꽃이다. 꽃은 피어나는 것이다. 꽃은 일종의 깨달음의 상징이 된다. 사람에겐 저마다 살아내야 할 삶이 주어져 있다. 삶에서는 단 한 순간에 이뤄지는 것이 하나도 없다. 사소한 것 하나조차 시간이 걸리고 노력이 들어간다. 태어난 것은 우연이지만, 그것을 필연으로 만드는 것은 자기 책임이다. 수많은 우연한 일들 중에서 자기 자신의 삶이라고 말할 수 있는 이야기를 엮어내고 만들어내는 것은 자기 노력 여하에 달려 있다. 연꽃을 피울 수 있는 사람은 자기 자신 뿐이다.

삶에서는 단 한 순간에 이뤄지는 것이 하나도 없다.
세상을 잘 참고 견뎠을 때 마침내 뜻을 이룰 수 있다.

Arthur Schopenhauer

시간은 우리를
기다려주지 않는다

시간보다 더 고약하고 몰인정한 고리대금업자는 없다.
_《인생》

삶의 기회는 준비된 자에게 있다

시간은 타협을 모른다. 시간에는 예외가 없다. 봄, 여름, 가을, 겨울 뒤에는 반드시 다시 봄이 찾아온다. 새벽, 아침, 오전, 정오, 오후, 저녁, 밤, 그다음에는 어김없이 다시 새벽이 시작된다. 시작이 있으면 끝이 있고, 끝이 있으면 다시 시작이 있다. 만남은 반드시 이별로 끝난다. 이별은 현상의 일이지만, 본질은 영원한 이야기로 남는다. 이런 시간의 흐름 속에서 깨달아야 하는 것은 결코 시간의 흐름에 맞서거나 시간을 앞질러 취하는 일은 없어야 한다는 사실이다.

시간을 앞질러 얻은 것은 그만큼의 대가를 치러야 한다. 지름길로 가면 좋을 것 같지만 에움길이 보여주는 장관은 볼 수 없다는 것이 문제이다. 쇼펜하우어는 "시간은 가불을 요구하면 유대인보다 이자를 더 높게 매긴다"라고 했다. 이자와 관련해서는 유대인이 최고인데, 시간이 요구하는 이자는 그 유대인보다 훨씬 높다는 얘기이다. 준비되지 않은 자에게 주어진 기회는 삶 자체를 위기에 빠뜨릴 수가 있다. 삶에 유익한 기회는 오로지 준비된 자의 것이다. 준비된 자에게 기회가 오는 법이다.

'다 때가 있다'라는 말이 있다. 때가 되었을 때 등장하는 그 '때'는 영광스러운 순간이 될 것이다. '일에도 순서가 있다'라는 말이 있다. 순서를 어기고 일을 추진할 수는 없는 법이다. 태어남은 우연으로 시작되나, 태어난 뒤에는 순서를 지켜야 마땅하다. 천운 같은 것을 믿는 순간, 쓸데없는 생각이 삶의 현장을 흐려놓을 수가 있다. 끝날 때까지 끝난 것이 아니다. 무엇인가 바라는 바가 있다면, 그것이 실현되었다는 확신이 설 때까지는 늘 준비하는 마음으로 신중하게 시간에 임해야 한다.

내면의 시간의 흐름

시간은 '늘 준비되어' 있다. 시간이 있고 없고의 문제는 시계 속의 시간과는 무관하다. 누구에겐 시간이 있고, 누구에겐 시간이 없다. 누구에겐 시간이 무르익었고, 누구에겐 시간이 설익었다. '마음의 준비'라는 말도 있다. 그것은 내면의 시간이라는 흐름이 따로 존재한다는 말이기도 하다.

시간의 원리에 대한 이해를 얻기 위해 나무를 비유로 한 설명으로 도움을 청해도 된다. 나무는 씨앗에서부터 존재를 시작한다. 작은 씨앗 하나가 어느 정도로 또 어떤 형태로 성장을 거듭해나갈지 그 현상만 두고 보면 진혀 알 수가 없다. 나무는 봄이 되면 새싹을 내놓아야 하고, 여름이 되면 빛의 힘을 모으는 데 최선을 다해야 하며, 가을이 되면 열매를 맺는 일에 몰두해야 하고, 겨울이 되면 모든 것을 버리고 나이테를 만드는 일에 집중해야 한다. 나이테가 제대로 형성되어야 죽어서도 아름다운 무늬를 보여줄 수 있는 것이다.

겨울이라는 냉정한 흰머리의 선생은 가혹하기 짝이 없다. 하지만 그 가르침을 외면하거나 회피하지 않고 고스란히 받아들인 자는 봄이라는 기적의 시간을 맞이할 수 있는 기회를 얻게 된다. 영원한 고통도 없고, 영원한 만족도 없다. 늘 그다음이 문제가 되며 다가오고 있을 뿐이다. 물론 겨울은 힘든 시간이다. 배움의 시간은 언제가 되었든 간에 어려운 순간이다. 사람은 죽을 때까지 배워야 한다. 그 배움에 치열했던 정신이 죽음의 순간에도 마음의 여유를 챙길 것이다.

인생은 시간 속에서 존재하는 것[22]이라고 실존철학자 하이데거는 말했지만, 이 말이 그의 전유물이 될 수는 없다. 누구나 인식을 얻으면 이런 말의 주인공이 될 수 있는 법이다. 시간 속에 존재하는 삶의 내용을 시간의 형식에 맞춰 드러내는 일은 사람의 몫이기 때문이다. 사람의 삶은 오로지 시간의 형식과 현상 속에서만 해석될 수 있고 이해될 수 있다. 시간 밖의 것은 시간을 초월한 것이 되고, 사람은 그런 존재가 될 수 없다.

사람은 자기 자신의 삶의 의미를 시간의 형식 속에서 찾아내야 한다. 지금 자기 자신의 삶이 봄인지 여름인지 가을인지 겨울인지를 제대로 인지하고 있어야 한다. 자기 자신에게 어울리는 시간을 깨닫고, 그 시간에 어울리는 생각을 하며, 또 그 시간에 걸맞은 행동으로 삶의 순간을 보내야 하는 것이다. 물론 시간 속에서 시간을 의식하며 산다는 것은 너무도 어려운 일이다. 그래서 명상도 묵상도 훈련의 대상이 된다.

> **사람은 삶의 의미를 시간의 원리 속에서 찾아내야 한다.**
> **내면의 시간의 흐름을 알고 준비하는 자에게 기회가 온다.**

삶의 훈련은
고통 속에서 진행된다

추상적인 원칙에 따라 행동하기란 쉽지 않으며, 많은 훈련을 거쳐야 비로소
가능하다.

_《인생》

금욕고행의 의미

힌두교의 경전은 산스크리트어로 작성되었고, 그중에 '아스케
제*Askese*'라는 말이 있다.[23] 이 말은 '연습'이나 '훈련'을 의미한다. 연
습이나 훈련을 뜻하는 이 단어를 우리는 일반적으로 '금욕고행'으로
번역하기도 한다. '금욕'은 욕망을 금지시킨다는 뜻이고, '고행'은
굳이 힘든 일을 자처해서 한다는 뜻이다. 즉 하고 싶은 것은 금지시
키는 반면, 어렵고 힘든 일은 고의적으로 찾아서 한다는 것이 이 말

의 의미가 되는 셈이다.

행동으로 옮겨야 할 것이 오로지 어렵고 힘든 것이어야만 진정으로 훈련이라 말할 수 있다. 여기에 삶의 지혜와 관련한 문제의 핵심이 있다. 진정한 행동은 자기 자신이 무엇을 어려워하고 또 힘들어하는지는 제대로 알고 있어야 가능하다는 얘기이다. 알고 있어야 그것을 의식하고 또 의식적으로 행동할 수 있기 때문이다. 그런 행동만이 금욕고행을 실현시킬 수 있는 것이다.

반대로 하고 싶은 것만 하면 절대로 금욕고행을 할 수 없다. 금욕고행을 하지 않는다면 인식은 주어지지 않는다. 그래서 아스케제와 사바세계의 관계에 대한 인식도 요구된다. 사바세계는 우리가 살아가는 세상을 두고 하는 말이고, 이 세상은 아스케제를 실천해야 할 곳으로서 우리에게 제공되어 있다. 우리가 이 세상에서 아스케제를 진정으로 또 제대로 해냈을 때에만 우리는 우리의 삶을 통해 인식의 경지에 도달하는 것이다.

훈련은 고통 속에서 진행된다. 고통스럽지 않다면 훈련이라고 말할 자격이 없다. 훈련에 대한 다른 말들을 모아보면 삶의 지혜를 얻는 데 도움이 될 것이다. 훈련의 다른 말은 연습 외에도, 수련이나 단련도 있다. 군대에 가면 '훈련소'를 거치게 된다. 그곳에서 전사로서 갖추고 있어야 할 것을 미리 배우게 된다. 삶을 위한 훈련소도 있다. 이곳에서는 몸으로도 살아야 하고 생각으로도 살아야 하기 때문에, 이중의 훈련에 집중해야 한다.

몸을 다루는 훈련도 만만찮다. 나이가 들수록 약해지는 것이 몸이다. 사용하지 않는 근육은 조금씩 사라지고 말 것이다. 그리고 빠져버린 근육을 되찾기란 여간 어려운 것이 아니다. 건강은 있을 때 챙기라 했다. 건강할 때 최선을 다해서 건강을 유지하는 것이 최고의 지혜인 것이다. 하지만 대부분의 사람들은 건강할 때 유흥을 즐기려 한다. 건강을 빌미로 하고 싶은 것을 하려 한다. 하지만 시간은 반드시 그 대가를 요구한다는 것을 명심해야 한다.

무엇보다도 진정한 문제는 생각하는 훈련이다. 왜냐하면 사람은 생각을 하면서 살아야 하기 때문이다. 익숙한 곳에서는 새로운 생각을 할 수가 없어서 여행을 선택하기도 한다. 낯선 곳에 가보면 새로운 생각은 자연스럽게 이루어진다. 그런 식으로라도 새로운 생각에 도전해보려는 것이다. 하지만 생각하는 존재에게 공간을 이동하는 것만이 여행인 것은 아니다. 때로는 고전을 읽으며 시간을 보내는 독서도 좋은 여행을 대신한다.

인식의 수준에 따라 깨닫는다

자기 자신을 위해 시간을 쓸 때, 그 시간이 고통의 시간이 될 수 있도록 배려해야 한다. 하고 싶은 것을 하는 유흥의 시간이 되지 않도록 신경을 써야 한다. 어쨌든 사람은 인식을 해야 하고 그 인식의 수준에 맞춰 깨달음의 경지가 펼쳐질 것이기 때문이다. 그 인식과 깨달음의 경지가 행복의 내용을 결정할 것이다. 그릇이 크면 클수록 거기에 담기는 내용도 풍부해질 것이다.

아리스토텔레스는 《시학》에서 '동정'과 '공포'라는 개념으로 고통의 의미를 소개하기도 했다. 그는 고통을 배설의 대상으로 간주했다. 고통이라는 감정은 배설되어야 한다는 주장이었다. 그 배설에 대한 그리스어가 바로 '카타르시스'였다. 우리가 먹은 것들로부터 영양을 얻고 나면 배설하듯이 고통을 통해 깨달음을 얻으면 마침내 그 고통을 떠나보낼 수 있다.

고통은 원하는 바가 아니지만 쾌감을 위해서는 피할 수가 없다. 실망이나 절망이나 혹은 패배감에 대한 최고의 치료제는 승리감이라는 사실은 누구나 다 알 것이다. 하지만 승리감을 맛보기 위해서는 전쟁을 치러야 한다는 것이 전제가 된다. 싸우지 않고 승리를 맛볼 수는 없는 것이다. 믿음의 영역에서는 가능할 수 있겠지만, 삶의 현장에서는 불가능한 일이 승리의 논리이다. 훈련도 충분히 해두어야 삶이 즐겁다.

> 우리가 살아가는 세상은 고통의 훈련을 거듭해야 한다.
> 훈련을 제대로 해냈을 때 우리는 인식의 경지에 도달한다.

Arthur Schopenhauer

고통을 견디면
인식이 주어진다

남에게 사기를 당해 빼앗긴 돈은 가장 유용하게 쓴 것이다.
_《인생》

누구나 이기고 싶어 한다

고통은 인식의 조건이 된다. 인식은 고통을 전제한다. 당해봐야 깨닫게 되는 것이다. 깨달음은 당한 것이 있음에 대한 방증이 된다. 몸소 겪어봐야 의미를 인식하게 되는 것이다. 의미가 있다는 말은 스스로 깨달았다는 것의 다른 말이다. "모든 인생은 고통이다." 고통이 인생인 이유는 인생이 승리를 맛보게 해줄 것이기 때문이다. 사람들이 돈을 주고서라도 비극을 관람하는 이유가 바로 여기에 있다.

사람은 누구나 이기고 싶어 한다. 모두가 이기고 싶어 한다는 것이 문제이다. 하지만 승자는 오로지 한 명에게 해당하는 사안이다. 금메달은 오로지 단 한 명에게 주어지는 선물이고 영광이며 명예이다. 2등, 3등도 존재하지만 그 등수에 속한 자는 미련을 떨칠 수 없다. 때로는 '조금만 더 열심히 할 걸!' 하면서 자책하며 후회의 시간을 갖기도 한다. 누구나 정상에 오르지 못하면 실망하지 않을 수 없기 때문이다.

작정하고 때리려고 하는 자 앞에서는 속수무책일 수밖에 없다. '노퉁'이라는 명검으로 용을 찔러 죽인 영웅 지크프리트도 등 뒤에서 오는 공격은 막을 수가 없었다.²⁴ 이런 공격을 당해서 쓰러지는 영웅의 모습은 비극의 소재가 될 수 있다. 관객은 그런 장면을 목격하며 '그래서는 안 된다'는 인식을 얻게 되는 것이다. 비극적 인식은 가슴 아픈 이야기에 의해 주어지지만, 주어진 후에는 삶의 현장에서 더욱 큰 위로와 힘을 발휘하게 한다.

또 작정하고 훔치려는 도둑 앞에서는 당해낼 수가 없다. 능력이 없는데도 이기고 싶은 것이 사람의 마음이고, 그런 마음이 희망의 원리로 작동한다. 사람은 누구나 희망을 품는다는 것이 때로는 이토록 타인에게 위험한 일이 되기도 한다. 자격도 없는 사람이 승리자로 군림할 수 있다. 앞선 장에서도 언급했듯이, '순한 것들은 서로를 속이면서' 자신의 존재를 연명하기 일쑤이다. 순한 것들은 남을 속이면서도 양심의 가책은 없다.

시련이 사람을 성장시킨다

언제든지 사람은 속을 수 있다. 하지만 사기를 당해 잃은 것은 가장 유용한 데 쓴 것이라고 생각하면 위로가 된다. 가장 큰 고통이 가장 큰 시련을 안겨주겠지만, 그런 시련이 사람을 가장 크게 성장시키기도 한다.

《갈매기의 꿈》에서 갈매기 조나단이 비행 연습을 하다가 실수로 바다에 처박히는 느낌을 벽돌에 비유한 장면이 있다. 이때, 벽돌처럼 단단한 바다 속으로 곤두박이고 말았다[25]며 그 느낌을 설명한다. 바다는 단단한 조직이 아니다. 하지만 자기 자신이 벽돌처럼 느껴질 때는 처박히는 대상도 단단한 것처럼 느껴지는 것이다. 단단함이 단단함과 맞부딪치는 것이다. 하지만 바다는 느낌이 없다. 바다도 아플 것이라는 생각은 생각하는 자의 생각일 뿐이다.

사랑했던 사람이 떠나가면 누구나 다 아프다. 하지만 그 통증의 강도는 사람마다 다를 수 있다. 누구는 남을 탓하거나 원망하며 자기를 합리화하기도 하고, 누구는 마음의 준비가 부족했노라고 말하며 변명을 늘어놓기도 하고, 또 누구는 떠나가는 그 사람이 언젠가는 다시 돌아올 것이라고 확신에 차서 예감하며 스스로를 위로하기도 한다. 사랑이 남기는 상처는 모든 상처 중에서도 가장 치명적이지만, 그만큼 사람을 강하게 만들기도 한다.

믿었던 사람에게 사기를 당할 수도 있다. 하물며 사랑했던 사람에게도 뒤통수를 맞을 수 있다. 어쩔 수 없다. 상대의 의지는 막을 길이 없기 때문이다. 상대의 의도는 눈에 보이지도 않는다. '남에게 사기를 당해 빼앗긴 돈'은 정말 아까울 것이다. 그 빼앗긴 돈을 생각하다가 건강을 해치거나 심지어는 목숨까지 잃을 수 있다. '입만 열면 받을 돈 운운'[26]하는 돌림노래 같은 말 속에 정신이 갇히면, 그 정신은 스스로를 위기에 빠뜨리고 만다.

할 수 없다면 마음을 달리 먹는 수밖에 없다. 돈도 돌려받을 수 없다면 생각을 바꾸는 수밖에 없다. 그중에 최고가 이런 것이다. '빼앗긴 돈'을 '가장 유용하게 쓴 것'이라고 판단하는 것이다. 그러면 마음이 편안해진다. 그러면 생각이 안정을 되찾는다. 마음 하나 바꿨을 뿐인데 모든 것이 진정되는 효과를 경험하게 될 것이다. 하지만 마음을 바꾸는 것뿐 아니라 그 마음을 유지하는 것도 관건이다.

인생에 '가장 유용하게 쓴 것'은 사기를 당해 잃은 것이다. 인생에서 가장 값진 것은 남의 속임수에 놀아난 것이다. 상대방의 전략전술에 속아 넘어갔다는 인식이 들면 살면서 배울 수 있는 가장 소중한 것을 배운 것이다. 속아서 빼앗긴 것이지만, 그것이 가져다주는 인식의 크기는 상상을 초월한다. 상실의 내용은 크겠지만, 그 빈 공간을 채우는 것은 바로 인식이라는 것이다.

> 인생에서 가장 값진 것은 남의 속임수에 놀아난 것이다.
> 모두가 속고 속이는 세상에서 큰 인식을 얻었기 때문이다.

남을 비판하고 지적하려는 데서
실수가 발생한다

남의 견해를 반박하지 않는 것이 좋다. 사람들이 믿고 있는 불합리를 하나하나 설명해 생각을 고치려고 한다면 므두셀라만큼 오래 산다 해도 그 목적을 달성하지 못할 것이다. 또한 이야기를 나눌 때 비록 호의를 갖고 있더라도 남의 잘못을 지적하는 말은 절대 하지 말아야 한다. 사람의 감정을 상하게 하기는 쉽지만, 사람을 바로잡기는 어렵기 때문이다.

_《인생》

남을 함부로 비판하지 말라

우리가 사는 이 세상을 사바세계라고 했다. 참고 견뎌야 하는 세계라는 뜻이라고 했다. 왜 그렇게 말해야 했던 것일까? 세상은 참고 견뎌야 하는 곳이다? 왜 그래야 하는 것일까? 깨달은 자들은 한결같이 이런 말들을 남겨놓았다. 깨달음 속에는 무엇이 담겨 있는 것일까? 그 깨달음에 동참하지 못하면 이런 인식의 소리는 무의미함의 모래 알갱이처럼 손가락 사이로 빠져 나가고 말 것이다. 그렇게 빠져 나가고 있어도 스스로는 전혀 깨닫지도 못한다는 것이 더 큰 문제이다.

반박하지 말라! 예수 그리스도도 이런 비슷한 말을 남겼다. "비판을 받지 아니하려거든 비판하지 말라."(마태복음 7:1) 이 말을 곱씹어보면 남다른 인식을 얻을 수 있다. 사람 마음은 다 똑같다. '비판을 받고 싶지 않다'는 것이 보통 사람들이 가지는 일반적인 생각이라는 사실을 깨달을 수 있기 때문이다. 비판을 받고 싶지 않다면, 먼저 비판을 하지 않도록 신경을 써달라는 얘기이다.

'반박하지 않는다', '비판하지 않는다' 이런 말들은 참고 견딤의 의미를 능동적이고 적극적인 형식으로 바꿔놓은 것이다. 참고 견딤 자체는 수동적이고 소극적인 개념인 반면에, 반박이나 비판은 자기 자신의 의지를 타인을 향해 불태우는 행위가 되기 때문이다. 자기 자신을 향해 적극적인 태도는 훈련이나 연습 혹은 명상이나 묵상이라 할 수 있겠지만, 타인을 향해 적극적인 태도는 반박이나 비판으로 이어질 수밖에 없다는 것이 문제의 핵심이다.

지적질로 사람의 마음을 얻을 수 없다

남의 잘못을 지적하는 말은 절대 하지 말라! 그것이 지혜이다. 참으로 실천하기 힘든 요구사항들임에 틀림없다. 이제 인문학적이고 생철학적이며 현상학적이고 실존철학적인 계명에 귀를 기울여보자.

첫째, '남의 견해를 반박하지 말라'. 남의 존재는 나의 존재의 조건이 된다. 게다가 사람에게 있어 견해는 운명이 된다. 견해는 이성의 결과물이니 어떻게 할 수가 없다. 견해는 생각의 산물이니 피할 수가 없는 것이다. 사람이라면 누구나 자기 자신의 견해를 갖고 있기 마련이다. 사람이라면 누구나 자기 자신의 견해에 대해 자긍심, 자부심, 자존심 등을 갖고 있다. 그런 마음이 있어야 자기 자신이 가치 있는 존재가 될 수 있기 때문이다. 견해 자체를 두고 제단하려 들면 안 된다. 다 시연이 있기 마련이다. 사연을 존중하면 된다.

둘째, '견해 속에 있는 불합리를 설명하려 하지 말라'. 설명과 해명 등은 밝을 명明 자를 사용한다는 데서 일종의 현상학적 문제가 된다. 현상으로 번역되는 그리스어는 '파이노메논Phainomenon'이고, 그것은 '자기를 나타낸다'라는 의미의 동사 파이네스타이Phainesthai에서 유래한 말이다. 사람은 누구나 불합리한 면이 있다. '의견의 자유'라는 말의 진정한 의미는 '완벽한 의견은 세상에 존재하지 않는다'는 말과 같다. 불합리가 어쩔 수 없다면, 그 불합리를 자유의 형식으로 감싸주면 된다.

셋째, '남의 잘못은 절대로 지적하지 말라'. '절대로'라는 강조부사가 눈에 띈다. 쇼펜하우어는 부정의 형식 속에서 '지적질'을 최고로 꼽았다. 부정의 형식으로 생각하는 훈련도 철저히 해두어야 한다. 하지 말라는 말을 반복해서 묵상할 필요가 있다.

'지적질'로 사람의 마음을 얻을 수는 없다. '지적질'로 사람을 고칠 수도 없다. '지적질'은 지적하는 사람의 마음조차 불편함에서 해소시키지 못한다. 오히려 지적질을 했다는 사실에 대한 생각이 자기 자신을 괴롭힐 수도 있다. 지적질을 통해서는 결코 상대로부터 자신이 원했던 반응을 끌어낼 수 없다. 지적질은 자석의 상반된 힘처럼 서로를 밀쳐내는 데에만 효과적이다.

지적질의 다른 말로는 잔소리도 있다. 잔소리는 쓸데없는 말이다. 필요 이상으로 참견하거나 꾸중하며 말한 것이 잔소리이다. 그런 말은 아무리 좋은 내용을 담고 있어도 듣기 싫은 소리일 뿐이다. 잔소리로는 사랑을 실천할 수도 없고, 잔소리로는 철학을 공부할 수도 없다. 잔소리를 하면서 신의 명령을 따르고 있다는 것도 착각이고, 잔소리를 하면서 철학을 공부하고 있다는 것도 궤변이다.

철학을 공부하면서 실수를 저지르는 대표적인 상황이 바로 이런 것이다. 남을 비판하고 정죄하려는 것에서 실수가 발생한다. 늘 잊지 말고 명심하길 바란다. 철학으로 번역된 그리스어와 라틴어는 공통적으로 '필로소피아'라는 사실을, 그리고 필로스가 소피아를 앞서고 있다는 사실을, 사랑이 지혜보다 더 낫다는 사실을, 사랑의 실천이 지식을 얻는 것보다 더 중요하다는 사실을, 이것들 모두 고통을 참고 견뎌야 가능한 일들이라는 사실을.

> **남을 함부로 비판하거나 지적하지 말라.**
> **누구나 자기 견해를 갖고 있기 마련이다.**

6장

죽음

생로병사가 깨달음의 숙제이다

Arthur Schopenhauer

악마와 만나라

악마에게 제물을 바쳐라.
_《인생》

죽음 이후의 세상

신에게만 제물을 바치지 말라. 너무 편협하게 살지 말라. 악마에게
도 제물을 바칠 만한 가치가 있다. 먹는 음식에 있어서도 너무 편식
하지 말라. 심한 편식이 건강에는 이롭지 않은 법이다. 신앙에 있어
서도 이런 신앙 저런 신앙 골고루 공부해보는 것이 좋다. 고대 그리
스 로마 신화에서는 죽으면 가는 세상을 저세상으로 소개했다. 온
갖 고통과 슬픔이 가득한 곳이라고 소개했다. 이승과는 다른 곳으

로 생각하도록 유도해놓은 것이다.

그리고 고대를 무너뜨리며 중세가 등장했다. 중세인들은 죄를 지어서 가는 곳으로 지옥을 설명하기에 이르렀다. 믿음이 없이 죽으면 연옥(기독교 교리에서 죽은 사람의 영혼이 살아 있는 동안 지은 죄를 씻고 천국으로 가기 위해 일시적으로 머무른다고 믿는 장소)으로 간다고 설명했다. 지옥이 되었든 연옥이 되었든 둘 다 엄청난 고통이 준비되어 있다. 하지만 믿는 자가 가는 곳으로 천국이라는 이상향을 규정했다. 믿으면 행복으로 가득한 천국행이 주어지지만, 믿지 않거나 죄를 지으면 뜨거운 불바다인 연옥행과 지옥행은 면치 못한다. 기발한 발상이다.

사람의 삶을 연구했던 쇼펜하우어는 죽어서 가게 될 저세상에 대해서는 별로 할 말이 없었다. 지옥이니 연옥이니 천국에 대해서 몰랐던 것도 아닐 것이다. 하지만 천국에 대한 그의 설명은 아무리 찾으려 애를 써도 그 비슷한 문구 하나조차 찾아내기 힘들다. 그런데 사람 사는 이야기에 대해서는 끝도 없이 펼쳐진다. 무궁무진하다. 사람의 삶에 대해 이토록 할 말이 많았던 것이다. 근대 르네상스 시기에 집필된 대부분의 작품들은 우리의 번역 판본으로 천 페이지가 넘을 때가 많다. 그만큼 할 이야기가 흘러 넘쳤다는 얘기이다.

중세 말기에 극심했던 일이 종교재판과 마녀사냥이었다. 이단자라고 또 마녀라고 칭하면서 사람들을 죽음으로 몰아 세웠다. 종교재판에 한 번 걸려들고 나면 빠져 나오는 것은 거의 상상도 못했다. 마녀사냥의 대상이 되고 나면 죽음만이 해답이었다. 법의 정신이라고 말을 했지만, 그런 정신이야말로 이분법적이고 배타적이며 또 사악한 악의의 표본이었다. 모든 것의 기준을 교회가 독점하고 있었기 때문이다. 교회의 시각에 맞지 않으면 환영받지 못했던 것이 그 당시의 현실이었다.

지옥으로의 모험

하지만 세상이 바뀌었다. 1492년에 콜럼버스는 아메리카를 발견했다. 역사적인 사건이었다. 중세 천 년 동안 수평선 너머에는 지옥이 있다고 믿었다. 여행은 꿈도 못 꿨다. 그런데 역사가 바뀐다. 중세 천 년의 역사가 이런 대담하고 모험적인 여행에 관한 소식으로 그 진상이 까발려지고 만 것이다. 지옥? 까짓것, 한 번 가보면 될 거 아냐! 하고 도전했던 것이다. 지옥 가도 죽지 않는다. 단테의《신곡》은 제1편의 제목을 '지옥'이라 부르면서 시작하지만, 거기서 죽음을 구경거리쯤으로 소개하고 있다.

사람 사는 이야기에 귀를 열어야 한다. 상대방의 말에 마음의 문을 열어야 한다. 누구나 한평생을 살아간다. 또 누구나 자기 인생을 한 편의 소설로 소개할 수 있다. 누구나 이야기의 주인공이 될 수 있다. 모두가 별이 될 수 있는 기회의 존재들이다. 이런 발상을 학문적으로 체계를 갖춰 설명에 임했던 철학자가 에드문트 후설 *Edmund Husserl*이고, 그는 자신의 책 제목을 '현상학'이라고 붙이기도 했다. 앞서도 잠시 언급했지만 '현상'이라는 단어는 '자기 자신을 나타낸다'는 뜻을 뿌리에 두고 있다.

사람에겐 누구나 알고 보면 눈물 없이는 들어줄 수 없는 사연들이 있다. 성공이나 승리는 인생에서 자주 접하는 것이 못 된다. 인생을 채우고 있는 대부분의 시간은 준비하는 시간으로 소모된다. 무엇인가를 목표로 두고 한없이 열망하고 갈증을 느끼면서 자신을 노력의 현장으로 내몬 시간이 대부분일 것이다. 그것도 노력하는 자의 경우이고, 더 많은 사람들은 그저 마음 편한 대로 살다가 그저 그런 순간에 죽음을 맞이한다. 역사에 남겨지는 이름이 아닌, 무덤조차 세월이 흘러 쓰러지고 마는 그런 존재가 되어 사라질 뿐이다.

불행을 막으려면 불편을 감수해야 한다

말 잘 듣는 사람은 노예나 다름이 없다. 지독히도 말을 안 듣던 자가 때로는 역사적 인물이 될 때도 있다. 아무도 걷고자 하지 않았던 길 혹은 가서는 안 되는 길을 걸었던 자들이 선구자라는 소리를 듣게 되는 것이다. 신의 말씀을 잘 들으면 천국행이다? 하지만 그런 소리는 중세에서나 먹혔다. 이제는 그런 말을 듣고 안심할 사람은 없다. 천국 간다는 말 한 마디에 목숨을 걸 사람도 없다. 이제 사람들은 '죽기 전에 한 번 제대로 살아보자!', 뭐 이런 소리까지 한다.

불행이 일어날 가능성을 막기 위해서는 불편한 것을 감수해야 한다. 전쟁터에서 살아남으려면 훈련소에서 훈련을 제대로 받아야 한다. 악마? 그런 존재가 고통을 줄 것이다. 고통? 고통을 겪어야 카타르시스가 주어진다. 고통을 견뎌야 인식이 주어진다. 깨닫고 싶으면 금욕고행을 감수해야 한다. 그렇다면 악마를 만나야 한다. 의도적으로라도 악마와 마주쳐야 한다. 없던 악마도 만들어내야 한다. 악마와 함께하는 시간이 인식을 허락할 것이기 때문이다.

악마에 대한 이런 긍정적인 인식으로 헤세의 《데미안》을 읽으면 무궁무진한 새로운 인식을 얻을 수 있다. 1919년, 즉 제1차 세계대전 직후에, 전쟁에서 패배한 민족에게, 그 커다란 실망과 절망에 빠진 민족의 정신에게 던진 최고의 위로의 소리가 '악마'라는 제목의 소설 속에 담겨 있기 때문이다.[27] 악마가 들려주는 소리이다. 하지만 그 소리가 전혀 무섭지가 않다. 오히려 불안에 떨던 정신을 봄에서나 꾸는 가벼운 꿈같은 상태로 이끈다.

고통을 겪어야 무궁무진한 인식을 얻을 수 있다.
깨닫기 위해서는 의도적으로라도 악마를 만나야 한다.

Arthur Schopenhauer

세상은
생지옥이다

세상이란 실은 지옥이다. 인간은 한편으론 들볶이는 영혼이고, 다른 한편으론
그 영혼 속의 악마이기도 하다.

_《인생》

이 세상도 결국 내 세상이다

이 세상이 지옥이다. 이 세상에서 길을 잘 알고 있는 자라면 악마가
아닐 수 없다. 그래서 괴테도 파우스트를 신에 대해서는 실망하게
만든 반면, 악마에게 도움의 손길을 내미는 인물로 설정했던 것이
다. 지옥에 있다? 맞다. 이 세상에서는 모든 것이 목숨을 걸어야 주
어질 뿐이다. 하늘만 바라보고 살 수는 없다. 그렇게 살면 돌부리에
걸려 넘어질 위험이 더 많다. 신은 천국에서 펼쳐질 영생은 책임질

수 있을지 몰라도 지금 이 순간을 책임질 수는 없다.

이 세상이 지옥이라 해도 자기 자신이 속한 세상이다. 아무리 이 세상이 나를 속인다 해도 내가 사랑해야 할 세상이다. 이 세상도 내 세상이기 때문이다. 이런 말이 푸시킨의 시처럼 낭만주의의 전유물로 치부할 필요는 없다. "삶이 그대를 속일지라도 슬퍼하거나 노여워하지 마라." 이런 구절이야말로 진정으로 묵상의 대상이 되어야 할 것이다. 이런 구절을 백 개만 외우고 있으면 삶에서 어떤 위기가 닥쳐도 살아남을 것이리고 확신했넌 철학자가 니체이다. "죽음에 맞설 수 있는 것은 백 개의 각운이다."[28]

생각하는 존재는 생각으로 삶을 이끌 줄 알아야 한다. 생각을 건강하게 하고 싶으면 묵상할 수 있는 말들을 최소한 백 개는 구비하고 있어야 한다. 좋은 말을 백 개만 외우고 있으면, 또 그것을 소처럼 되새김질하며 살 수만 있다면, 자기 자신이 처한 곳을 푸른 초원으로 만들 수 있을 것이다. 마음의 여유가 주어진다면, 빠른 속도로 추락하는 살벌한 폭포 속 단 하나의 물방울 신세라 하더라도, 그 짧은 한 순간에도 자기 자신에게 주어진 시간을 아름다운 무지개를 만드는 데 이용할 것이다.

말을 하며 살아야 하는 존재에게 좋은 말들은 벽돌과 같다. 벽돌을 쌓고 쌓아 어떤 건물을 만들지는 생각하는 자의 취향과 의지에 달려 있다. 누구는 살기 위한 궁전을 쌓을 것이며, 누구는 전투를 위한 성벽을 쌓을 것이다. 누구는 소원을 담은 높은 탑을 쌓을 것이고, 또 누구는 물을 가둬두는 댐을 만들어 전혀 상상도 못했던 힘을 도출할 것이다. 말들은 알고 있는 것을 넘어 외울 때 묵상의 대상이 되고, 또 그런 묵상 행위가 사람을 행복하게 한다.

지옥을 생각하라

현대 조각가 로댕은 〈생각하는 사람〉을 〈지옥의 문〉 위에 앉혀놓았다. 왜 '천국의 문' 위에 앉혀놓지 않았을까? 그것은 천국을 생각하며 보낸 세월에 대한 저항이기도 했다. 중세 천 년에 대한 반항이기도 했다. 그는 이제부터 오로지 '지옥을 생각하라'는 메시지를 담아 〈지옥의 문〉을 만들었으리라 확신한다. 그는 이 작품을 만들기 위해 죽을 때까지 작업했다. 무려 37년이라는 세월이 이 작품을 완성하는 데 들어간 것이다.[29] 이토록 간절한 명령이 지옥과 사람이라는 관계를 규명하는 조각 작품으로 탄생한 것이다.

이 세상이 지옥이라면 지옥을 생각하라. 이것이 인문학적이고 생철학적이며 현상학적이고 실존철학적이며 실존주의적인 명령이다. 이름은 다양하게 생겨났어도 모두 중세 신학이라는 단일한 학문에 저항하며 탄생한 학문들이다. 사람 사는 세상을 있는 그대로 보는 데도 시간이 걸린다. 사람은 이성적 존재여서 이성에 비친 것만 볼 수 있다는 한계를 지녔기 때문이다. 이성은 해석을 요구하고, 그 해석에 천 년 동안 길들여진 것이 현재의 이성적 체계이다.

습관은 버리기 힘들다. 그래도 나쁜 습관이라면 어렵고 힘들더라도 버려야 한다. 천국? 물론 좋은 곳이다. 이상향? 물론 누구나 다 가고 싶어 하는 곳이다. 천사? 물론 이상형이다. 그 정반대의 개념들도 넘친다. 지옥과 악마가 그 선두에 서 있다. 하지만 신학적인 '배타적 이분법'보다는 '포용적 이분법'[30]으로 세상을 바라보는 훈련에 돌입해야 할 때가 되었다. 왜냐하면 이 세상이 곧 지옥이기 때문이다. 이 세상이 더러운 흙이라는 기반 위에 서 있기 때문이다. 이 세상이 '대지의 뜻'이라는 지대석 위에 세워진 탑이기 때문이다.

자기 자신도 악마이다

이 세상이 기회의 땅이다. 악마가 기회를 주는 이다. 악마 없이는 새로운 것을 경험할 수가 없다. 악마에게 손을 내민 파우스트야말로 근대의 전형적인 인물이 된다. 중세 신학의 논리라면 악마와 놀아난 그는 추방을 당해야 마땅하겠지만, 괴테는 그를 구원의 대상이라는 영광스러운 반열에 올려놓았다. "악마와 함께 놀아났어도 구원받을 자격이 있다"[31]는 것이다. 괴테가 만든 신은 악마와 놀아난 파우스트의 정신을 내치지 않고 품는다. 진정한 태극은 선도 악도 모두 공평하게 품는다.

지옥을 품을 수 있어야 가장 큰 세상이 완성된다. 지옥을 내치는 한 세상은 불구의 형식을 면치 못한다. 건강한 몸이 면역력이 강한 상태에서 실현되듯이, 건강한 정신도 또한 온갖 가치들을 골고루

배분할 줄 아는 능력에 의해 실현된다. 이 세상에는 불필요한 것이 존재하지 않는다. 흉하게 생긴 벌레들도 다 쓸모가 있는 존재들이다. 고생? 사서라도 고생을 해봐야 한다. 고통? 밑도 끝도 없는 고통의 바다에 빠져봐야 한다. 그런 고생과 고통 속에서 위대한 정신이 탄생하는 것이다.

명심해야 할 것이 바로 '세상은 지옥이다'라는 말이다. 인간은 이 세상에서 '들볶이는 영혼'이다. 이 세상이 고향이다. 이 세상에서 끝까지 살아남아야 한다. 함부로 한계를 정하는 실수는 없어야 한다. 들볶일수록 정신은 강해질 것이다. 두려워할 일이 결코 아니다. 인간에겐 영혼이 있다. 인간은 '그 영혼 속의 악마'이기도 하다. 자기 자신도 악마라는 사실을 깨달으면 된다. 악마도 태극의 형식으로 바라보면 신이다. 음과 양으로 양분된 형태가 가장 큰 세상의 형상이다.

> 이 세상이 지옥이라도 결국 내가 속한 세상이다.
> 생각하는 존재는 생각으로 지옥도 낙원으로 만들 수 있다.

Arthur Schopenhauer

죽음은
최후의 고통이다

우리가 어떤 재난이 일어날 것으로 미리 예상하고, 흔히 말하듯이 그것을 각오
하고 있으면 재난이 닥친다 해도 그다지 힘들지 않을 것이다.

_《인생》

미지의 고통

재난 중의 재난이 죽음이다. 재앙 중의 재앙이 죽음이다. 고통 중의
고통이 죽음이다. 슬픔 중의 슬픔이 죽음이다. 생각할 수 있는 최고
의 악한 것이 죽음이다. 가장 무섭고 두려운 것을 생각할 때도 죽음
은 어김없이 등장한다. 다툼이나 싸움이 발생했을 때 죽이겠다는
말보다 더 무서운 것은 없다. 모든 갈등은 죽음과 함께 종결되기 때
문이다. 죽은 사람과 싸울 수는 없기 때문이다. 죽음 이후에는 더

이상 그 무엇도 존재하지 않는다. 그때도 존재하는 것이 있다면 그저 돌처럼 물처럼 생각 없이 존재하는 어떤 것일 뿐이다.

사람은 생각하는 존재이고 생각하는 존재로서 생각할 수 있는 최고의 고통은 죽음이다. 불교에서도 이런 이념 속에서 '단말마'라는 개념을 만들었다. '숨이 끊어질 때의 마지막 고통'이란 뜻이다. 얼마나 아플까? 얼마나 고통이 극심할까? 고통의 극단을 보여줄 것은 틀림없다. 아무도 그 고통을 겪어본 적이 없어 더욱 두렵게 느껴진다. 하지만 사람이니까 겪을 수 있는 고통이라고 생각하면 그나마 위로가 된다. 누구나 경험하는 죽음이기에 누구든 감당할 수 있는 고통일 것이다.

칼에 일곱 번 찔려본 사람은 그 느낌을 안다.[32] 물론 그 일로 죽지는 않았지만, 죽음 직전까지는 가본 사람일 것임에는 틀림없다. 칼이 살을 찢고 몸 안으로 들어와 뼈를 건드리는 소리가 자기 몸 안에서 들려올 때 그 소리는 평생을 두고 정신을 괴롭힐 것이다. 그 소리가 자기 자신의 살과 자기 자신의 뼈를 건드리는 소리라는 것을 인식할 때 드는 소름이란 이루 말로 형용할 수 없기 때문이다.

죽을 각오를 할 때 삶의 영광이 주어진다

하지만 내면의 소리에 귀를 기울이고 있는 한 더 이상의 고통은 상상할 수 없게 된다. 내면의 고통보다 더 아픈 것은 없을 것이기 때문이다. 자기 자신 안에 가장 무서운 소리가 들어 있다. 자기 자신 안에 가장 흉측한 악마가 존재한다. 자기 자신이야말로 자기 자신의 영혼 속에 자리 잡은 악마이다. 포용하고 포용받는 그 관계를 추적하다 보면 누가 누구를 품고 있는지 수수께끼 같은 형식이 발견된다. 상관없다. 나는 너 안에 있고, 너는 내 안에 있다.

우리의 영원한 영웅 이순신도 죽고자 할 때 삶의 영광이 주어진다는 진리를 가르쳐주었다. 1597년 정유재란 때 그는 불멸이 될 말을 남겼다. "필사즉생 필생즉사必死卽生 必生卽死", 즉 '죽고자 하면 살 것이고, 살고자 하면 죽을 것이다'라는 말이다. 죽을 각오로 싸우는 자를 감당할 수 있는 사람은 없다. 파우스트도 악마에게 목숨을 걸고 욕망대로 살고자 하니 신도 그의 의지를 높이 평가한 것이다. 목숨을 거니 영생을 선사한 것이다.

이런 명언을 담은 이순신의 《난중일기》는 국보 제76호로 지정되어 불멸이 되었다. 이제 우리 민족이 존재하는 한, 우리나라가 존재하는 한, 이 일기도 함께 거론될 것이다. 이 세상에 존재하는 일기들 중에 단연 최고의 일기가 아닐까 싶다. 그는 창자가 끊어지는 고통을 참고 견디며 우리 민족을 지켰다. "어디서 일성 호가는 남의 애를 끊나니."[33] 여기서 애는 창자를 뜻하는 순우리말이다. 창자가 끊어지는 듯한 고통이다.

또 다가올 고통을 알고 겪는 인물로서 프로메테우스를 언급하지 않을 수 없다. 프로메테우스는 제우스에게 저항하는 전쟁을 펼쳤다가 패배한 거인이다. 하지만 그는 인간을 창조했던 인물이다.

"여기 앉아 나는 인간을 만드노라 / 내 모습 그대로 / 나처럼 / 괴로 워하고 울고 / 즐기고 기뻐하며 / 그리고 너의 종족을 존경하지 않 는 / 나를 닮은 종족을." 이것은 괴테가 집필한 〈프로메테우스〉라는 시의 마지막 일곱 번째 연의 전문이다.

이 연을 통째로 인용했던 작가가 쇼펜하우어이다. 그는 자신의 대표저서 《의지와 표상으로서의 세계》 속에 독립된 형식으로 이 문 구를 인용했다.[34] 그리고 이 문구를 니체도 자신의 첫 작품 《비극의 탄생》 속에 똑같은 형식으로 고스란히 옮겨놓았다. 고대 신화에서 부터 시작된 이념이 괴테를 거치고 쇼펜하우어를 거쳐 니체에게로 이어지는 일련의 강물을 인식할 수 있는 대목이다. 역사는 이런 식 으로 기억하는 행위를 통해 지속된다.

죽음은 삶의 마지막에 맞닥뜨릴 고통 중의 고통이다.
그 미지의 고통을 더 키우는 것은 우리 안의 두려움이다.

살고자 하면
싸워라

인간은 검을 뽑아 들어야만 이 세상에서 앞으로 나아갈 수 있으며, 손에 무기를
든 채 죽는 것이다.

_《인생》

살기 위한 발버둥

세르반테스의 《돈키호테》는 광기의 기사에 대한 이야기이다. 이 세
상에서 살고자 발버둥 치는 사람의 이야기이다. 그의 행동이 얼마
나 어처구니없었는지 당시에는 광기의 이야기로만 여겨졌다. 교회
에 가서 구원받을 생각은 하지 않고 세상과 맞서 싸우려 하다니, 중
세의 시각으로는 도저히 납득이 가지 않았던 것이다.

"광기도 광기 나름이다."[35] 남을 해코지하는 광기도 있지만, 세상

에 이로운 광기도 있다. 세르반테스의 돈키호테는 후자의 것이다. 미치고 싶은 미침도 있는 것이다. 그런 형식 속에서 미친 자만이 창조의 길을 걷게 된다. 남의 말을 듣고 그것에 복종하는 노예정신으로는 창조는 꿈도 못 꾼다. 창조는 기존의 모든 것을 부정할 수 있을 때에만 실현되기 때문이다.

해석된 세계에서 벗어나는 용기

창조는 악마의 정신이다. 창조는 악한 의지의 결과물이다. 복종하고 추종하는 정신으로는 불가능하기 때문이다. 말 잘 듣는 정신으로는 꿈도 못 꿀 것이기 때문이다. 창조는 신의 손을 뿌리침으로써 실현된다. 신의 손을 뿌리치고 나면 누가 손을 잡아줄까? 그때는 오로지 악마만이 미소 지으며 다가선다. 그때 잡는 손은 모두가 악마의 손이 될 것이다. 신을 등진 상태에서 내미는 손이 있다면 그것은 오로지 악마의 뜻으로만 해석될 것이 틀림없기 때문이다.

악마에겐 죽음뿐이다. 하지만 죽음조차 새로운 해석을 기다리고 있다. 말하자면 신도 이렇게 말했다. "동산 각종 나무의 열매는 네가 임의로 먹되 선악을 알게 하는 나무의 열매는 먹지 말라 네가 먹는 날에는 반드시 죽으리라."(창세기 2:16~17) 하지만 죽지 않았다. 선악을 알게 하는 나무는 죽음의 나무라고 명명되어 있었지만, 그것을 먹은 자는 우리가 알고 있는 형식으로 죽음을 맞이한 것이 결코 아니다. 신이 말하는 의미로서의 죽음에 대해 고민을 해봐야 할 때가 된 것이다.

선악을 알면 죽음이다. 이것이 신의 해석이다. 사람이 '무화과나무 잎을 엮어 치마로'(창세기 3:7) 만들어 성기를 가린 것은 하지 말라는 것을 한 죄의식에 기인한 행위이다. 이것 또한 성경 저자의 의식이고 해석이다. 하지만 이것은 진정 해석에 불과하다. 이제 우리는 해석된 세상에서 벗어나야 할 때가 되었다. '해석된 세계'[36]에서 벗어나려는 용기가 요구되는 시점이 된 것이다. 기존의 온갖 해석에서 벗어나면 어떤 생각이 펼쳐지게 될까? 아무도 모른다. 스스로 거기까지 가보는 수밖에.

죽을 때까지 손에 무기를 들고 있어야 한다. '손에 무기를 든 채 죽는 것'이 바로 인생이기 때문이다. 죽을 때까지 죽지 말아야 하는 건, 삶이 곧 전쟁터이기 때문이다. 전쟁터에서 믿을 수 있는 것이 있다면 그것은 오로지 자기 자신뿐이다. 온 세상이 나를 죽이려 달려들 것이기 때문이다. 온 세상이 나의 적이다. 이 세상이 생지옥이다. 이 지옥에서 살아남은 자, 그 자가 영웅이다. 죽음을 선택하지 않고 삶을 선택한 자가 거인이다.

삶은 곧 전쟁터이기에 죽을 때까지 죽지 말아야 한다.
죽음을 선택하지 않고 삶을 선택한 자가 거인이다.

Arthur Schopenhauer

태어나고 늙어가고
병들어 죽는다

유년 시절에는 삶이 멀리서 본 무대 장식처럼 보이고, 노년에는 아주 가까이서
본 무대 장식처럼 보인다.

_《인생》

생로병사를 아는 것

신화적인 존재로 스핑크스라는 인물이 있다. 그는 길을 지나가는
사람에게 "아침에는 네 발로, 점심에는 두 발로, 저녁에는 세 발로
걷는 것은 무엇인가" 하고 수수께끼의 형식으로 묻는다. 답은 사람
이다. 그런데 스핑크스는 답이 사람인 그 질문을 사람에게 한다. 그
리고 대답을 내놓지 못하는 사람은 잡아먹었다고 한다. 여기에 사
람의 삶에 대한 절묘한 지혜가 담겨 있다. 사람이 사람과 삶을 모르

면 죽은 목숨이다.

생로병사를 아는 것이 인식이고 깨달음이다. 싯다르타도 생로병사에 대한 질문을 품고 출가했다가 오랜 명상 끝에 깨달음을 얻었다. 그의 깨달음은 생로병사에 대한 대답으로 충만하다. '태어나고 늙어가고 병들어 죽는다.' 이것이 인식의 대상이 되어야 한다. 이런 것을 공부하면 즐거운 공부가 된다. 소위 '즐거운 학문'은 삶의 내용을 온전히 받아들일 때 실현되는 것이다.

고대 그리스 문학 중에 비극을 공부하다 보면 남다른 인식을 얻을 수도 있다. 비극은 슬픔을 다루는 예술 형식이다. 그런데 그런 슬픔의 예술로 축제를 벌이기도 했다. 슬픔과 축제는 어울리지 않아서 낯설기만 하다. 모순으로만 읽힌다. 하지만 고대에는 당연했다. 이런 비극을 공부한 최초의 철학자가 아리스토텔레스였다. 그는 《시학》에서 '카타르시스'라는 개념을 설명했다. 비극의 힘은 사람의 감정을 슬픔 속에 방치하는 것이 아니라 그것에게 감정의 해소를 실현시킨다는 데에 있다.

사람은 누구나 병들어 죽을 것이다. 아무리 불교의 이념으로 참고 견디고 또 아무리 기독교의 이념으로 믿으며 버텨도 결국에는 죽을 것이다. 이것은 확실하다. 확실한 진리이다. 이보다 확실한 것은 이 세상에 존재하지 않는다. "반드시 죽을 거야, 아마도가 아니라 확실히! 언제 죽을지도 확실하지 않고, 어떻게 죽을지도 확실하지 않으며, 어디서 죽을지도 확실하지 않지만, 죽는다는 것은 확실하다네."37 이것은 바로크 시대의 시가 들려주는 지혜의 소리이다.

하지만 삶은 사람에게 알 수 있는 기회를 제공한다. 삶이 있어서 인식을 얻을 수 있는 것이다. 하지만 인식을 얻지 못하고 죽는 것이 대부분 사람들의 삶이다. 작은 인식이라도 얻기 위해 공부에 열을 올리는 것이다. 인식이 너무 늦게 주어지면 안타깝다. 그때는 후회가 정신을 덮칠 것이다. 후회에 발목 잡히면 답이 없다. 지나온 삶을 원망하게 될지도 모른다. 그래서 너무 늦지 않게 인식하기를 바랄 뿐이다.

일정 거리를 유지하고 삶을 보는 지혜

대부분의 사람들은 삶을 '아주 가까이서 본 무대 장식처럼' 바라본다. 사물을 '너무 가까이서' 관찰하면 쓸데없는 것까지 볼 수 있다. 사물을 있는 그대로 보고 싶다면 적당한 거리를 유지하는 것이 좋다. 때로는 적당한 거리의 수준을 훌쩍 뛰어넘어 아주 멀리 두고 볼 필요도 있다. 아무리 흉측해도 멀리서 보면 아름답다. 무지개도 멀리서 볼 때 보이는 것이다. 극장에서 특히 무대 위에서 펼쳐지는 현상을 구경의 대상으로 삼으려 할 때도 일정 거리를 유지하는 것은 지혜에 해당한다.

우리의 일상을 채우고 있는 것은 이성적인 교육이다. 이성적인 교육은 사람들을 비교하게 하고 또 등수를 정하고 앞서거니 뒤서거니를 반복하게 한다. 우리 모두를 '번잡한 세상 속으로 몰아간다'는 것이 이런 교육의 한계이다. 이성이 강해질수록 형식적인 사람이 되어간다. 내용은 없으면서 형식만 남은 정신이 연출된다. 그것이 노인의 현상이다. 대부분의 사람들은 이런 삶을 살다가 죽어간다. 누구나 경험하게 될 일반적인 죽음이다.

사람은 누구나 다 유년 시절이 있었다. 그때는 사물을 바라보는 법이 달랐다. 그때는 삶 자체가 '멀리서 본 무대 장식처럼' 보였다. 감정 이입은 식은 죽 먹기처럼 쉬웠다. 감정 이입이 되어야 사랑도 할 수 있다. 모든 사랑은 어쩔 수 없이 치명적인 상처를 남기겠지만, 그런 상처가 삶에게 아름다운 무늬를 제공한다. 상처받는 것을 너무 두려워할 필요가 없는 것이다.

생로병사가 삶이다. 태어난 이상 누구나 죽음을 면치 못할 것이다. 죽어도 좋다. 그것이 삶이다. 착각 속에서 살다가 환멸 속에서 삶을 마감하는 어처구니없는 짓은 하지 않도록 노력해야 한다. 지옥의 힘은 증오하는 힘과 비례하며 자기 자신의 발목을 잡고 늘어질 것이다. 천국의 힘은 마음의 여유와 비례하며 마음을 놓아주고 날개를 달아 하늘 높이 치솟게 해줄 것이다. 이 모든 것은 인식에 달렸다. 깨닫느냐의 문제라는 얘기이다.

> **태어난 이상 누구나 죽음을 면치 못한다.**
> **일정 거리를 유지하며 삶을 제대로 봐야 한다.**

Arthur Schopenhauer

노인은 '인간 세계'를
가장 잘 안다

청년기에는 자주 인간 세계에서 버림받은 느낌을 받는 반면, 노년기에는 인간
세계에서 벗어난 느낌을 받는다. 전자의 불쾌한 느낌은 인간 세계를 잘 모르는
데 기인하고, 후자의 유쾌한 느낌은 인간 세계를 잘 아는 데 기인한다.

_《인생》

노인에게 필요한 자세

쇼펜하우어는 노인과 노년기에 대한 이야기를 많이 했다. 젊은 시
절에 이런 글을 읽으면 신비롭게 느껴지기도 하겠지만, 나름대로
어떤 노인이 되어야겠다는 인식을 얻기도 한다. 그런 인식과 함께
나름대로 다짐이나 결심도 하게 된다. 그래서 이런 고전은 청소년
기에 읽으면 더욱 소중한 지혜를 선사하기도 한다. 알고 준비하는
것과 모르고 다가서는 것은 전혀 다른 시간을 연출할 것이다. 자기

자신이 자기 자신의 삶의 주인공이 된다는 것은 전자, 즉 알고 준비하는 것에서 실현된다.

다른 사람들이 젊어 보인다면, 자기 자신은 이미 늙어버린 것이다. 늙음이 권력인 양 생각하고 행동하는 자는 나이는 들었어도 존경의 대상은 되지 못한다. 공자의 가르침처럼, '지천명'과 '이순' 그리고 '종심소욕 불유구'의 경지에 도달한 노인이라면 지극히 이상적인 존재가 된 것이다. 하지만 이들은 특별한 존재들이다.

대부분의 사람들은 공자의 가르침과는 전혀 상관없는 삶을 살아간다. 이상적이기보다는 평범한 삶을 살다가 평범하게 죽어간다. 부정적인 노인에 대해서 인식이 왔다면, 이제 긍정적인 노인에 대해서 생각해봐야 할 때가 되었다. 즐거운 학문으로 삶 자체가 즐거워진 삶을 살아가는 사람의 현상을 공부해야 할 때가 된 것이다.

보통 사람들의 모습은 나이가 들수록 불쾌해지기 마련이다. 웃는 얼굴은 보기 힘들어지고 인상만 쓰고 있는 험상궂은 얼굴만이 모든 표정을 압도한다. 나는 어떤 얼굴을 하고 있는지 돌아볼 필요가 있다. '불쾌한 느낌'보다는 '유쾌한 느낌'이 더 낫다. 타인의 말에 틀렸다고 부정하기보다 그것도 맞다고 말하며 품어주는 것이 더 낫다.

공식만 바꾸면 답은 언제든지 도출될 수 있다. 하나의 공식에 얽매이는 정신이야말로 가장 잔인한 정신이다. 그런 정신은 타인에게뿐만 아니라 자기 자신에게도 해롭다. 공식을 시시때때로 또 다양하게 바꾸는 훈련을 해야 하는 이유가 여기에 있다.

물론 '불쾌한 느낌'이 요구될 때도 있다. 창조를 하려 할 때는 이런 느낌을 친구로 삼아야 한다. 고독을 곁에 두고자 하는 일념으로 일상에 들어서야 하기 때문이다. 아무도 자기 자신을 이해하고 인정하지 않을 것이다. 창조자는 개척자이고 선구자이다. 이해하는 자가 있다면 그는 이미 선구자도 아니고 개척자도 아니다.

하지만 불쾌한 느낌으로만 살 수는 없다. 사람은 때로 '유쾌한 느낌'으로 삶을 사는 방법을 알고 있어야 한다. 마음의 짐을 풀어놓고 해방감 속에서 시간을 보낼 수 있는 지혜도 요구되는 것이다. 은퇴를 두려워할 것이 아니라 은퇴 후의 여유를 찾을 수만 있다면 노인의 삶도 영화로운 형식으로 빛을 발할 수 있을 것이다. 노인도 아름다울 수 있다. 그 비결을 깨닫는 것이 관건이다.

노인의 강점은 '인간 세계를 잘 아는 데 기인'한다. 젊은이들은 따라 갈 수 없는 수준과 경지가 노인의 것이다. 시간의 흐름만이 제공하는 어떤 것들이 있다. 살아봤어야만 얻을 수 있는 그 무엇이 삶에는 수두룩하다. 젊은이들에게 모범이 되는 노인이 분명 있다. 그들은 스스로 '노인'이라 말하면서도 '유쾌한 느낌'을 선사한다.

**살아봤어야만 얻을 수 있는 것들이 있다.
노인은 그것들을 유쾌한 느낌으로 전할 줄 알아야 한다.**

죽음 뒤에는
아무것도 없다

우리가 죽음에서 두려워하는 것이 결코 고통은 아니다.
_《의지》

삶의 문제는 사는 데 있다

고통 때문에 죽음을 두려워하는 것이 결코 아니다. 고통이 두려워
서 죽음이 두려운 것이 절대로 아니다. 아무리 불교에서 죽음을 '단
말마의 고통'으로 설명해도 그 미지의 고통 때문에 우리가 죽음 앞
에서 주눅 드는 것은 단연코 아니다. 아무리 사천왕이 대문을 지키
고 있어도 그 문 뒤에는 정토가 펼쳐진다는 사실을 우리는 너무도
잘 알고 있기 때문이다. 우리는 부처님의 온화하고 인자한 눈빛을

상기하며 사천왕의 그 강렬한 눈빛을 견딜 수 있게 되는 것이다.

우리가 죽음을 두려워하는 이유는 전혀 예상치 못한 곳에 있다. 쇼펜하우어는 그 이유를 철학적으로 규명한 최초의 철학자가 된다. 삶의 문제는 사는 데 있는 것이지, 죽는 데 있지 않다. 사람은 삶이라는 형식 속에서만 의미를 찾을 수 있는데, 바로 이 형식이 곧 사람의 한계가 되고 만다. 그 형식 밖에서는 삶이 지속될 수 없다는 생각이 사람을 주눅 들게 한다. 죽음은 늘 사람의 이면에서 삶을 괴롭히는 존재로밖에 인식되지 않는다. 죽음 이후의 장면을 목격한 자는 이 세상에 아무도 없다.

죽음 속에서는 삶이 지속될 수 없다는 것이 사람을 두려움에 휩싸이게 한다. 산다는 것은 과정인데 그 과정이 불가능하다는 것이 불안에 떨게 한다. 중세 기독교인들이 신성으로 생각해낸 것중에 천국에서 펼쳐질 영생이란 개념이 있다. 영생, 말 그대로 영원한 삶이다. 거기서 핵심이 되는 이념은 계속되는 지속성이 영원하다는 인식이다. '영원하다'에서 영원성은 끊임없이 이어지는 지속성으로만 해석이 가능하다. 하지만 죽음은 이런 모든 것을 불가능한 것으로 옮겨놓고 만다.

죽음 뒤에는 사실 아무것도 없다. 이 세상에서 문제가 되는 것은 오로지 '죽느냐 사느냐'에 달려 있다. 그것을 문제로 인식하지 못한다면 깨달음은 그저 요원할 뿐이다. 죽음 뒤의 문제를 신앙으로 해결해도 상관은 없다. 하지만 신앙은 죽은 뒤에 작동할 것이기 때문에 이 세상에서는 별로 도움이 되지 못한다. 진정으로 살고 싶다면 삶의 현장에 마주 서는 용기, 즉 스스로 자기 자신의 삶과 맞닥뜨려야 하는 용기도 필요하다.

내가 누구이고 네가 누구인지는 중요하지 않다. 품어줄 용기와 힘만 있다면 이 세상의 모든 것은 그저 품어줄 대상이 될 뿐이다. 용기와 힘만 있다면 우주까지도 여행지쯤으로 생각할 수 있다. 아무리 무섭고 위협적인 문구로 뒤덮인 책이라 해도 겁내지 않고 들춰볼 수 있을 것이다. 아무리 치명적인 독이라 해도 그것을 감당할 수 있는 정신에게는 그저 예방주사 속의 명약쯤으로 여겨질 수 있을 것이다.

죽음을 두려워하는 이유

사람이 죽음을 무서워하는 이유는 간단하다. 죽음 안에서는 개인이 존재할 수 없기 때문에 무서운 것이다. 개체가 파괴된다. 개인이 분열을 일으킨다. 내가 멸망한다. 그 어떤 형상도 남기지 못하고 사라진다. 죽음 안에서는 시간도 공간도 모두 힘을 잃고 만다. 그래서 사람들은 살아생전에 뭔가를 남기려고 애를 쓰는 것이다. '호랑이는 죽어서 가죽을 남기고 사람은 죽어서 이름을 남긴다'라는 말도 결국에는 남기려는 욕망이 만든 말에 불과하다.

하지만 사실 죽음은 생각 속에만 존재한다. 그 누구도 죽음이란 세상을 경험해보지 못했다. 어렴풋이 짐작할 뿐이다. 죽어서 입게 될 옷이나, 죽어서 시신이 된 몸으로 눕게 될 관이나, 불에 태우고 남은 뼈를 가루로 만들어 담아놓은 작은 항아리나, 혹은 시신을 묻어둔 묘지 등을 바라보며 우리는 예의를 갖추고 행동한다. 제삿날이 무서워서 도망치는 후손은 존재하지 않는다.

사람이 죽음 앞에서 두려운 것은 전혀 다른 이유라고 했다. 그것을 깨닫는 것이 우리의 숙제이다. 우리는 운명적으로 죽음에 저항할 수밖에 없다. 우리는 사람이고, 사람은 삶이라는 지속성에 의해서만 가치를 선사받을 수 있기 때문이다. 개체의 본질은 죽음에 저항한다는 이 말은 사실인 동시에 진실에 해당한다. '죽고 싶다!'는 말도 결국에는 '살고 싶다!'는 말의 소극적인 표현에 불과하다.

세상의 모습은 참으로 진기하다. 어디서는 출생을 축하하며 박수를 쳐주고, 어디서는 결혼을 축하하며 함께 모여 식사도 하며, 또 어디서는 이혼이라는 가슴 아픈 소식을 접하고서 안타까운 마음을 공유하기도 하고, 또 어디서는 누군가의 죽음 소식을 접하고서 상갓집에서 하루 이틀을 친구와 함께 보내기도 한다. 다 좋아서 하는 일이다. 죽음과 관련한 온갖 종류의 환영을 극복하고 나면, 죽음을 두려워할 필요도 느끼지 못하게 될 것이다.

삶의 문제는 사는 데 있지, 죽는 데 있지 않다.
사람은 삶이라는 형식 속에서만 의미를 찾을 수 있다.

Arthur Schopenhauer

나를 가둔
틀에서 벗어나기

7장

행복

행복과 불행은 생각하기에 달렸다

생각은 노년도
청춘으로 만들 수 있다

아, 행복한 청춘이여! 아, 슬픈 노년이여!

_《인생》

청춘이 행복해 보이는 이유

청춘이 행복하게 보이는 이유는 무엇일까? 노년이 슬픈 현상으로 비치는 이유는 무엇일까? 노년이 슬픔의 현장으로 인식되는 한 세월은 야속하게 느껴질 수밖에 없다. 사는 게 사는 게 아닌 그런 삶을 살아가게 되는 것이다. 하루하루가 사형대로 끌려 가는 죄인처럼 살게 되는 것이다. 삶만 염두에 두고 살다 보면 이런 일이 발생하고 만다. 사는 일에만 열중하다 보면 다른 모든 것들을 무시하는 일이 벌어진다.

청춘이 행복하게 보이는 이유는 수많은 가능성 때문이다. 가능성이 문제이다. 할 수 있다는 느낌이 문제이다. '할 수 있다'와 '할 수 없다'는 하늘과 땅만큼 큰 차이를 보인다. 누구나 한번쯤 읽어봤을 동화 속 이야기가 하나 떠오른다. 제임스 매튜 배리의《피터 팬》의 한 장면이다. 어두운 밤 창문을 통해, 잠을 자지 않고 놀고 있던 아이들에게 피터 팬이 나타난다. 그러고는 네버랜드에 대한 이야기를 들려주고 함께 가자고 유혹한다.

네버랜드는 마음의 지도 속에서나 존재하는 이상향이다. 마음의 고향이다. 유토피아이다. 현실 속에는 존재하지 않는 나라이다. 네버랜드의 '네버'나 유토피아의 '유'나 모두 반댓말을 만들어내는 접두어이다. '랜드'나 '토피아'는 모두 땅을 의미하는 개념이다. 즉 없는 땅이라는 얘기이다. 하지만 없지만 있다. 모순이지만 생각의 영역에서는 가능한 논리이다.

피터 팬이 자기를 따라 오면 네버랜드로 갈 수 있다고 하자, 아이들은 날 수 없다고 말한다. 그때 피터 팬은 아름다운 생각을 떠올리면 날 수 있다고 말한다.[38] 아름다운 생각은 행복한 생각으로 번역해도 상관없다. '행복한 생각'이 사람을 날 수 있게 하고, 그런 생각이 네버랜드로 갈 수 있게 한다. 행복은 생각에 달려 있다. 동심을 불러 일으켰던 이 말은 영원한 묵상의 대상이 되어 어른이 된 정신까지 여전히 네버랜드로 끌고 가고 있다.

좋은 정신은 좋은 생각을 낳는다

'행복'으로 번역된 그리스어는 '에우다이모니아*Eudaimonia*'이다. '에우'
는 '좋은'이란 뜻을 지닌 접두어이고, '다이모니아'는 정령 내지 정신
등의 의미를 지니고 있는 말이다. 합쳐서 번역하면 '좋은 정신'이 된
다. 좋은 정신이 좋은 생각을 낳을 것은 틀림없다. 좋은 생각을 하
는 사람이 '행복한 사람'이다. 아쉽게도 나이가 들수록, 노인이 될
수록, 누구를 흉보는 일은 많아진다. 좋은 얘기를 들으려 해도 누가
누구를 욕하는 말에 쉽게 마음의 문을 열고 만다.

나쁜 생각이 스스로를 불행하게 만들고 있다는 것을 깨닫지 못하
는 정신은 인생이라는 소중한 시간을 의미 없이 허비하는 실수를
저지른다. 가끔은 좋은 말을 입에 담기도 하지만 그것조차 악담을
쏟아놓기 위해 잠시 쉬어가는 시간쯤으로만 활용한다. 노력한다면
서 나쁜 생각으로 훈련을 거듭하고 있을 뿐이다. 그런 생각이 자기
자신을 더욱 깊은 심연 속으로 끌고 들어가고 있다는 사실을 인지
하지도 못하고 있는 것이다.

악담은 대담이 아니다. 악담은 일방적이기 때문이다. "내 말을
들어라! 너는 내 말을 들어야 한다!" 이런 소리가 일방적인 것이다.
하지만 대담은 대화의 형식이고, 대화는 서로를 존중하는 상황에
서 실현된다. 살면서 얼마나 많은 시간을 대화에 활용했는가? 낯선
의견을 듣고서도 자기 의견을 내세우며 버티는 정신을 말하는 것이
아니다. 낯선 의견을 받아들이며 사랑까지 해준 적이 과연 몇 번이

나 있는가? 눈을 감고 반성을 해봐야 할 때가 된 것이다.

누군가를 악마화하고, 그럼으로써 행복감에 젖는 것은 사악하고 악의적인 행복감에 불과하다. '남의 불행은 나의 행복'이라는 일방적인 논리로 끌어들인 행복은 타인을 발로 짓밟으며 얻어낸 행복에 불과하다. 잔인한 행복이다. 타인의 불행을 지대석으로 삼아 쌓아 올린 탑이기 때문이다. 그런 탑은 아무리 공을 들였어도 환영받지 못한다. 세월이 흐르면 결국에는 그 정반대의 소리가 그 탑을 무너뜨릴 것이다. 흔적도 없이 쓸어버릴 것이다.

청춘은 행복의 현상이다. 반면에 노년은 슬픔의 현상이다. 좋은 것은 지향하며 배우고, 나쁜 것은 지양하며 거부하면 되는 일이다. 사람이 늙어가는 것은 어쩔 수 없으나, 생각하는 존재로서 생각을 청춘의 수준으로 머물게 하는 것은 노력 여하에 달려 있다. 행복은 짧지만 그 짧은 것이 영원을 인식하게 한다. 첫사랑의 달콤함은 죽을 때까지 이어지는 행복의 순간이다. 그런 순간을 만들면 삶은 물방울이 되어 무지개를 피우고 띄울 것이다.

늙음은 피할 수 없지만 생각은 청춘에 머무를 수 있다.
좋은 것은 배우고, 나쁜 것은 거부하면 된다.

Arthur Schopenhauer

삶을 연습과
반추로 채워라

습득한 것은 연습하고 지나간 일은 반추해야만 두 가지 일이 점차 망각의 늪에
빠지지 않는다.

_《인생》

노인의 공통점

'두 가지 일'은 '중요하지 않은 일'과 '불쾌한 일'이다. 나이가 들수록,
노년기에 깊이 빠져들수록, 지나간 시간이 많아질수록, 사람은 이
두 가지 일들에 치여 삶이 혐오스러운 그 무엇으로 바뀌고 만다. 삶
이 싫어지면 사람은 자기 자신의 삶에서 희생을 자처하게 된다. 삶
이 살기 싫은 것으로 바뀌고 나면, 사람은 그 어디서도 삶의 가치를
찾을 수 없게 된다. 살기 싫다는 말이 자기 자신의 입에 담기는 순

간, 삶은 정말 생지옥을 연출할 것이다.

물론 '중요하지 않은 일'과 '불쾌한 일'이 없을 수는 없다. 살다 보면 그런 일은 수도 없이 등장할 것이고 또 마주치게 될 것이다. 이것은 이래서 싫고 저것은 저래서 싫고 하면서 이것저것 다 내치고 나면, 남는 것은 하나도 없게 된다. 노인의 공통점은 싫은 것이 너무도 많다는 데 있다. 좋은 것을 바라보는 시각은 노인의 것이 아니다. 불만과 불평이 내면을 지배하고 나면, 그것이 눈빛에서도 나타나기 마련이다. 대개 노인의 눈빛은 쓸쓸하다.

하지만 반대의 현상도 존재한다. 반대의 현상은 오로지 '연습'을 통해서만 실현된다. 연습, 오로지 연습만이 정신을 '망각의 늪'에 빠지지 않게 도와줄 것이다. '습득한 것은 연습하고'라는 말이 전하는 메시지는 분명하다. 대부분의 사람들은 '습득한 것'에 대해서는 더 이상 미련을 갖지 않는다. 마치 그것이 영원히 자기 자신의 것이 된 것인 양 간주한다. 하지만 자기 자신의 것이라 해도 열심히 연습을 거듭해야 지킬 수 있을 뿐이다.

노트 한 권, 볼펜 한 자루조차 손에 들고 연습에 연습을 거듭해야 좋은 글을 탄생시킬 수 있다. 삶은 원한다고 다 되는 것이 아니다. 원하는 것이 있으면 그것을 위해 단련하고 수련하고 그런 와중에 시련도 겪으면서 혹독한 훈련을 치른 뒤에야 마침내 원하는 것을 이루게 되는 것이 삶의 진리이다. 행복은 짧고 불행은 길다. 하지만 그 불행의 순간을 훈련과 연습으로 채울 수만 있다면 불행도 의미를 품게 될 것이다.

그리고 '지나간 일은 반추해야' 한다. 이 말도 똑같은 원리로 다가설 수 있을 것이다. 대부분의 사람들은 '지나간 일'에 대해서 미련을 갖지 않는다. 하지만 소중한 추억은 아무리 사소한 일이라 해도 그것이 반추의 과정을 거칠 때에만 탄생한다. 반추의 순우리말은 되새김질이다. 늘 다시 꺼내서 곱씹어보고 닦는 행위가 요구된다. 그 과정에서 소중했던 추억이 더욱 빛을 발하게 되는 것이다. 그런 빛이 삶을 밝힌다.

시간은 계속 흐른다

그리스 신화에서는 '레테Lethe'라고 불리는 망각의 강은 하데스의 지하세계로 흘러간다고 설명한다. 지하세계는 죽음의 세계이다. 빛이 없는 그곳이 죽음이 있는 곳이다. 하지만 신화는 정반대의 세계도 가르쳐준다. 레테의 정반대 방향으로 흘러가는 강의 이름은 '므네모시네Mnemosyne'이고, 이는 기억을 뜻한다. 이 기억의 강은 지하세계와 정반대의 원리로 채워진 '아레테이아Aletheia'라 불리는 진리의 세계로 향한다.

　어둠으로 채워진 지하세계로 갈 것인가, 아니면 빛으로 충만한 진리의 세계로 갈 것인가? 한쪽은 어둠이 더욱 짙어질 것이고, 다른 한쪽은 빛이 더욱 강렬해질 것이다. 둘 다 강물의 속성을 띠고 있다. 어느 경계 지점에서 이곳이다 저곳이다 하고 말할 수 있는 상황이 아니다. 강물은 지속적으로 흘러간다. 참고 견딘다는 의미도 주어진다. 꾸준히 노력해야 한다는 뜻이다.

하지만 대부분의 사람들은 지하세계로 흘러들고 만다. 어둠으로 향하는 강물은 가만히 있기만 해도 강물과 함께 흘러간다. 생각을 하든 생각을 안 하든 시간은 멈춤이 없다. 연습을 하든 연습을 안 하든 시간은 흘러간다. 되새김질을 하든 되새김질을 안 하든 세월은 지나간다. 아무리 잡아두려 해도 잡아둘 수가 없다. 잡히지 않는 것이 시간이다. 아무리 강하게 잡으려 해도 서서히 빠져나가는 모래알갱이 같다.

시곗바늘을 좇아가보아도 시간이란 현상은 쉽게 알 수 있다. 아무리 날카로운 시선을 던져도 시간은 아랑곳하지 않고 돌고 돌며 지나간다. 어떻게 시간을 보낼 것인가? 그것이 문제이다. 연습과 반추로 채워진 인생은 진리를 보여줄 것이다. 진리의 빛 속에 있는 행복감을 선사할 것이다. 진리의 세계에서 영원한 빛의 존재로 남는 자는 많지 않다. 죽을 때까지 노력하는 자는 많지 않기 때문이다.

삶을 연습과 반추로 채운 자는 늘 발전의 계단 앞에 서 있을 것이다. 그것은 현실 속에서 불만과 불평을 쏟아내는 자와 상관이 없다. 연습과 반추를 원하는 자는 현실에서 만족하지 않고 더 나은 삶을 원한다. 더 나은 것을 알기에 그 앎을 실현시키기 위해 더 많이 노력한다. 신화의 이야기에서 더 놀라운 것은 므네모시네의 자식들이다. 그녀에게는 딸이 무려 아홉 명이나 있었다. 그들 모두를 합쳐서 일컫는 이름이 '뮤즈'라고 한다.

뮤즈는 창조의 정신을 돕는 요정들이다. 창조하려는 생각을 가진 자에게만 나타나 그를 돕는다는 것이다. 삶을 창조적으로 살 수 있는가? 창조적으로? 삶을? 보통 사람들은 꿈도 꾸지 못할 생각이다. 보통 사람들은 늘 해석을 기다린다. 자신이 모르는 것을 남의 탓으로 돌리는 데 여념이 없다. 하지만 더 높은 곳을 향하려는 정신은 늘 창조의 현장과 맞닥뜨리게 된다. 없던 삶을 있게 만들려는 의지가 아레테이아로 향하게 한다.

행복은 짧고 불행은 길다.
불행의 순간을 연습으로 채운다면 불행도 의미를 갖는다.

Arthur Schopenhauer

소년과 노인의 시간은
다르게 흐른다

소년의 한 시간은 노인의 하루보다 더 길게 느껴진다.
_《인생》

삶의 속도와 온도

어린 시절의 시간은 무한히 길게 느껴진다. 그래서 심심하다는 말
이 어린아이들의 말이 된다. 어릴 때는 심심하면 큰일이다. 심심하
면 낭패인 것이다. 어릴 때는 무슨 일을 해도 심심함에 저항하는 것
이 목적이다. 매순간 놀기 위한 것이 아이들의 행동이다. 심심함과
놀이가 긴장감을 유지하며 평형을 이룬 상태이다. 하지만 세월이
흐르면서 사람들은 성숙해지고 더 나아가 늙어가기 시작한다. 모

든 것이 습관으로 들어서고 만다. 습관 속에서는 자유가 힘을 발휘하지 못한다.

공자가 말한 '불혹'의 나이도 보통 사람들의 입장에서 보면 유혹당할 만한 무언가가 없을 뿐일지도 모른다. 아무것도 매력적이지 않다. 아무것도 마음을 움직이지 못한다. 사십 년 동안, 즉 사십 번을 반복하고 나면 계절조차 습관 속에서 해석된다. 봄이 되어도 설렘이 없고, 여름이 되어도 뜨거움이 없고, 가을이 되어도 열매가 없고, 겨울이 되어도 나이테를 만들 여력이 없다. 그냥 다 싫다. 신기함이 모두 사라졌기 때문이다. 무엇을 보아도 다 안다. 다 알고 있다는 판단이 생각을 지배한다. 더 이상 알고 싶지 않다.

다 안다는 생각이 지배하고 있는 정신은 배우려 하기보다는 가르치려 든다. 입만 열면 가르치려 든다. 입만 열면 훈계를 하려 한다. 대화는 사라지고 잔소리만 늘어난다. 사랑은 요원해지고 허영심에 찬 험담만이 입에 가득 찬다. 그런 말들이 시간을 더욱 빠르게 흘러가게 한다. 남을 향해 욕을 하면 할수록 시간은 더욱 빨리 흘러간다. 그런 시간 속에서 자기 자신은 영원한 나락으로 떨어지는 것이다. 지옥에도 영원이란 것이 있다. 그런 영원 속에 갇히고 마는 것이다. 영원도 영원 나름이다. 천국의 영원이냐, 지옥의 영원이냐?

삶의 시간은 가속도가 붙는다. 늙으면 늙을수록 시간은 빨라진다. 엊그제가 새해였던 것 같은데 벌써 연말이다. 이런 말이 노인의 소리이다. 대부분의 사람들은 이런 시간 속에서 삶을 살아간다. 굴러 떨어지는 공처럼 가속도가 붙어서 걷잡을 수 없는 속도로 추락한다. 가만히 내버려두면 그 자리에 있을 것 같지만, 시간은 결코 가만히 있지 않다. 시간의 속성은 시간이 흐를수록 빨라진다는 데 있다. 사람에게만 시간이 힘을 발휘한다. 사람이 시간을 활용하지 못하면 시간에 희생된다.

시간은 묘하다. 시간은 사랑하지 않으면 적이 되어 나타난다. 시간은 앞에서 이끌지 않으면 사냥꾼이 되어 추격해온다. 시간의 화살은 심장을 뚫고 들어온다. 시간 앞에 쓰러질 때보다 더 잔인한 현장은 없다. 시간을 앞서가지 못하면 시간에 쫓겨 살게 된다. 시간에 쫓기기 시작하면 답이 없다. 살아도 사는 것이 아니다. 시간이 주인 행세를 하기 시작하면 숨이 차다. 숨을 쉬어도 행복감이 없다. 숨을 쉬어도 산소의 공급보다 산소의 소비가 더 빠르게 진행된다. 아무리 헐떡거려도 숨이 차서 그다음을 위한 여유가 생기지 않는다.

놀이공원에 가면 '디스코 팡팡'이라는 놀이기구가 있다. 중심에서 가장 먼, 가장자리에 의자를 만들어놓고, 그곳에 사람들을 앉힌 후 속도를 높여가며 돌린다. 속도가 가장 빠르게 느껴지는 곳에서 사람들은 속수무책이다. 삶에도 같은 원리가 적용된다. 중심에서 멀어지면 멀어질수록 정신은 차릴 수가 없는 지경에 처한다. 사람이 명상도 배워야 하는 이유가 여기에 있다. 중심을 찾아가는 데도 훈련이 필요하다. 눈부터 감아야 명상이 시작된다. 자기 자신이 자기 자신을 안다고 말하는 실수부터 경계해야 한다.

나의 시간이 곧 내 인생

우리의 선조들은 일 년의 길이를 사계절로, 열두 달로, 이십사 절기 등으로 다양하게 나눠놓았다. 또 뜨거운 여름에는 초복과 중복 사이에는 십 일을, 중복과 말복 사이에는 이십 일을 계산해서 나누기도 했다. 더위가 시작되는 시점에서의 십 일은 정점을 찍고 마지막을 향해 가는 시점에서의 이십 일과 맞먹는 시간이 된다. 알고 나면 좀 더 견딜 수 있는 힘이 생긴다. 두 배로 시간을 배정해도 견딜 수 있으리라 믿으니까 그렇게 정해놓은 것이다. 익숙해지면 쉬운 법이다. 알고 나면 견딜 만한 것이다.

일 년의 시간을 자기 자신의 삶으로 나누는 훈련도 해야 한다. 그냥 내버려둔다고 시간이 되는 것이 아니기 때문이다. 나의 시간이라고 말할 수 있는 것이 곧 나의 인생이 될 것이고, 나의 인생이라고 말할 수 있는 것이 나의 존재를 증명할 것이다. 자기 자신의 시간을 굴러 떨어지는 공처럼 내버려두는 것도 또 그 시간을 회전하는 원반 위의 가장자리에 두는 것도 다 자기 책임이다. 시간은 챙겨야 한다. 시간에 쫓기지 말고 앞서 가야 한다.

시간 속에 있으면 시간에 쫓길 이유가 없다. 시간을 밖에 두니 시간에 쫓기게 되는 것이다. 마음을 비우고 나면 마음의 여유가 생긴다. 마음을 쓰고 있으니 더 이상 마음이 자기 자신을 챙기지 못하는 지경이 펼쳐지는 것이다. '소년의 한 시간'은 영원과 맞닿아 있다. 느리고 느려서 문제가 되기도 하지만, 그 문제는 흥에 겨워 주체가 안 될 정도일 뿐이다. 바람만 불어도 간지러워 깔깔대며 웃는 시간이다. 소년의 한 시간은 그토록 즐겁다.

반면에 '노인의 하루'는 따분하기 짝이 없다. 아이들이 말하는 심심하다는 말과는 전혀 다른 내용이다. 대화할 사람이 없어 외롭다. 대화라고 말은 하지만 막상 말할 사람이 나타나면 잔소리로 대화를 채우고 만다. 명절이라고 가족이 모인 자리에서도 대화는 즐겁게 진행되기 힘들다. 모두들 나름대로 어른이 된 것이다. 들어주기보다는 말을 하려는 허영심이 발동할 뿐이다. 이제 뭔가를 깨달아야 할 시점이 되었다. 자기 자신을 위한 공부를 해야 할 때가 된 것이다. 그런 공부가 사람들 사이를 더욱 온화하게 해줄 것이다.

삶의 시간은 가속도가 붙는다.
사람이 시간을 활용하지 못하면 시간에 희생된다.

Arthur Schopenhauer

행복도
능력이다

심오한 신리는 보고 알아차릴 뿐이지 계산으로 얻어내는 것이 아니다.

_《인생》

삶은 계산하는 대로 될 수 없다

삶이 계산대로 된다면 얼마나 좋을까. 뜻대로 된다면 삶은 가소로운 것이 될 것이다. 하지만 삶은 계산대로 되지 않아서 문제이다. 뜻대로 되는 일보다 뜻대로 되지 않는 일이 너무도 많아서 문제인 것이다. 하고 싶은 것이 너무도 많은데 모든 게 어렵고 힘들다. '살기 좋다'는 말보다 '살기 싫다'는 말이 먼저 입에 담겨진다는 것이 일상이 가르쳐주는 문제이다. '살고 싶다'는 말보다 '죽고 싶다'는 말이 너무도 쉽게 입 안에 담긴다는 것이 문제이다.

신화가 가르쳐주었듯이, 진리는 기억의 강물을 따라 흘러갈 때에만 도달하게 된다. 기억의 강물을 따라서 흘러가기 위해서는 기억의 딸들에게 도움을 받아야 한다. 그들의 도움을 받으려면 스스로 창조의 정신을 발휘할 줄 알아야 한다. 창조하려는 의지조차 없다면 기억의 딸들은, 그 뮤즈들은 절대로 도움의 손길을 내밀지 않을 것이다. 창조는 의지에서 시작하지만, 결국에는 뮤즈의 도움을 받아서만 완성된다.

창조는 뮤즈의 도움이 필연적이다. 뮤즈들의 도움을 받아야 창조가 실현될 것이고 또 완성에 이를 것이다. 뮤즈들의 도움을 받고 싶다면 기억의 강물에 몸을 담그고 있어야 한다. 모든 것을 기억하고 또 기억하는 연습과 훈련을 거듭하고 있어야 한다. 늘 얻었던 것을 반추하고 기억했던 것을 다시 꺼내서 되새김질하며 묵상을 실천할 때에만 진리로 향할 수 있다.

이성도 이성 나름이다. 이성은 계산능력이지만, 어느 하나의 공식에 얽매이면 이성은 생각을 규정하는 힘으로 작동하는 것에서 벗어나 생각을 제한하는 힘으로 작동하고 말 것이다. 하나의 공식에 얽매이면 다른 공식과 다른 가능성을 배제하는 일이 발생하기 때문이다. 그런 일이야말로 생각하는 존재가 경계해야 할 실수에 해당한다. 이성을 잘못 사용하면 독선과 독단이 생각을 지배하는 결과를 낳는다. 이성 때문에 사회생활이 가능하지만, 또한 이성 때문에 사회가 곤란을 겪게 될 수도 있다는 얘기이다.

정신의 근육

늘 다양성을 감안하고 그 다양한 가능성에 자기 자신을 맡길 수 있어야 창조의 영역이 가시권 안으로 들어오게 될 것이다. 행복도 노력이 따라줘야 한다. 노력 없이 행복만을 원한다면 그것은 욕심이 된다. 지하세계로 흘러가는 강물은 그저 망각에 맡기면 되겠지만, 무엇 하나 기억하려면 애를 써야 한다는 것이 가장 큰 어려움이다. 기억의 힘을 키우려면 반복밖에 별다른 방법이 없다. 근육도 반복해서 사용하면 강해지듯이, 정신력이라고 말하는 정신의 근육 또한 반복 속에서 강해진다.

기억의 강물에 머무르는 것은 어렵고 힘든 일이라고 했다. 기억하는 일은 정말 성가시고 귀찮은 일이기 때문이다. 누구나 시험을 위한 공부를 하고 싶어 한다. 시험에 나올 것만 공부하고 싶은 것이다. 더 이상은 공부하고 싶지 않은 것이다. 시험은 아무리 잘 보아도 시험지라는 만들어진 세계 속에서 발버둥친 결과일 뿐이다. 시험이라는 틀 안에서는 승리를 했을지 몰라도 시험 성적으로 행복을 가늠할 수는 없다. 생각하는 존재에게 주어진 생각의 힘은 전혀 다른 곳에서 빛을 발하기 때문이다.

행복은 원하는 것이 이루어졌을 때 실현된다. 원하는 것을 할 수 있는가? 무엇이 되었든 간에 할 수 있으려면 능력이 요구된다. 힘이 있어야 할 수 있을 것이기 때문이다. 이 세상에서 제공할 수 있는 것은 누구에게나 다 공평하게 주어져 있다. 누구에게나 시간은 이십사 시간으로 공평하게 주어져 있다. 누구에게 한두 시간이 더 주어진 것도 아니고 덜 주어진 것도 아니다. 하지만 그 시간을 어떻게 보냈느냐는 전혀 다른 문제가 된다. 모든 것이 행복에 이르려면 시간이 필요한 이유이다. 행복은 시간이 필요하다. 이것은 영원한 진리의 소리이다.

> 이성이 하나의 공식에 얽매이면 다양한 생각을 제한한다.
> 그런 일이야말로 생각하는 존재가 경계해야 할 실수이다.

건강 없이는
행복도 없다

건강한 거지가 병든 왕보다 너 행복하다.
_《인생》

건강과 행복의 함수관계

아파봐야 건강의 소중함을 안다. 병원에 가봐야 자기 자신이 그동
안 어떻게 살아왔는지 깨닫게 된다. 병상에 누워 강제적으로라도
반성의 시간을 가져보는 것은 좋은 일이다. 예를 들어 '회복하는 데
한 달'[39]이라는 시간이 걸릴 정도의 상처를 입었다면, 생각에도 큰
변화를 일으킬 것이 틀림없다. 그런 경험은 아무나 하는 것이 아니
기 때문이다. 그래서 안 되면 의도적으로라도 쓰러져보는 것이 좋

다. 그것도 하나의 지혜이다. 절대로 실패나 패배가 아니다. 와신상담할 수 있는 상황이라면, 언제든지 다시 일어설 수 있다.

건강해야 행복도 따른다. 건강한 만큼 행복도 주어진다. 잡을 수 있는 만큼 잡을 수 있는 것이다. 행복하려면 건강해야 한다. 건강만이 행복을 보장한다. 건강이 최고다. 건강을 잃으면 모든 것을 잃는 것이다. 건강하면 행복은 선물로 주어진다. 행복은 존재한다. 하지만 사람마다 느끼는 행복은 다르기에 저마다의 행복을 추구해야 한다는 것이 숙제이다. 행복은 늘 찾아야 할 대상이다. 보물찾기의 대상처럼 늘 숨겨둔 형식으로 우리에게 주어져 있다. 보물은 찾는 것이 문제이다. 보물은 있다. 보물의 내용을 찾아내는 것이 관건이다.

쇼펜하우어는 낙천주의적인 환상으로 사람의 마음을 유혹하지 않는다. 천국의 이념으로 비현실적인 망상에 휩싸이게 하지도 않는다. 그의 철학은 잔인할 정도로 솔직하다. 태어난 자는 어쩔 수 없이 늙어갈 것이고, 늙으면 고통을 수반하는 병이 들 것이며, 결국에는 병 때문에 고통 속에서 죽을 것이다. 이것은 사람의 삶이 들려주는 영원불변의 이야기이고, 인간의 인생이 보여주는 영원불변의 끔찍한 현상이다. 어쩔 수 없으면 운명이라 말을 해야 하지만, 그 운명 속에서도 행복을 지향하는 것은 자기 자신의 책임이다.

'어차피 죽을 거야!' 하며 어떤 도전 의식도 보이지 않고 포기하는 삶에 대해 칭찬할 말은 없다. 쇼펜하우어의 철학을 잘못 이해하면 이런 식으로 해석할 수 있다. 염세주의의 함정에 빠진 꼴이다. 누구는 그의 철학을 공부하고 나서 자살론을 꺼내 들기도 한다. 참으로 어처구니없는 일이다. 《의지와 표상으로서의 세계》도 모두 네 권으로 구성되어 있다. 앞의 두 권은 부정적인 인식으로 가득하다. 나머지 두 권은 그에 버금가는 긍정적인 인식으로 채워져 있다. 그래서 쇼펜하우어는 자신의 책을 최소한 두 번은 읽어달라고 당부했던 것이다.

부정적인 인식 다음이 중요하다

부정적인 인식이 지속적으로 전해질 때 그것을 감당하는 것이 관건이다. 인생은 허망한 것이다. 이렇게 말하는 철학의 진의를 깨달아야 한다. 그런 말이 힘을 발휘할 때까지 견디는 것이 문제이다. 인생은 허무한 것이라고 말한 그 순간, 독서를 멈추면 잘못된 인식만이 생각을 지배하게 된다. 그 순간에, 쇼펜하우어는 인생을 허무한 것이라 말했다고 주장하는 어처구니없는 일이 발생한다. '인생이란 빗방울은 대지에 떨어져 파괴되고 말 것이다.' 이렇게 잔인하게 말하는 철학의 진정한 메시지를 깨달아야 한다. 깨닫지 못하면 잔인함만 남는다.

시간이 필요하다. 시간이 걸린다. 불행에도 시간이 걸리고, 행복에도 시간이 걸린다. 불행이 닥쳤을 때는 과거를 되돌아보며 그 지경에 처해진 과정을 곱씹어보며 두 번 다시 그런 실수를 저지르지 않으려는 인식을 얻어야 한다. 자기 자신이 걸어온 길을 알고 나면 그 길을 피할 수도 있고 다시 선택할 수도 있다. 좋은 길이라면 기억하고 또 기회가 되면 그 길을 선택하는 것이 지혜에 해당할 것이고, 나쁜 길이라면 그 또한 기억하고 명심해서 또 그 길과 마주했을 때 그 길을 피해 가는 것이 지혜에 해당할 것이다.

쇼펜하우어는 늘 부정적인 생각에서 시작하지만, 부정적인 생각 자체가 목적인 것은 결코 아니다. 방금 말했듯이, 그것은 그저 시작 지점을 형성하는 요인이 된다. '넌 죽을 거야!' 그러니 지금 당장 어떻게 해야 하는지를 배워야 한다. '넌 병들 거야!' 그러니 지금 당장 처방에 대한 지혜를 모아야 한다. '넌 노인이 될 거야!' 그러니 지금 당장 노력해야 할 것이 무엇인지를 제대로 알고 있어야 하는 것이다. '밤은 닥칠 거야!' 그러니 지금 당장 열심히 해야 할 일이 무엇인지를 깨달아야 하는 것이다.

나이가 들면 들수록 근육은 줄어든다. 어쩔 수가 없다. 땀을 흘리는 것도 청춘의 일이다. 근육이 줄어든 노인의 경우에는 땀 흘릴 일도 드물어진다. 땀을 흘리지 못하니 냄새도 남다르다. 나이가 들수록 몸에서 나는 냄새는 역겹기 짝이 없다. 그래서 향수를 사용할 수밖에 없는 것이다. 하지만 아무리 버티고 버텨도 결국에는 한계에 도달하고 말 것이다. 이때 필요한 것이 바로 좋은 생각이다. 생각하는 존재에게 최대의 무기는 생각이다. 건강한 생각으로 건강한 삶을 사는 수밖에 없다. 향기 나는 인생은 생각이 남달라야 한다. 보통의 생각으로는 불가능하다.

쇼펜하우어의 철학을 공부하다 보면 사람의 삶을 치열하게 낭떠러지 앞으로 몰고 가는 느낌이 든다. "믿으라, 천국이 주어질 것이다!" 이런 식으로 가르쳤다면 그것은 쇼펜하우어가 아니다. "두려워하지 말고 믿기만 하라." 이런 소리는 그의 것이 아니다. 그의 철학은 전혀 다른 소리를 들려준다. 때로는 가장 듣기 싫은 소리도 들려준다. 결국에는 눈물을 흘리며 끌어안아줘야 할 것이 자기 자신의 삶임을 깨닫게 해준다. 성경의 저자들처럼 훈계하지도 협박하지도 않는다. 그는 있는 것을 있는 그대로 보여줄 뿐이다.

> 행복하기 위한 최고의 무기는 건강이다.
> 건강한 삶을 만드는 건 건강한 생각이다.

의지할 수 있는 최고의 존재는
자기 자신이다

자기 자신에게만 의지할 수 있는 사람, 자기 자신이 전부일 수 있는 사람이 가장 행복하다.

_《인생》

운명과 마주하는 일

결국 혼자이다. 아무리 누군가를 사랑했어도 결국에는 혼자가 되어야 하는 순간이 다가온다. 먼저 떠나든 먼저 남겨지든 둘 중의 하나가 여생을 규정하게 될 것이다. 최선을 다해서 함께 살아도 결국에는 혼자가 되는 것이 사람의 운명이다. 남의 죽음을 대신해줄 수도 없다. 사랑하는 사람이 죽어가는 현장을 지켜보는 것보다 더 잔인한 현장은 없을 것이다. 그래도 그 잔인함을 견뎌내야 한다. 어쩔 수 없다. 그래서 운명인 것이다.

　운명은 인식의 대상인 동시에 사랑해야 할 일이다. '지천명'이라 말할 때, 운명은 인식의 대상이 된다. '아모르 파티Amor Fati', 즉 '운명을 사랑하라'라고 말할 때, 운명은 사랑의 대상이 된다. 이런 말들은 대부분의 경우 운명이 인식의 대상도, 사랑의 대상도 되지 않는다는 것을 증명한다. 아무도 운명을 알고 싶어 하지 않는다. 아무도 운명을 사랑하려 들지 않는다. 운명과 마주한다는 자체가 엄청난 고통이기 때문이다.

　사람에겐 운명이 있다. 삶에는 운명이 있다. 그 운명은 혼자라는 사실로 증명된다. 운명은 한계의 다른 말이고, 한계에 직면한다는 것은 슬픔이나 고통이라는 개념으로만 인식될 것이기 때문이다. 결국 혼자가 되는 것이 한계 지점이고, 그 지점에서 사람은 누구나 슬픔, 고통과 직면할 수밖에 없다. 이런 말들이 어렵고 힘들게 느껴지는 것은 귀를 닫은 채 들으려 하기 때문이다. 인문학은 듣기 싫고 신학은 듣기 좋기 때문이다. 진실은 쉽게 설명해도 어딘가 불편하고 천국 소식은 아무리 어렵게 말을 해도 좋기만 하다.

공격받기 쉬운 말

인문학의 소리는 아무리 쉽게 풀어놓아도 어렵다고 난리다. 생철학의 소리는 아무리 쉽게 설명해도 힘들다고 엄살들이다. 문제를 풀 수 있는 능력을 갖추기보다는 정답을 알고 시험에서 좋은 성적을 받는 것이 공부의 목적인 사람이 수두룩하다. 정답을 알려주지 않는 가르침은 그것이 무엇이 되었든 간에 어렵고 힘들다는 말을 쏟아낸다. 정답도 그냥 알려주면 안 되고 도식화해서 일목요연하게 정리해서 전달해주는 것을 실력으로 간주하는 지경이다. 숙제도 대신해주는 사람에게 돈을 쓰는 사회가 현대라는 사회이다.

중세와 현대는 닮았다. 신 중심 사상이나 자본 중심 사상은 사람이 아닌 그 무엇을 중심에 두고 있다는 데서 공통적이다. 고대와 중세 그리고 근대와 현대, 이렇게 네 개의 시대를 적어놓고, 중세와 현대를 동그라미쳐보면 남는 시대가 두 개임을 알게 된다. 그 시대는 남다른 시대이다. 고대? 현대인은 아무리 공부해도 고대는 낯설기만 하다. 형식이 다르고 공식이 다르다. 근대? 벌거벗은 누드화는 여전히 성희롱의 위험을 감수해야 한다. 현대는 여전히 중세의 그늘에서 벗어나지 못한 상태이다.

고대와 근대에도 신이 있었지만 그때 그 당시의 신의 신성은 중세나 현대의 그것과는 아무런 상관이 없다. 그것을 이해하기가 이토록 힘든 것이다. 신이라 말하면서 예수 그리스도를 떠올리지 않는 것은 어렵다. 중세 천 년 동안 우리는 신이라 말하면서 특정 개념을 떠올리도록 훈련 받은 것이다. 그것이 습관을 형성하고 말았다. 그것이 버릇이 되었다. 다른 소리를 하면 버릇이 없다고 훈계하기 일쑤이다.

인문학은 버릇이 없는 학문일까? 신에게 의지하지 않고 '자기 자신에게만 의지할 수 있는 사람'이 행복한 사람이라고 말하는 것이 황당무계한 발언일까? '자기 자신이 전부일 수 있는 사람이 가장 행복하다'라는 발언이 욕먹을 일일까? 누구는 너무 과격하다고, 또 누구는 너무 이기적이라고 말을 할 수도 있겠다. 누구는 너무 자만심에 싸여 있다고 말을 할 수도 있겠다. 이런 인문학적이고 생철학적이며 실존철학적인 발언들은 공격하기 너무도 쉽다. 기준을 사람과 삶에서 찾지 않으면 되기 때문이다.

결국 혼자가 되어야 하는 것이 사람의 운명이다.
자기 자신에게만 의지할 수 있는 사람이 행복한 사람이다.

이기심을 극복하면
더 큰 행복이 온다

참되고 진정한 우정은 타인의 행복과 불행에 대한 순전히 객관적이고 완전히 무심한 강렬한 관심을 전제로 한다. 그리고 이러한 관심은 또한 친구와 실제로 일심동체가 되는 것을 의미한다. 이것을 방해하는 것은 인간의 본성에 깃든 이기심이다.

_《인생》

자기 자신을 아는 것이 가장 중요하다

물론 이기심 자체는 나쁘다. 이기심을 중심에 두고 사고를 펼치는 것을 두고 우리는 이기주의라고 말하기도 한다. 우리는 한결같이 이기주의는 나쁘다고 배워왔다. 하지만 이기주의도 이기주의 나름이다. 우리는 거울 앞에서 자기 자신을 발견하고 그것을 사랑하는 법부터 배웠다. "엄마가 좋아? 아빠가 좋아?" 하는 식의 질문을 받으며 자기 자신의 의견을 발견하는 법부터 배운 것이다. 분명 이기심에도 좋은 측면이 있다. 자기 자신을 아는 것이 가장 중요하다는 인식이 이런 생각을 가능하게 한다.

하지만 모든 개념은 일방적으로 사용되지 않는다. 신이라 말해도 누구에게는 악마로 인식될 수 있다. 친구라 말해도 누구에게는 적이 될 수 있다. 세상이라 해도 누구에게는 깨뜨려야 할 대상으로 인식되기도 한다. 삶이라 말해도 누구에게는 쓸데없는 틀로 인식되기도 한다. 분명 이기심이니 이기주의니 하는 말에도 부정적인 측면이 있다. 부정적인 것을 알고 대처하려면 그것을 붙들고 일정 시간을 버텨야 한다. 인식이 올 때까지 붙들고 씨름을 해야 한다. 힘이 주어지는 만큼 인식의 크기도 그에 버금가는 수준으로 주어질 것이다.

몸의 근육처럼 정신의 근육도 고통을 참고 버텨준 시간만큼 크고 단단해질 것이다. 이런 의미에서 쇼펜하우어는 '당황스러운 상태를 뚫고 헤쳐 나오려는 과정에서 철학자가 된다'라고 말한 것이다. '당황스러운 상태'를 모르면 철학의 길이 아니다. 고통이 없다면 철학의 이념이 아니다. 상처가 없다면 철학을 공부할 수가 없다. 고통을 모른다면 철학이 들려주는 소리를 들을 수가 없다.

대부분의 사람들은 아는 것을 원하기보다는 정답을 원한다. 공부를 원하기보다 좋은 대학에 가고 좋은 직장을 얻는 것을 목표로 한다. 자기 자신을 아는 것보다 시험에 나올 문제를 아는 것을 중요시한다. 그것만 알면 행복이 보장되는 것처럼 생각하는 것이다. 착각이다. 그런 앎은 삶의 무게를 더할 뿐이다.

일심동체가 되는 우정

쇼펜하우어는 이기심이 깃들지 않은 형태의 행복을 가르쳐준다. 그는 행복의 조건으로 '참되고 진정한 우정'을 설명한다. 자기 자신의 이익을 추구하기보다 그 친구의 행복을 진심으로 바라는 마음이 조건이 된다고 가르친다. '순전히 객관적이고 완전히 무심한 강렬한 관심'이 이런 마음에 대한 설명이다. '내 안에 너 있다'라는 말이 어울리는 마음이다. 그런 마음이 존재한다. '내 안에는 너'뿐이지만 그렇다고 상실감에 처한 것은 결코 아니다. 오히려 충만함과 충족감이 생각을 지배한다.

'완전히 무심한 강렬한 관심'은 모순이다. '무심'이 '관심'이기 때문이다. 마음이 없음이 마음이 있음이기 때문이다. 무소유가 진정한 소유가 되는 것과 같은 논리이다. 비운 마음이 가득 찬 마음이라는 얘기이다. 막힘이 없음은 길이 없음을 뜻하는 것이 아니라 오히려 온통 길들로 충만한 인식이 막힘이 없는 지경을 경험하게 하는 것이다. 도가 튼다는 말은 행복의 경지를 일컫는 말이 된다.

마음을 놓아주지만 그 마음이 자기를 챙겨준다. 무심을 실천하지만 그 무심이 관심을 쏟는다. 관심이 전제로 주어지면 무심이 실현된다. 삼보일배하는 일념이 마음을 비우게 한다. 백팔 배를 하든 천 배를 하든 그 지속적이고 반복적인 행위를 통해 공空과 무無의 지경이 펼쳐진다. 스님들도 염불을 외우면서 최고의 인식에 도달한다. 기독교의 개념으로 설명하자면 하나님의 말씀으로 주야로 묵상하는 행위가 임마누엘, 즉 곁에 있어주는 신을 경험하게 한다.

행복은 원하는 것을 이뤘을 때 실현된다. 원하는 것을 치열하게 원하는 그 열정이 요구된다. 대충 원하다가 대충 아무 데서나 "다 됐다!" 하고 말하는 것으로는 진정한 행복을 맛볼 수가 없다. 행복은 자기 자신만이 증명할 수 있다. 행복한지 불행한지는 스스로가 가장 잘 안다. 자기 자신은 자기 자신을 속일 수가 없다. 아무리 변명을 해도 자기 자신을 벗어날 수는 없다.

'타인의 행복과 불행'에 대해 '순진이 색관적'일 수 있을 때 진정한 우정은 탄생한다. 어떤 집단적인 이념에 개입되어서 한 목소리로 외쳐대는 소리로는 친구를 얻을 수가 없다. 어떤 목적의식에서 모인 사람들은 친구들이 아니다. 그 목적이 사라지고 나면 다 뿔뿔이 흩어질 사람들이기 때문이다. 회사에 다닐 때는 밥을 같이 먹자고 사람들이 찾아오지만, 은퇴하고 나면 모든 이익관계가 끊어진 상태여서 아무도 찾아오지 않는다. 그것이 일상의 현상이다.

너무 늦지 않게 깨달아야 한다. 너무 늦으면 삶이 대가를 요구하고 나설 것이다. 삶이 공격을 해오기 시작하면 피할 수 있는 곳이 없다. 자기 자신이 화살을 쏘아대기 시작하면 온 하늘이 어둠으로 물들고 말 것이다. 그래서 적당할 때 깨달아야 하는 것이다. 행복은 존재한다. 하지만 그 존재를 깨닫는 것이 관건이다. 행복을 신이니 돈이니 자본이니 물건이니 하는 식으로 밖에서 찾는 한 실수는 반복될 것이다.

참되고 진정한 우정은 '친구와 실제로 일심동체가 되는 것'을 의미한다. 이것을 방해하는 것이 있다면 오로지 '인간의 본성에 깃든 이기심'뿐이다. 자기 자신에 저항하여 자기 자신을 지킬 수 있는 지혜를 배워야 한다. 그런 지혜라면 죽을 때까지 사랑해도 된다. 그것이 철학의 길이다.

> 타인의 행복과 불행에 객관적일 때 우정이 탄생한다.
> 우정은 이기심을 쫓고 친구와 일심동체가 되는 것이다.

8장

희망

희망은 재앙이 아니다

질문을 거듭해야
거대한 세상을 볼 수 있다

나, 나, 나는 이 세상에 있고 싶단 말이야!
_《인생》

이 세상과 저세상의 원리

천상병은 〈귀천〉이라는 시에서 자주 입에 오르는 유명한 구절을 남
긴 바 있다. 시인은 초연하게 '이 세상'을 떠나 '저세상'으로 갈 것이라
는 의지를 담아, '하늘로 돌아갈 것'[40]이라는 표현을 세 번이나 반복
한다. 저세상은 있다. 저세상이 없다고 말하는 것이 독단이고 폭력
이다. 가능성 자체를 부정하고 차단하는 것이 의견의 폭력인 것이
다. 생각은 자유이다. 자유 속에서 생각은 진정한 의미를 취한다.

시인은 인생을 '소풍'이라는 비유로 소개했다. 소풍이 끝나면 돌아가야 한다. 어쩔 수 없다. 인생은 시간 속에 존재하기 때문이다. 시간은 시작과 끝을 알려주는 현상의 원리이다. 시작과 끝은 현상이지만 현상 속에서 의미를 찾는 것이 관건이다. 언제가 시작이고 또 언제가 끝이라는 법이나 규칙 따위는 존재하지 않는다. '언제'를 규정하는 것은 자기 자신뿐이다. 밤이 시작일 수도 있고, 새벽이 시작일 수도 있다.

월요일이 시작 지점일 수도 있고, 일요일이 시작 지점일 수도 있다. 언제부터인가 일요일부터 시작하는 것이 달력을 만드는 데 있어서 보편화되었다. 습관이 되고 나면 무섭다. 그것에 대해 질문을 던지지 않고서도 이해한다는 무서운 일이 발생하기 때문이다. '월화수목금토일'이라고 말하지, '일월화수목금토'라고 말하는 사람은 찾아보기 힘들다. 현실 따로 습관 따로, 이런 불합리가 많을수록 현실은 동떨어진 그 무엇이 되고 만다.

이 세상은 아직 학문적 개념이 되지 못했다. 이 세상에 대한 이론은 여전히 불안하기 짝이 없다. 반면에 저 세상에 대한 이론은 천년의 세월을 거쳐 형성되어 왔다. 거의 완벽하다고 말해야 할 정도이다. 그래서 사람들은 그 개념을 명사화해서 '저세상'이라고 말하게 된 것이다. 지시하는 말과 명사를 한데 붙여서 사용하는 것을 정답이라고 규정한 것이다. 그래서 '이 세상'에서는 떨어뜨려야 하고, '저세상'에서는 붙여야 하는 상황이 펼쳐진 것이다.

법이 생기면 따라야 한다. '저세상'이 정답이라고 말하기 시작하면 그것을 따라야 하는 것이 정답이다. 다른 생각을 하면 버릇이 없는 것이 되고 이단자가 되며 재판을 받아 죄를 선고 받아야 하는 지경이 펼쳐지고 만다. 종교재판은 그래서 무서운 것이다. 저세상의 논리가 이 세상에서 군림하고자 하기 때문이다. 정말 저세상에 가고 싶은가? 사랑하는 사람들, 사랑했던 아름다운 추억들 모두 이 세상에 있는데도 이 세상을 버리고 저세상에 가고 싶단 말인가?

욕망이 있으니 질문이 생긴다

인문학을 공부하려면 솔직해져야 한다. 마음의 문을 열고 다가서야 한다. "나, 나, 나는 이 세상에 있고 싶단 말이야!" 이 말은 너무도 인간적이다. 이 세상에서 살아남는 것이 중요하다. 목숨보다 더 중요한 것이 무엇이란 말인가? 누군가 지금 당장 나의 목을 조르려고 한다면 나는 저항할 것이다. 죽고 싶지 않을 것이기 때문이다. 아무리 신앙심이 투철해도 상관없다. 하지만 저세상의 논리는 치명적이다. 치명적일 만큼 매력적이다. 모든 것을 포기해도 좋을 만큼 위력적이다.

'살고 싶다'는 말이 '죽고 싶다'에 맞서서 제대로 힘을 발휘하려면 시간이 걸린다. 천국에서 펼쳐질 영생이라는 이념을 부정하는 것이 아니라 그것을 품어서 더 큰 세상으로 나아가기 위해서는 남다른 노력도 요구된다. 인문학은 신학에 대항해서 시작되었지만, 그렇다고 신학을 부정하거나 거부하는 태도를 취하지는 않는다는 사실을 깨달아야 한다. 신도 품고 인간도 품을 수 있는가? 천사도 품고 애인도 품을 수 있는가? 하늘도 품고 대지도 품을 수 있는가? 시간 속에 있는 인생도 품고 영생도 품을 수 있는가?

질문은 오래 품을수록 위대한 대답을 안겨준다. 다양한 질문으로 오랫동안 생각을 거듭해야 더욱 거대한 세상을 보게 될 것이다. 질문 속에 욕망이 있다. 욕망이 있으니 질문이 생기는 법이다. '뭐가 되고 싶은가?' 이런 질문 속에 자기 자신을 들여놓아야 한다.

'나, 나, 나는'이라는 시작 문구가 생각을 이끌게 해야 한다. 입만 열면 하나님을 운운했던 시대는 이제 지나갔다. 먼저 신이라 말해놓고 그 주어에서 술어를 찾으려는 의도로 너무도 많은 시간을 보낸 것이다. 이제 '나는'이라는 주어를 만들어놓고 오랫동안 술어를 찾아가는 고되고 고된 여행을 시작해야 한다. 멈춤이 없어야 한다. 멈추지 말아야 한다. 이 또한 모험이 될 수 있다. 신을 향했던 시선을 거둬들이고 나를 바라보는 시선을 갖기까지도 시간이 걸린다. 눈을 감고 눈을 떠야 하기 때문이다. 마음을 닫고 마음을 열어야 하기 때문이다.

질문은 오래 품을수록 위대한 대답을 안겨준다.
답을 찾고자 생각을 거듭할 때 더 큰 세상으로 나아간다.

희망은
허망함을 전제한다

허망함은 생존의 모든 형식에, 즉 시간과 공간은 무한한데 개체는 어느 면에서
나 유한하다는 사실에 표현되어 있다.

_《인생》

희망의 조건

진정한 희망에 도달하기 위해서는 깊은 심연과 어둠의 원리인 허망
함이라는 긴 터널을 통과해야 한다. 허망함과 같은 맥락에서 이해
할 수 있는 개념들이라면 실망도 있고 절망도 있다. 그것이 무엇이
라 불리든 상관없다. 어찌되었든 간에 허망함은 희망의 조건이다.
희망은 허망함을 전제한다. 전제 없이 그다음을 바란다면 자기 자
신의 생각을 허공 속에 방치하는 결과를 초래하고 말 것이다. 늘 전

제를 염두에 두어야 한다. 전제에 대한 최고의 훈련이 곧 질문의 형식이다. 무슨 생각을 하고 싶든 간에 질문부터 해야 한다.

질문이 생겼다는 말은 한계에 도달했다는 말과 같다. 질문이 형성되었다는 말은 대답을 찾을 수 없는 지경에 처했다는 것을 의미한다. 거울 앞에서도 자기 자신을 발견하지 못할 수도 있는 것이다. 이상은 《오감도》의 〈제15호〉에서 거울 앞에 선 자아를 이런 식으로 묘사한 바 있다. "나는거울없는실내에있다. 거울속의나는역시외출중이다."⁴¹ 띄어쓰기가 없다. 답답함은 극에 달한다. 숨이 차다. 내가 나 때문에 죽을 지경이다. 움직일 틈이 없다. 나는 거울 속에 없다. 외출 중이다. 어디에 있는 것일까? 나는?

윤동주도 〈자화상〉이라는 시에서 우물 속을 들여다보며 자아를 찾아 헤매고 있는 모습을 묘사하기도 했다. 그는 우물 속에서 한 '사나이'를 발견하지만 미워져 돌아선다. 돌아서서 떠나려 하지만 가엾다는 느낌이 들어 다시 찾아가 우물 속을 들여다본다. 다시 그는 그 사나이를 발견한다. 그는 여전히 '그대로' 있다. 다시 미운 감정이 치솟는다. 돌아서서 떠나려 하지만 다시 그리워진다. 우물 속에는 '추억처럼 사나이'⁴²가 있다.

이상도 윤동주도 현실이 싫었다. 일제강점기라는 현실을 인정하기 싫었다. 싫으면 어쩔 수 없다. 다른 곳에서 좋아하는 것을 찾을 수밖에 없는 것이다. 이런 상황에서는 '저세상'의 논리가 도움이 된다. 그런 논리가 현실을 감당하게 한다. 참고 견디면 꿈꾸고 희망하던 세상이 반드시 펼쳐질 것이다. 그런 희망이 없으면 현실은 견딜 수 없을 것이다. 허망함이 덧없음이 무의미함이 현실을 지배하고 있다면 희망만이 답이다. 어떻게든 살아남아야 하기 때문이다. 허망함 때문에 삶을 포기하는 것은 실수이기 때문이다.

허망함을 알아야 희망이 의미 있다

삶의 영역에는 형식이 있다. 그 대표적인 형식이 허망함이다. 무의미함이다. 덧없음이다. 노력하기보다는 노력해야 할 이유부터 찾으려 하는 것이 이성이 직면한 상황이다. 작전도 이해를 해야 싸움에서 유용한 방법을 찾아낼 것이다. 전략 전술을 잘 납득하고 있어야 어디로 뛸 것인지를 스스로 판단할 수 있게 된다. 인생은 시간 속에 있다. 시간 자체는 무한하다. 그런데 인생은 생로병사의 굴레를 벗어나지 못한다. 여기서 일단 한계에 부딪히게 된다.

"시간과 공간은 무한한데 개체는 어느 면에서나 유한하다." 이것이 인식되어야 한다. 이것을 먼저 인식해야 한다. 싯다르타가 생로병사라는 질문을 품고 출가를 선택했듯이, 우리는 시간과 공간의 무한성과 개체의 유한성이라는 대립 구조를 품고서 고민을 거듭해야 한다. 유한성은 현상과 그리고 무한성은 본질과 연관한다. 이 연관 속에 사람의 삶이 존재한다. 그 존재를 이해해야 희망이 생긴다. 그 이외의 상황에서 가지는 희망은 그것이 어떤 희망이든 간에 헛된 희망이 된다.

허망함을 알아야 희망이 의미 있다. 덧없음을 깨달아야 희망이 힘을 받는다. 무의미함을 인식해야 희망이 싹을 틔운다. 아침놀이 밝아야 날이 밝아지고, 날이 밝아야 위대한 정오가 펼쳐질 수 있지만, 어떤 아침놀이든 밤이라 불리는 길고 긴 어둠의 시간을 전제로 한다. 이상과 윤동주가 인식했던 어둠의 시간은 여전히 현재진행형이라고 말할 수 있다. 아직도 일제강점기는 대한민국의 숙제로 남아 있기 때문이다. 역사를 모르면 미래도 없다. 철학을 공부하는 것도 미래를 도래하게 하기 위함이다.

허망함은 희망의 조건이다.
참고 견디면 꿈꾸던 세상이 펼쳐질 것이다.

어떤 희망을
품을 것인가

어떻게 하면 마음이 편히 살아갈 수 있을까, 영원히 채워지지 않는 욕망이 너를
괴롭히지 않도록, 별로 유익하지 않은 일에 두려움도 희망도 갖지 말라.

_《의지》

자유와 희망의 관계

신화에서는 희망을 '엘피스*Elpis*'라는 그리스어로 명명하고 그것의
기원을 설명한다. 신화에서 이 개념은 제우스가 판도라의 상자에
넣어둔 재앙들 중의 하나로 소개된다. 제우스는 아들 헤파이스토
스에게 여자를 만들게 하고, 그 여자를 '판도라*Pandora*'라고 부르게
한다. '판'은 '모든 것'을 뜻하고, '도라'는 '선물'이라는 뜻이다. 속임
수이다. 상자 안에는 원래 재앙들이 들어 있었기 때문이다. 판도라

가 인간 세상에 와서 그 상자를 연 순간 온갖 재앙들이 퍼지고 말았지만, 뚜껑을 닫음으로써 하나의 재앙이 그 상자 속에 남는다. 그것이 희망이었던 것이다. 그렇게 해서 판도라는 희망을 인간의 손에 넘기게 되었다.

세상 사람들은 희망을 신이 준 선물로 인식하고 소중하게 간직하게 된다. 사람들은 삶의 현장 속에서 어떤 일을 맞닥뜨려도 희망을 갖고 잘 살아갈 수 있게 된 것이다. 하지만 모든 개념이 그렇듯이 희망도 일방적인 논리로만 해석되지 않는다. 제우스의 뜻처럼 희망을 갖고 허망한 삶을 지속하는 꼴을 보고 즐기려는 사악한 마음에 놀아날 수도 있다. 그때는 희망의 의미는 오로지 재앙으로만 해석될 수 있다. 신의 뜻대로만 살아간다면, 신의 꼭두각시는 될 수 있어도 자기 인생의 주인은 될 수 없다.

정해진 운명대로만 살아간다면 최선을 다한 삶이라 말할 수 없다. 정해진 것이 있기 때문에 자유라는 미덕이 존재할 수 있게 되는 것이다. 정해진 것을 거부할 수 있는 정신이 바로 자유의 정신이다. 자유를 품을 수 있는 정신은 희망과 관계를 맺을 수밖에 없다. 자유와 희망은 서로를 위한 조건이 된다. 희망이 없는 자유도 모순이고, 자유가 없는 희망도 모순이다.

희망은 신의 뜻대로라면 재앙이 맞지만, 인간의 뜻대로라면 결코 재앙이 될 수 없다. 인간의 손안에 주어진 것으로서 '마음대로 할 수 있다면' 그것은 지극히 긍정적인 것이 될 수 있다. "온갖 재앙들이 인간을 괴롭혀도 희망은 인간의 손에 들려줘서 그것을 견디게 해준다."[43] 희망 자체는 문제가 되지 않는다. 어떻게 사용하느냐가 문제이다. 희망을 갖고 안 갖고의 문제는 오로지 사람의 마음에 달려 있고, 또 어떤 희망을 품느냐의 문제도 사람의 마음에 달려 있다. 희망이 사람의 문제인 한, 희망은 재앙이 아니다.

갖지 말아야 할 희망도 있다

"어떻게 하면 마음 편히 살아갈 수 있을까" 하는 질문은 헛된 질문이다. 그런 삶은 없기 때문이다. 사람의 삶은 어떤 형식으로든 편히 살 수가 없다는 것이 문제이다. 하루를 살아도 목숨을 걸고 살아야 한다. 죽고 싶지 않다면 목숨을 걸어야 한다는 얘기이다. 하루를 살아도 살고 싶은 대로 살고 싶다면 최선을 다해야 한다. 원하는 것을 이뤘어도 삶은 그것으로 완성되지 않는다. 삶은 죽을 때까지 진행형으로만 남을 것이다. 그래서 삶이라 불린다.

또 "영원히 채워지지 않는 욕망이 너를 괴롭히지 않도록" 해야 한다. 경계해야 할 말이 '영원히 채워지지 않는 욕망'이다. 욕망도 욕망 나름이다. 욕망에 치여 사느냐, 아니면 욕망을 불태우면서 사느냐는 전혀 다른 문제가 된다. 욕망의 화신이라면 괴테의 파우스트를 꼽을 수 있겠다. 그는 악마의 도움을 받아가면서까지 자신의 욕망에 불을 지폈다. 그는 죽을 때까지 하고 싶은 대로 살았다. 괴테는 그런 그의 의지를 '노력'의 현상으로 해석했고, 그런 그를 신이 구원하는 이야기로 풀어냈다.

"별로 유익하지 않은 일에 두려움도 희망도 갖지 말라." 명언이다. 물론 이것은 호라티우스가 한 말이다. 하지만 쇼펜하우어는 이것을 자신의 저서에 인용을 했고, 그것을 기준으로 하여 자기 자신의 철학을 펼쳤다. 그렇다면 이 인용문을 쇼펜하우어의 철학을 이해하는 데 중요한 잣대로 삼아도 된다는 얘기이다. 중요한 것은 이 말을 누가 했느냐가 아니라, 이 말을 가지고 철학자가 무슨 말을 하고 있느냐이다.

'별로 유익하지 않은 일'에 대해서는 겁낼 필요도 없고 쓸데없이 희망을 가질 필요도 없다. 별로 유익하지 않은 일을 희망해봤자, 또 그런 희망이 충족된다고 해봤자, 그 결과 또한 별로 유익하지 않을 것은 틀림없는 일이다. 철학자는 일방적으로 '두려워하지 말라' 혹은 '겁내지 말라'고 말하는 것이 아니다. 유익한 일이라면 두려워할 만하다. 유익한 일이라면 겁을 내도 괜찮다. 신도 자기 자신의 목소리를 들려줄 때마다 '두려워하지 말라'고 당부했던 것처럼, 철학자도 인간이 자기 자신의 목소리를 들어야 할 때는 두려워하지 말아야 한다고 당부하고 있는 것이다.

그렇다면 도대체 무엇이 '별로 유익하지 않은 일'인지에 대한 설명이 요구된다. 희망은 고통을 기반으로 하여서만 진정한 의미를 취한다. 그런데 고통을 당하고 있지도 않으면서 희망만 가질 수 있다는 것이 문제이다. 예를 들어 알고 싶으면 배워야 하고, 배우고 싶으면 모르는 것을 알아야 하고, 모르는 것은 참고 견디며 인식을 얻어야 하는 것이다. 그런데 그 모든 것을 무시하고 희망만 가진다면 그것은 오류이고 실수에 해당한다.

> 희망 자체는 문제가 되지 않는다.
> 희망을 어떻게 사용하느냐가 문제이다.

Arthur Schopenhauer

희망이 삶을
우롱할 수도 있다

대부분의 사람은 인생의 끝 무렵에 이르러 한평생 임시로 살아왔음을 알게 된다. 그리고 그들은 그다지 존중하지도 즐기지도 않고 그냥 지나쳐 보낸 것이 바로 기대에 차서 살아온 그들의 인생임을 깨닫고 놀라워할 것이다. 그래서 인간의 인생행로는 대체로 희망에 우롱당하며 죽음을 껴안고 춤추게 되어 있다.

_《인생》_

희망에 갇힌 사람

사람은 희망에 우롱당할 수 있는 존재이다. 사람은 귀신도 볼 수 있지만 천사도 볼 수 있다. 사람은 지옥도 생각할 수 있지만 천국도 생각할 수 있다. 귀신이나 악마 혹은 지옥에 대해서 두려워하는 것은 쓸데없는 시간낭비이다. 천사나 천국 혹은 영생에 대해 희망을 품는 것도 별로 유익하지 않다. 그런 희망에 콩깍지가 씌면 사물을 있는 그대로 볼 수가 없게 된다. 사물을 보고 싶은 대로 보는 어처구니없는 일이 발생하기 때문이다.

파리가 창문에 갇히면 벗어날 수 없다. 유리창의 존재를 무시하면 늘 그 너머에 있는 세상만 주시하는 실수를 범하게 되기 때문이다. 유리창은 사물과 사물 사이에 끼어 있으면서 여기와 저기를, 그리고 이쪽과 저쪽을 나누는 역할을 한다. 안과 밖을 구별하는 기준이 된다. 하지만 그 존재의 의미를 파악하지 못하면 그것에 희생을 당할 수 있게 된다. "파리는 창문에 갇히면 죽는다."[44] 창문이 사방으로 둘러 쳐져 있는 것도 아닌데, 파리는 그 안에 갇히고 만다. 희망에 갇힌 것이다.

사람도 파리처럼 실수를 범할 수 있다. 이성이 보여주는 것에 너무 집착하면 이런 일이 벌어진다. 누가 무엇을 했는데 그것을 통해서 그가 수많은 이득을 보았다고 해서 자기 자신도 그런 일을 하면 그 사람이 얻어낸 정도의 이득을 보리라고 생각하면 그것은 착각이다. 이것은 논리가 연출하는 함정이다. '일 더하기 일은 이'라는 문제와 정답은 맞는 말이지만, '사과 더하기 수박' 혹은 '사과 더하기 태양'[45]도 답이 이가 되리라고 판단한다면 그것은 실수이다.

공식은 본질의 영역에서 단일성의 의미로만 힘을 발휘하지만, 현상은 다양한 사물들이 한데 모여 관계를 형성하고 서로 어울림으로써만, 즉 다양성의 의미로만 힘을 발휘한다. '사과', '수박' 그리고 '태양'은 다양성에 대한 비유이다. 사람들 중에도 이런 사람 저런 사람이 존재할 수밖에 없다. 그것을 무시하면 독단이 형성된다. 독단이 형성되고 나면 사람도 아쉬움 없이 죽일 수 있다는 것이 이성의 놀라운 힘이다. 이성적 존재는 이성을 정말 잘 다뤄야 한다. 스스로 괴물이 되지 않도록 공부를 열심히 해야 한다.

사람은 누구나 나름대로 인식을 얻는다. 하지만 알아도 슬픈 현실이 될 때가 있다. "대부분의 사람은 인생의 끝 무렵에 이르러 한평생 임시로 살아왔음을 알게 된다"라는 말을 이해할 때가 바로 그런 순간이다. 이런 식으로 '알게 된다'면 억장이 무너질 수도 있다. '한평생 임시로 살아왔음'을 깨닫는 순간 한평생 자체가 무의미의 영역으로 추락하고 말 것이기 때문이다. 이런 인식이 오히려 생지옥을 깨닫게 한다.

늘 경계하며 살라

자기가 존중한 것이 무엇일까? 자기가 살아가면서 존중했던 것이 과연 있기나 한 것일까? 바쁜 걸음을 멈추고 서서 오랫동안 반성의 시간도 가져야 한다. 그냥 원하기만 한 것은 아닐까? 존중하라는 말이 있는 것은 대부분 존중하지 않기 때문이다. 또 즐기며 산 적이 있는가? 무엇을 즐기며 살았는가? 소유욕을 발휘하면서 그것을 두고 즐거움이라 착각한 것은 아닌가? 기대에 차서 살았던 것이 지나온 세월의 내용이라면 인생이 허무하다는 인식밖에 주어지지 않을 것이다. 살았어도 잘못 산 것이다. 인생으로 주어진 자기 자신의 소중한 시간을 그냥 지나쳐 보낸 것이다.

너무 늦지 않게 깨달아야 한다. 매순간 존중할 것을 찾고, 매순간 즐길 수 있는 것을 찾으며, 매순간 헛된 기대로 소중한 시간을 허비하고 있는 것은 아닌지 검증을 해야 한다. 이것이 바로 염세주의적 발상이고 염세주의적 사고방식이며 염세주의적 사고체계인 것이다. 이 세상에 믿을 것은 하나도 없다. 늘 경계하며 살아야 하는 것이다. 늘 신중하게 사물을 대해야 하는 것이다. 그렇다고 너무 긴장할 필요는 없다. 훈련을 하고 나면 경계하면서도 시를 쓸 수 있는 지경이 펼쳐질 것이다.

사는 동안 '희망에 우롱당하며 죽음을 껴안고 춤추게' 되는 일은 없어야 한다. 그런 춤은 춤바람보다 더 못하다. 죽음을 껴안고 춤을 추지 말고, 삶을 껴안고 신명 나는 춤을 춰야 할 것이다. 대부분의 사람들처럼 죽음을 껴안고 춤을 추면 그 춤은 신명 나는 춤이 될 수 없다. 죽음의 무도처럼 소름이 끼칠 뿐이다. 하루를 살아도 지혜롭게 살아야 한다. 쇼펜하우어는 현재를 즐길 줄 알고, 매순간을 즐기기를 삶의 목적으로 삼는 것이 지혜 중에서도 가장 위대한 지혜라고 말했다.

> 희망에 콩깍지가 씌면 사물을 있는 그대로 보지 못한다.
> 헛된 희망은 삶 자체를 무의미하게 만들 수도 있다.

시간이 흐를수록
희망은 희미해진다

모든 오늘이 어제보다 더 가난해지는데, 이러한 상황이 멈출 희망이 보이지 않는다.

_《인생》

보이지 않는 희망

눈을 가진 자는 어쩔 수 없이 보이는 것에 얽매일 수밖에 없다. 눈을 가진 자는 무엇을 보려 해도 빛이 있어야 한다는 것을 잘 알고 있다. 희망이 보인다면 삶은 어떻게든 견뎌낼 수 있는 대상이 된다. 희망이 보인다면 출구가 있다는 얘기이고, 출구가 있다면 현실에서 벗어날 기회는 주어질 것이라는 결론에 도달할 수밖에 없다. 희망은 이성의 결과물이고, 이성은 늘 비이성까지 포함할 수 있는 능력을 지녔다.

그런데 생로병사가 인생의 이야기다. 모든 인생은 죽음으로 마감한다. 아무리 피해도 결국에는 죽음이 다가온다. 시간이 흐르면 흐를수록 생명은 죽음에 가까워진다. 꽃다운 청춘은 지나가고 낙엽 지는 몰락의 세월을 맞이해야 한다. 그 어떤 소리도 삶을 위로하지 못한다. 아무리 낙천주의적인 말로 위로를 해도 위로가 되지 못한다. 아무리 '잘 될 거야! 힘내!' 하고 응원해도 쓰러진 자를 일으켜 세우지는 못한다.

시간이 멈추면 얼마나 좋을까! 이 바다가 육지라면 얼마나 좋을까! 그럴 가능성은 없다. 하지만 보이지 않는 희망을 보려 하면 볼 수도 있다는 것이 문제이다. 이성은 비이성까지도 이성으로 만들 수 있기 때문이다. 늙어가고 있으면서도 자신이 늙었음을 깨닫지 못하는 정신이야말로 안타깝기 짝이 없다. 그런 정신이 어느 한 순간 종말에 이르러 인생은 헛되다고 난리법석을 떠는 것이다. 세네카가 말했듯이 인생은 그것을 제대로 사용할 줄만 알면 충분히 길다.[46]

영화 〈죽은 시인의 사회〉에서 선생이 아이들에게 복도에 전시되어 있는 옛날 사진들을 보여준 뒤, 아이들을 모은 자리에서 무릎을 꿇고 열심히 설명해주는 장면이 있다. 아이들의 시선은 위에서 아래로 내려다보는 위치를 점한다. 그러다가 또 다른 장면에서는 선생이 아이들에게 교탁 위에 올라 서보라고 제안한다. 또 다른 공간에서 시선과 시각 훈련에 돌입하는 것이다. 그때 보이지 않던 것이 보이게 된다. 그것을 깨달은 아이들은 선생이 떠나갈 때, 스스로 책상 위에 올라서는 명장면을 연출하면서 멋진 작별 인사를 전하게 된다.

선생은 자기의 가르침을 알아듣고 깨달아준 아이들을 향해 조용히 미소를 지으며 교실을 나선다. 아이들이 용기를 내서 행동으로 옮기는 실천을 바라보며 선생은 위로를 얻고 떠날 수 있게 된 것이다. 헤어짐은 어떤 형식으로든 찾아오기 마련이다. 가르침은 어떤 형식으로든 마지막 시간을 맞이해야 한다. 문제는 무엇을 배웠느냐 하는 것이다. 가르침을 잘못 받아들이면 망상에 빠질 수 있다. 선생의 말을 오해하면 평생을 두고 그를 원망할 수도 있다. 원망하며 죽음을 맞이하면 자기 손해이다. 원망이 지옥을 연출할 것이기 때문이다.

생각이 희망을 비춘다

'모든 오늘이 어제보다 더 가난하게 만들 것이다.' 현상적 시간만 주시하면 이런 생각은 피해 갈 수가 없다. 하루를 살지만, 그 하루가 결국에는 한평생에서 제외되고 있는 것이다. 상실감이 엄습하면 피할 공간이 없다. 피해의식이 공격을 하면 그 의식의 날카로운 화살을 피할 수 있는 공간은 단 한 군데도 없다. 마음의 여유가 없으면 마음은 쫓기는 신세가 되고 만다. 마음이 사냥꾼이 되면 그의 추적을 따돌릴 방도가 없다. 마음의 먹잇감이 되고 나면 가난한 거지 인생은 필연의 결과물이 되고 만다.

'희망이 보이지 않는 상황'은 생각 때문에 발생하는 것이다. 길 위에서도 길을 잃는 것이 사람의 인생이다. 텅 빈 길 위에서도 막막하다는 말을 하게 되는 정신이 사람의 것이다. 방안에 있으면서도 '사막 같은 현실'[47]을 감지할 수도 있다. 도대체 생각은 우리에게 무슨 짓을 하고 있는 것일까? 생각이 생각에 쫓길 수 있다는 이 수수께끼 같은 말을 이해해야 한다. 자기가 자기 자신에게 쫓길 수 있다는 얘기이다.

희망은 빛의 원리로만 해석될 수 있다. 희망을 보려면 나름대로의 빛이 주어져야 한다. 빛을 비추는 것은 정신이고 생각이다. 정신을 어떻게 활용하고 어떤 생각을 하느냐에 따라 현상은 천차만별로 나눠질 수밖에 없다. 대상이 무엇이 되었든 간에 보려면 빛이 주어져야 한다. 그런데 그 빛이 정신의 빛이라는 소리에 문제의 핵심이 있다.

희망이 보이지 않는 상황은 생각 때문에 발생한다.
결국 희망을 비추는 빛은 정신이며 생각이다.

Arthur Schopenhauer

안심하고
두려워하지 말라

하지만 안심하라! 대체 이것은 어떤 종류의 의식이란 말인가?
_《인생》

나는 무엇을 두려워하는가

삶은 두려워하거나 무서워해야 할 일이 결코 아니다. 삶도 희망적
일 수 있다. 대부분의 사람들은 살면서 불평불만만 쏟겠지만, 깨달
은 자는 만족하며 행복해할 것이다. 행복한 삶을 살자고 우리는 이
토록 어려운 공부를 하고 있는 것이다. 공부는 하면 할수록 쉬워질
것이다. 이해는 하면 할수록 정신은 밝아질 것이다. 지금 당장 '내
가 두려워하는 것이 무엇인가?' 혹은 '내가 무서워하는 것이 무엇인

가?' 이런 질문을 스스로에게 던져야 한다.

지금까지 살아온 시간을 되돌아보며 과연 자기 자신이 두려워하고 무서워했던 일을 외면하지 않고 도전하고 또 모험하며 삶에 임했는가 하는 질문으로 스스로를 냉정하게 검증대 위에 올려놓아야 한다. 그리고 스스로 만족할 만큼 검증의 시간을 가져야 한다.

이상이나 윤동주가 거울 앞에 섰을 때처럼 공허함이나 허망함이 엄습해도 맞서 싸워야 할 것이다. 모든 것을 상실한 것 같은 심정이 들어도 견뎌야 한다. 끝도 없는 심연 속으로 끌고 들어가도 참아야 한다. '하지만 안심하라!' 이 말만 명심하면 된다. 아무리 긴 터널이어도 결국에는 빛을 보여줄 것이다. 현상의 원리인 시간은 결국에는 한계를 드러내고 말 것이기 때문이다. 또 현상 속에서 영원한 것은 단 한 가지도 존재하지 않기 때문이다.

"하지만 안심하라! 대체 이것은 어떤 종류의 의식이란 말인가?" 쇼펜하우어는 안심하라는 말 다음에 그 말을 하는 의식에 대해 질문을 내놓았지만, 묻고 싶어서 질문을 한 것이 아니다. 그것은 놀라움과 경이로움의 표현이다. 사람은 어떤 상황에서도 안심할 수 있다. 내면의 평정을 찾을 수 있다. 마음의 평화는 이상적인 표현이지만 현실적인 표현이 되기도 한다. 안심할 수 있는 상황을 누구나 다 알고 있기 때문이다.

안심하라고 말하는 의식은 신의 의식이라 말을 할 수도 있고, 사람이 가질 수 있는 최고의 의식이라 말할 수도 있다. 폭포 속에서 추락하는 그 급박하고 짧은 순간에서도 '하지만 안심하라!'라는 쇼펜하우어의 말을 떠올릴 수만 있다면 무지개를 볼 수 있을 것이다. 불안 속에서도 천국이 펼쳐질 것이다. 이성을 갖고서도 황홀지경을 맛볼 수 있을 것이다. 자기 자신이라는 의식을 갖고서도 무아지경에 도달할 수 있을 것이다.

'하지만 안심하라!' 이 말은 언제 어디서든 통할 수 있는 최고의 명언이다. 어떤 상황에서도 힘을 발휘할 수 있는 최고의 발언이다. 아무리 깊은 심연 속에 빠져 있어도 구원의 손길을 기어코 찾아내게 하는 최고의 명제이다.

물론 위험은 피하는 것이 상책이지만 어쩔 수 없이 그 상황 속에서 삶을 마감해야 할 때도 있는 법이다. 운명이라면 울어도 안 된다. 운다고 상황이 바뀔 수 있다면 문학도 철학도 신학도 다 쓸데없는 짓이 되고 만다. 살다 보면 항상 좋은 일만 생기는 것이 아니다. 때로는 상상을 초월하는 고통을 당할 수도 있다. 그때 떠올려야 할 말이 바로 '하지만 안심하라'라는 말이다. 글자 수는 일곱 개밖에 안 되지만, 그래도 일정한 시간이 걸려야 이 말을 온전히 입에 담을 수 있다. 하지만 그 문장을 생각하는 것은 한 순간에도 가능한 일이다. 훈련에 훈련을 거듭해야 하는 이유가 바로 여기에 있다.

사람은 어떤 상황에서도 내면의 평정을 찾을 수 있다.
누구나 자신이 안심할 수 있는 상황을 알기 때문이다.

사람도 씨앗과
같은 존재이다

죽음이 개체의 종말이란 것은 숨김없는 사실이지만, 이런 개체 속에는 어떤 새
로운 존재의 싹이 들어 있다.

_《인생》

어느 쪽으로 흘러갈 것인가

삶은 깨달을 기회이다. 인생은 인식을 얻을 기회이다. 생각하는 존
재에게 인식과 깨달음은 최고의 선물이다. 오늘은 무엇을 깨달았
는가? 사람은 누구나 매일 자기 자신을 위한 선물을 준비할 수도
있고 또 스스로 제공할 수도 있다. 생각을 포기하지 않는 이상 희망
은 있다. 생각을 할 수 있는 한 가능성은 열려 있다. 모든 인생은 죽
음으로 마감하겠지만, 그 죽음이 인생을 무의미하게 만들지는 못

할 것이다. 오히려 죽음이 있기에 인생이 소중해진다.

　죽음은 개체의 종말이 맞다. 개체는 죽음과 함께 종말을 고하게 될 것이다. 죽으면 개체는 더 이상 존재할 수가 없게 된다. 그래서 죽기 전에 해야 할 일이 너무도 많다. 매순간 인생을 채우고 있는 시간이 흘러가고 있다. 신화의 이야기에서처럼 한 쪽은 망각의 강물이 끊임없이 흘러가고 있고, 다른 한 쪽은 기억의 강물이 흘러가고 있다. 어느 쪽으로 흘러갈 것인가? 그것은 선택의 문제이다.

　생로병사는 깨달음의 대상이지만 반드시 깨달아야만 아는 것도 아니다. 사람이라면 누구나 대략 알고 있다. 알고 있는 수준이 다양할 뿐이다. 인식의 수준은 바다 깊이를 재는 것과 같다고 했다. 누구나 나름대로 바다의 깊이를 잴 수 있지만, 그것이 절대적인 기준이 되는 것은 아니다. 누구나 인식은 얻겠지만, 그것이 절대적인 인식이라고 판단하면 실수를 범하는 것이 된다.

새로운 존재의 싹

죽어야 할 존재가 개인이지만, 그래서 개인이 허망한 존재인 것은 결코 아니다. "이런 개체 속에는 어떤 새로운 존재의 싹이 들어 있다." 이것이 희망을 가르쳐준다. 이 말이 희망의 메시지를 전한다. 희망이 있다. 희망이 존재한다. 있음이 존재의 형식을 채운다. '어떤 새로운 존재의 싹'이 자기 자신 안에 내재되어 있는 것이다. '무엇이 되고 싶은가?', '꿈이 무엇인가?' 사람들이 이런 질문을 좋아하는 이유도 바로 이런 문제와 무관하지 않다.

사람은 변하지 않는다. 성격은 변하지 않는다. 자기 자신은 변하지 않는다. 맞는 말이다. 하지만 정말 그럴까? 솔직하게 이 질문 앞에 서야 한다. 쇼펜하우어도 《의지와 표상으로서의 세계》를 모두 네 권으로 나눠놓고, 앞의 두 권에서는 변하지 않는다는 말을 설명하는 데 집중했지만, 나머지 두 권에서는 전혀 다른 이야기를 들려준다. 불변과 변화 사이에서 세계가 요동을 친다. 감당할 수 있으면 보석이 되어줄 세계이다. 사람도 성격도 모두 변할 수 있다. 자기 자신은 변할 수 있다. 그 비결을 배우는 것이 관건이다.

시간은 현상의 원리로서 한계를 가르쳐준다. 지금이 밤이다, 지금이 새벽이다, 지금이 아침이다 등 수많은 특정 시간대를 인식할 수도 있고, 지금이 봄이다, 지금이 겨울이다 등 수많은 계절을 인식할 수도 있으며, 지금이 한 시다, 지금이 두 시다 등 수많은 정확한 시간을 인식할 수도 있다. 이런 시간이 현상을 나타낸다. 하지만 이런 현상적 시간이 있기에 전혀 다른 시간의 원리가 적용되는 세계도 생각할 수 있는 계기가 마련된다.

정해진 것이 있다는 것은 정해지지 않은 것을 생각할 수 있는 기회의 장이 된다. 삶은 죽음으로 마감하지만 죽음 때문에 삶은 수수께끼 같은 현상으로 인식될 수도 있다. 순간을 알고 있기에 사람은 또한 영원을 생각할 수도 있다. 고통을 알고 있기에 고통이 없는 삶도 생각할 수 있다. 생각하는 존재가 생각할 수 있는 세상은 무궁무진하다. 그것을 이해하는 것이 인문학적인 과제가 된다.

'새로운 존재의 싹'은 사람의 문제이다. 사람도 씨앗과 같은 존재일 수 있다. 씨앗의 현상이 지극히 작은 것으로 인식되어도 그것이 거대한 나무가 될지 아름다운 꽃이 될지 아무도 모른다. 심지어 자기 자신조차 알지 못한다. 한평생이 기회이다. 매순간이 인식의 기회이다. 현재는 차츰 사라져가겠지만, 그래도 그 현재밖에 없다. 사람의 삶이 존재하는 곳은 현재뿐이다. 쇼펜하우어는 지금 현재를 제외한 나머지 모든 것은 사고의 유희일 뿐이라고 했다.

지나간 세월에서도 웃을 수 있는 추억을 만들면 되고, 다가올 시간 앞에서도 재밌게 놀 수 있는 방법을 생각하며 즐겁게 기다리면 된다. 생각하는 존재는 생각하며 놀면 되는 것이다. 놀 수만 있다면 인생은 아무 문제 없다. 놀 수만 있다면 순간도 영원처럼 느껴질 것이다. 어렸을 적에 보냈던 시간의 흐름을 늙어서도 경험할 수 있다. 첫사랑의 느낌 같은 것을 잊지 말고 기억하면 된다. 기억의 내용이 웃게 할 것이다.

희망보다 더 좋은 말은 없다. 다른 모든 것은 재앙이 된다. 하지만 어떤 재앙도 희망이 닿으면 멋진 색깔로 변한다. 온갖 재앙 속에서도 희망만 있으면 살 수 있다. 희망은 신이 준 재앙이지만 그것을 손에 거머쥔 것은 인간이다. 그것을 사용할 줄 알면 희망은 삶을 위한 훌륭한 도구가 될 것이다. 희망만 있다면 죽음을 껴안고서도 행복한 춤을 출 수 있을 것이다. 쓸데없는 희망에 우롱당하지만 않는다면, 생각은 언제나 춤을 출 수 있는 멋진 무대를 마련해줄 것이

다. 발을 디딜 바닥은 현재뿐이지만, 그 현재가 무대가 되는 순간,
우리 모두는 멋진 춤을 추는 존재로 변신할 수 있다.

> 삶이라는 기회를 가진 사람은 씨앗과 같은 존재이다.
> 거대한 나무가 될지, 아름다운 꽃이 될지 아무도 모른다.

9장

인식

삶은 깨달을 기회이다

인식을 통해
새로운 인식의 단계를 얻는다

따라서 눈앞의 세계는 마치 에덴동산처럼 생각된다. 그것이 바로 우리 모두가
태어난 고향인 아르카디아다.

_《인생》

인식의 과정

어렸을 땐 누구나 세상이 좋아 보인다. 그땐 누구나 모든 사물들이
신기해 보인다. 아직 상처를 많이 받지 않은 상태여서 그렇다. 아직
고생이 뭔지도 모를 때이다. 눈은 오로지 현상에만 집중한다. 좋은
사람과 나쁜 사람 따위는 구별할 줄도 모른다. 가야 할 길과 가지
말아야 할 길조차 구분되지 않는다. 그러다가 사람은 조금씩 세상
을 알아간다. 그러면서 고통도 알게 되고 또 그러면서 성장을 거듭

하게 되는 것이다.

인식에 대한 이야기를 펼칠 때마다 두 가지가 대조를 이루며 떠오른다. 하나는 신화의 이야기이고, 다른 하나는 성경의 이야기이다. 우선 신화의 이야기부터 소개하겠다. 그리스의 아테네에서 서쪽 바다 건너에 펠로폰네소스라는 반도가 있었고, 그곳에 전원적이고 목가적인 풍경으로 유명한 아르카디아*Arcadia*라는 곳이 있었다. 아르카디아는 특히 헤라클레스가 수많은 모험을 즐겼던 곳으로도 유명하다. 문화보다는 자연이 지배적인 환경을 두고 사람들은 흔히 '아르카디아'라는 대명사로 부르게 된 것이다.

그리고 아르카디아를 떠올리게 하는 문장이 있다. 괴테는 감정이 요동치는 질풍노도의 시기를 겪은 후 잠시 일상을 벗어나 여행을 떠난다. 알프스를 넘어 이탈리아로 향하는 여정 속에서 기록한 것을 책으로 엮게 되는데, 그것이 바로 《이탈리아 기행》이다. 이 책과 함께 위대한 고전주의가 탄생하게 된다. 감정에 치우친 상태에서 벗어나 이성이 균형을 잡아주는, 즉 조화를 이상으로 삼는 이념이 탄생하게 된 것이다. 그런데 이 책을 이끄는 모토이자 좌우명이 바로 "나도 아르카디아에 있노라!"[48]라는 구절이다. 이 구절은 속담처럼 전해져 왔다.

"나도 아르카디아에 있노라!"를 라틴어로 번역하면 '에트 인 아르카디아 에고*Et in Arcadia ego*'이다. 이토록 역사가 오래된 문장을 쇼펜하우어도 알고 있었고, 그것을 인용했다는 점을 우리는 잠시 고민해봐야 한다. 쇼펜하우어는 이 문장으로 무슨 말을 하려 했던 것일까? 그는 이렇게 말했다. 아르카디아는 '우리 모두가 태어난 고향'이라고. 그곳에서 우리의 인식은 자연과 함께했고, 자연 속에서 우리의 인식이 진행되었다. 한마디로 아르카디아는 목가적인 이상향이자 낙원이다.

인식과 관련하여 또 다른 대표적인 이야기는 성경의 이야기이다. 〈창세기〉에는 '에덴동산'에 대한 이야기가 있고, 그 신의 동산에 나무가 두 그루 있다. 하나는 '생명나무'였고, 다른 하나는 '선악을 알게 하는 나무'(창세기 2:9)였다. 특히 후자에 대해 신은 이렇게 경고한다. "선악을 알게 하는 나무의 열매는 먹지 말라 네가 먹는 날에는 반드시 죽으리라."(창세기 2:17) 모세는 신을 묘사할 때 거짓말도 하지 않고 또 말을 돌려서 하는 법도 모르는 존재로 소개했다. 즉 신이 '죽는다'라고 말하면 그것이 곧 진실인 것이다.

그런데 인간들이 그 열매를 먹고 난 뒤에 펼쳐진 장면은 우리가 알고 있는 죽음의 현상이 아니었다. "이에 그들의 눈이 밝아져 자기들이 벗은 줄을 알고 무화과나무 잎을 엮어 치마로 삼았더라."(창세기 3:7) 다시 공식을 따져보자. 이 구절은 매우 중요한 부분이다. 신은 이렇게 말했다. "선악을 알게 하는 나무의 열매를 먹는 날에는 반드시 죽으리라." 그런데 '눈이 밝아져 벗은 줄을 알게 되었고 그래서 치마를 입었다'. 즉 신이 말한 죽음의 현상은 첫째 '눈이 밝아진 것'이고, 둘째 '벗은 줄을 알게 된 것'이며, 셋째 '치마를 입은 모습'이다.

인식을 통해 얻어야 할 인식

알몸은 부끄럽다. 누군가가 알몸으로 거리를 누비면 처벌을 받을 수 있다. 누드화는 여전히 예술과 외설 사이에서 논란이 거듭되는 영역이다. 르네상스의 천재들은 사람의 알몸을 그리는 데 총력을 기울였지만, 그 의도는 여전히 미궁 속에 빠져 있는 듯하다. 왜 그래야 하는지, 사람들은 그 이유를 전혀 감도 잡지 못한 상태에 있기 때문이다. 중세 천 년 동안 신학은 만학의 주인이었고, '철학은 신학의 시녀'[49]로서만 명맥을 유지할 수 있을 뿐이었다.

결국 인식은 죄의식의 결과물로 전락하고 말았다. 이런 해석이 진리로 군림하게 된 것이다. 기독교와 교회가 신학을 통해 인식을 해석했고, 그 내용이 사실로 굳어졌다. 교회가 인식을 독점하는 사태까지 발생하고 만 것이다. 이런 독단의 형식은 여전히 유용한 듯하다. 세상의 기원을 독점하는 '창세기'라는 말을 쓰면서 전혀 부담감이나 어색함 혹은 거부감조차 느끼지 못하는 지경이 이런 현상에 대한 방증이다.

또 라틴어 성경이 지배적인 시대에 루터가 성경을 독일어로 번역함으로써 종교개혁이 시작되었다. 우리의 성경에서는 "아담이 그의 아내 하와와 동침하매 하와가 임신하여"(창세기 4:1)로 번역된 구절에서 특히 '동침하매'로 의역한 상태이지만, 루터는 이 동사를 '인식하다'로 번역했었다. 루터 성경이 먼저 번역되었고, 그다음에 우리의 성경 번역이 이뤄졌다는 시대적 순서를 잊어서는 안 된다. 루터에 의해 처음으로 '인식하다'라는 개념이 문장 속에 등장하는 계기가 되었음을 망각해서는 안 된다.

즉 우리가 '인식'이라는 말을 통해 얻어야 할 인식은 '아담이 이브를 인식하니 임신했다'라는 논리 속에서 구해져야 한다. 'A가 B를 인식하니 C가 발생했다'는 그 논리에서 인식의 역할과 의미를 깨달아야 한다는 얘기이다. 예를 들어, '내가 달의 현상을 인식하니 수월관음도가 전하는 그림의 내용이 이해되었다'는 논리와 같다. '자판기에 동전을 넣었더니 커피가 나왔다' 같은 논리가 이해되어야 인식을 제대로 인식한 것이 된다.

이제 다시 쇼펜하우어의 시각으로 되돌아가자. 그는 인식에도 변화가 가능하다는 말을 하고 있다는 점을 감지해야 한다. '어렸을 적엔 인식이 어떠했지만 나중에는 그 인식이 어떻게 변했고, 그 변화된 인식의 내용은 다시 우리의 인식 능력을 통해 전혀 다른 인식 수준으로 되돌아갈 수 있다.' 이런 식의 논리가 쇼펜하우어의 철학에서 얻어야 할 깨달음의 내용이다.

> 달의 현상을 인식하면 수월관음도를 이해하게 된다.
> 인식은 더 나은 인식으로 나아가는 바탕이 되어야 한다.

인식이 먼저인가,
의지가 먼저인가

인식은 전적으로 의지에 봉사한다.
_《의지》

인식과 의지는 늘 공존한다

인식도 의지도 모두 사람의 문제이다. 인식과 의지는 전혀 다른 역할을 하면서도 사람이라는 공통분모를 가지고 있다. '인식'은 '인식하다'라는 동사에서 기인하고, 인식하다는 '알다' 내지 '아는 것'을 뿌리에 둔다. '사람은 인식하는 동물'이라는 말은 '사람은 아는 동물'이라는 말과 같은 소리이다. '무엇을 알고 있는가?' 이 질문은 심오한 의미를 품고 있다. '안다는 것' 자체가 이미 참으로 신비로운 일이다. 사람이 아는 바는 동물이 아는 바와는 차원이 다르다. 그 다름의 현상과 본질을 다 섭렵할 수 있어야 '안다는 것'이 무엇인지 대충이나마 감을 잡을 수 있게 될 것이다.

그런데 사람에게 있어서 인식은 인식 자체로만 머물지 않는다. 인식은 늘 의지와 공존한다. 인식과 의지는 서로의 조건이 된다. 인식이 먼저냐 의지가 먼저냐, 늘 사람들은 이런 식으로 정답을 요구한다. 하지만 무엇이 우선되는 것이 아니라 함께하는 것이다.

사람은 누구나 원하는 바가 있다

배움은 앎의 내용과 형식을 전수받게 하고, 그 내용과 형식 속에서 길들여지며, 그런 길들여짐을 통해 습관이 형성되고, 습관이 형성되고 나면 더 이상은 배울 수 없게 된다. 배움의 시간이 끝난 어른들은 더 이상 귀를 열어두려고도 하지 않는다. 자신에게 말을 한 그 사람이 오히려 버릇없는 사람이라고 판단하기도 한다. 늙어감의 현상이다.

하지만 때로는 범상치 않은 사람도 있다. 죽을 때까지 배우려 하는 사람도 있기 때문이다. 이런 사람에게는 인식과 의지가 한데 뭉치면서 거대한 숙제가 된다. 그때 사람은 인식과 의지라는 서로가 서로를 구속하는 일종의 수수께끼 같은 개념들을 가지고 고민을 하게 된다. 다시 천 년의 세월이 흘러줘야 제대로 이해할 수도 있는 거대한 개념들이다. 인식도 어렵고 의지도 어렵다. '의지와 표상으로서의 세계' 자체가 커다란 숙제가 되기도 한다.

사람은 몸을 가지고 살아야 하니 감정이 있고, 감정이 있으니 욕망은 필연적인 것이 되고, 욕망은 욕구니 욕정이니 의지니 하는 다양한 개념들로 나눠지고 세분화되며 복잡한 인식의 지도를 그린다. 각 개념들마다 미세한 차이점을 지닌다. 하지만 아무리 복잡해도 '원하는 바가 있다'는 것에서 하나가 된다. 사람은 누구나 원하는 바가 있다. 동물처럼 먹고 싸는 것에만 한정되지 않는다. 동물처럼 배부르면 단순히 쉴 수 있는 것도 아니다. 사람이 원하는 것은 무궁무진하다. 배불러도 아직도 배고프다고 말을 하는 것은 사람뿐이다.

'원하는 것이 무엇인가?' 이 질문 하나만으로도 긴 소설 하나가 탄생할 수 있다. 사람은 자신이 원하는 대로 살아가고 있는 것 같지만, 사실은 사회가 원하는 대로 살아갈 때가 더 많다. 남이 하면 나도 해야 한다. 그래서 '유행'이란 것도 문제가 된다. 다들 어떤 특정 옷을 입고 있는데 자기만 그런 옷을 입고 있지 않다면, 마음이 불편해지는 것이 보통 사람들의 심정이다. 사회의 의지 뒤에 숨어서, 시키는 대로 사는 것이 편하다고 판단하며 살아간다. 하지만 이런 삶이야말로 대부분의 사람들이 살아가는 게으르기 짝이 없는 삶의 방식이다.

잘못된 의지도 존재한다

'인식이 의지에 봉사한다.' 의지가 시키는 대로 인식이 형성된다.

쇼펜하우어가 한 말이다. 학자들은 그동안 이 말을 쇼펜하우어 철학의 근간으로 설명해왔다. 모두들 쇼펜하우어를 오해한 결과 속에서 허덕이고 있었던 것이다. 의지도 의지 나름이라는 소리를 듣지 못했기 때문이다. 의지에도 최소한 자기 자신의 의지가 있는가 하면, 또 사회의 의지도 있다. 의지에도 잘못된 의지가 존재한다는 사실을 깨닫지 못하면 의지를 착각하며 살게 된다. 누가 누구를 부하나 노예로 삼는 한, 그 관계는 올바른 것이 될 수 없다.

봉사한다? 그 봉사가 자발적이라면 문제없지만, 어쩔 수 없어서 봉사한다면 그것은 봉사가 아니다. 다른 일을 할 수 있는데도 불구하고 굳이 봉사를 선택했다면 칭찬할 만하다. 하지만 노예가 주인에게 봉사하듯이, 그렇게 주종관계 속에서 실천으로 옮겨져야 하는 봉사라면 그리 감동적이지도 감격적이지도 않다. 사랑이 주인과 노예라는 식의 상하관계를 통해서 실현되는 것이 아니듯이, 진정한 인식도 의지에 봉사함으로써 실현되는 것이 결코 아니다. 하지만 대부분의 사람들은 인식을 밑에 깔고 의지를 주인 삼아 살아간다. 하지만 그 의지는 허영심이니 환상이니 망상이니 하는 환각에 사로잡혀 있을 뿐이다.

사람은 자신이 원하는 대로 살아가는 것 같지만
사실은 사회가 원하는 대로 살아갈 때가 많다.

Arthur Schopenhauer

인식이 주어지면
상황이 변한다

인식이 생기자마자 욕망은 사라져버렸다.
_《의지》

욕망의 불이 꺼지고 나면

알고 나면 뭐가 되었든 간에 쉽다. 아무리 복잡한 일이어도 알고 나
면 간단한 법이다. 한때 아는 자를 '지식인'이라고 부르기도 했다.
누구나 지식인이 되기 위해 노력해야 했다. 때로는 지식인의 역할
을 운운하며 남다른 시대정신을 요구하기도 했다. 요즈음은 컴퓨
터가 지식의 영역을 대신하다 보니 사람에게는 조금 다른 역할을
요구하기도 하는 세상이 되었다. 지금 당장은 조금 달라졌지만, 그

결과는 엄청난 차이를 보일 것이 틀림없다.

"인식이 생기자마자 욕망은 사라져버렸다." 이 구절은 산스크리트어를 번역, 특히 직역한 것이다. 우리는 이 구절을 '욕망의 불이 꺼진 상태'라는 말로 이해하기도 한다. '욕망의 불이 꺼지고 나면' 무슨 일이 벌어질까? 사실 이 말의 의미는 앞선 절에서 다뤘던 문장인 "인식은 전적으로 의지에 봉사한다"라는 말과는 정반대의 주장에 해당한다. 이런 역설과 모순을 감당할 수 있어야 쇼펜하우어의 철학이 도움의 손길을 내밀게 된다.

"인식은 전적으로 의지에 봉사한다"에서의 인식은 "인식이 생기자마자 욕망은 사라져버렸다"에서의 인식과는 완전히 다른 것이다. 의지에 봉사하는 인식은 의지에게 노예가 된 것이지만, 욕망을 사라지게 한 인식은 서로를 놓아주는 무소유의 실천과 같은 것이 된다. 왜냐하면 인식의 힘으로 인해 욕망이 사라지는 현상이 발생했기 때문이다. 이것은 노예의 반란이고, 노예가 세상을 지배하는 역전 현상이 발생한 것이다. 주인은 사라져버렸기 때문이다.

알고 나면 신비로움은 사라진다. 깨닫고 나면 콩깍지는 벗겨진다. 알고 있는데도 불구하고 모른 척하려면 연기가 필요하다. 때로는 광기를 드러내기도 해야 한다. 햄릿처럼! 햄릿은 다 알고 있다고 판단했다. 하지만 그의 앎의 뿌리는 귀신의 소리를 들은 데 있다는 점에서 비극의 원인이 된다. 죽은 아버지가 등장하여 '살해를 당했으니 복수를 해달라'고 아들에게 부탁한 것이다. 어쩌면 이 말은 아들 햄릿이 듣고 싶은 말이었을지도 모른다.

잘못된 인식은 삶을 위험에 빠뜨린다

잘못된 앎은 사람을 헷갈리게 한다. 상대의 미소를 잘못 이해해서 상대가 자기를 사랑한다고 착각하는 사람도 많다. 이런 잘못된 인식에 대해서 쇼펜하우어는 지속적으로 가르침을 준다. 이런 잘못된 인식이 의지에 봉사하면 삶 전체가 나락으로 떨어진다. 노력하는 만큼 그 깊이 또한 상상을 초월할 정도로 깊어질 것이다. 이러한 의지의 모든 노력은 본질적으로 허망한 것이라고 말을 해야만 했던 쇼펜하우어의 심정을 들여다볼 줄 알아야 한다.

죽어가는 사람 앞에서 "넌 죽을 거야!" 하고 말하는 자가 가장 솔직한 사람이다. "하지만 안심하라!"라고 위로하는 자가 가장 멋진 사람이다. "곧 아프지 않을 거야!", "곧 괜찮아질 거야!" 하고 태연하게 말하는 자가 가장 위대한 사람이다. 죽음의 현장 앞에서 여유를 갖고 짓는 미소는 보는 이로 하여금 영원을 인식하게 한다. 죽어가는 사람에게 '죽어서 천당 간다!'고 아무리 설교를 해도 그 사람에게는 진정으로 위로가 되지 않는다.

잠시 개인적인 경험을 말할 수 있도록 허락해주길 바란다. 언젠가 병원에서 백혈병에 걸려 아쉽게도 죽음이라는 가능성 앞으로 내몰린 아이들에게 철학으로 위로를 하는 역할을 담당해야 했다. 나는 아이들에게 철학을 설명하려 하기보다는 질문을 허락해주고, 그때 한 어린아이의 질문은 지금도 전율을 일으킨다. 대여섯 살쯤

되었던 것 같다. "약물 때문에 머리가 다 빠진 거예요!" 하며 해맑은 눈웃음을 짓던 아이의 모습이 아직도 꿈에 나타난다. 그 아이는 질문했다. "죽음이 뭐예요?" 범종의 종소리 같았다. 정타를 맞은 사람처럼 나는 한동안 아무 말도 하지 못했다. 어디선가 들었었나 보다. '죽음'이란 단어를.

생로병사가 질문일 때도 있고 대답일 때도 있다. 질문일 때는 사람을 답답하게 만드는 요인이 되고, 대답일 때는 인식의 소리를 들려주는 계기가 된다. 사람은 스스로 질문 앞에 서야 할 때도 있고, 또 잔인하기 짝이 없는 진실을 눈앞에 두고서도 가시에 찔리지 않는 시선으로 그것을 바라봐야 할 때도 있다. 놀라거나 겁을 내면 상대는 더욱 심하게 날뛸 것이다. 상대가 날뛰기 시작하면, 더욱 감당할 수 없는 지경이 펼쳐지고 말 것이다. 차분해야 한다. 냉정해야 한다. 생로병사는 만만찮은 상대이다. 삶의 이야기는 준비된 자에게는 기회가 되겠지만, 그렇지 못한 자에게는 치명적인 괴물이 될 것이다.

> 잘못된 앎은 삶을 헷갈리게 한다.
> 잘못된 인식이 의지에 봉사하면 삶이 무너진다.

Arthur Schopenhauer

세상에는 엉터리 철학이
너무도 많다

철학 교수는 교리 문답서를 충실히 따르는 엉터리 철학으로 그러한 잘못되고
심지어 실제로 유해한 생각을 조장하려 하지 말아야 한다.

_《인생》

엉터리 철학이 난무하는 시대

철학은 사랑을 가르쳐야 한다. 철학서의 내용은 결국에는 사랑을
논리 속에 엮어야 한다. 말 속에 사랑이 담겨야 하고, 사랑으로 나
이테를 형성해야 하며, 사랑으로 열매를 맺어야 한다. 사랑이 없는
철학은 모두 엉터리에 불과하다. 평가하고 심판하며 정죄하려는
모든 행위는 철학의 궁극적인 목적이 아니다. 불평불만을 쏟아내
고 있으면서도 그것을 두고 철학적 비판이라는 말을 떠올리고 있는

사람만큼 어처구니없는 일이 없다.

비판 철학의 대가는 칸트이다. 칸트는 비판이라는 형식 속에서 철학을 펼쳤지만 누구를 혹은 누구의 철학을 욕보이는 식으로 철학을 펼치지는 않았다. 부족한 부분을 찾아내고 그곳에 자기 자신의 철학을 채워 넣는 일을 했던 것이다. 마치 도서관에 수많은 책들이 서가에 꽂혀 있듯이, 거기서 새로운 생각을 발견하는 것이 비판의 핵심인 것이다. 비판은 비판할 대상을 필요로 한다는 것부터 인정해야 할 일이다.

'교리 문답서'가 대세였던 시대가 있다. 질문과 대답이 정해서 있는 그런 것을 두고 학문이라고 떠벌리는 시대가 있었다. 질문을 외우고 익히는 것을 공부라고 간주하던 시대가 있었다. 정해놓은 대답을 암기하는 수준으로 기득권의 반열에 오르는 시대가 있었다. 사람 사이의 모든 관계는 무시하고 수도원이라는 공간 속에서 '칠리바트'[50], 즉 격리된 생활을 하는 것을 모범으로 제시하던 시대가 있었다. 정해진 길만 선택하고 걸어가면서 여행한다고 착각하던 시대가 있었다. 멀리 떠나는 길이라면서 순례자의 길을 따라 걷던 시대가 있었다.

정해놓고 공부하는 것은 다 중세적 발상이고 신학적 논리이다. 그런 식으로 틀에 박힌 이야기만 들려주는 것은 진정한 철학이 아니다. "넌 왜 그러냐?", "그래선 안 되지!" 하는 말들이 들려주는 소리는 정해진 기준이 있다는 폭력적이고 독단적인 소리뿐이다. 그런 소리가 기준을 형성하게 될 때 잔인한 종교재판이 가능해진다.

신이 객관을 독점하고 나면 모든 것은 죄인이 되고 만다. 호랑이도 사자도 낙타도 토끼도 거북이도, 하물며 돌도 나무도 물도 모두 죄라는 허물을 덮어쓰게 되는 것이다.

세상에는 '엉터리 철학'이 너무도 많다. 쇼펜하우어 시대에는 신학을 하면서 철학을 한다고 거들먹거리던 학자들이 너무도 많았다. '유해한 생각'을 퍼트리면서도 자기 자신의 실수를 깨닫지도 못했던 것이다. 자기 자신은 가르침을 주는 주체라고 판단하며 엄숙하게 분위기를 형성하고 연출하지만 그곳에서 전해지는 가르침은 독단과 독선이 아닌 소리는 전혀 들을 수도 없는 지경이 되고 만 것이다. 교실이 예배당으로 돌변하고, 대학 강단이 교회가 되는 현상 앞에서 쇼펜하우어는 할 말을 잃고 만다.

철학은 '교리 문답서'가 아니다

쇼펜하우어가 싸워야 했던 당시 기득권 세력은 '관념론'이라 불리는 철학을 펼쳤던 선배들이었다. 칸트와 헤겔이 대표적이다. '관념론'은 '이데알리스무스Idealismus'라는 독일어를 번역한 말이고, 그 의미는 '이상주의'에 더 가깝다. 플라톤의 '이데아'를 중심으로 펼치는 철학적 체계를 일컫는 말이다. 칸트는 '순수 이성'이니 '물자체'니 하는 개념들로 관념론을 설명했고, 헤겔은 '절대 정신'이니 '정반합의 논리'니 하는 개념들로 그 철학을 이끌어갔다.

하지만 칸트도 헤겔도 모두 소위 장학금을 받는 학자들이었다. 나라가 듣고 싶은 철학을 펼칠 수밖에 없었다. 군주가 듣고 싶은 소리를 만들어내고 그것을 학문이라는 형식 속에서 논리를 만들어내는 데 주력했던 것이다. 이는 마치 플라톤이 '국가'를 운운하지만 그 국가는 이상적인 나라에 지나지 않는 것과 같다. 나라가 완벽하면 사람들은 그 안에서 살 수가 없다. 자유가 허용되지 않기 때문이다. 그래서 플라톤은 《국가》라는 책 안에서 지속적으로 예술가들을, 창작에 몰두하는 정신들을 국가에서 몰아내야 한다는 주장을 펼쳤던 것이다.

'빵을 얻기 위해 생업으로 전락한 철학'을 말할 때, 쇼펜하우어는 관념론을 의식하고 있었다. 하늘만 바라보며 길을 걷고자 하는 위험천만한 작태를 꼬집고 있었던 것이다. 눈은 뜨고 있었지만, 시선은 단 하나의 방향에만 꽂혀 있었던 시대의 정신을 폭로하는 것에 최선을 다했다. "진리란 자신을 갈망하지 않는 자에게 치근대는 창부가 아니라, 오히려 자신의 모든 것을 다 바친다 해도 그녀의 호의를 확신할 수 없는 쌀쌀맞은 미녀와 같다." 이는 《의지와 표상으로서의 세계》라는 책 전체의 내용을 대변하는 명언이다.

진리는 그런 것이 아니다. 질문도 없는 왕에게 들려주는 대답은 무용지물이다. 그런 것을 철학이랍시고 떠들어대는 학자들은 북소리로 사람을 가르치려는 것과 별반 다를 바가 없다. 교실을 가득 채운 북소리에 귀가 먹은 아이들은 세상이라는 자연 속에서 아무 소리도 듣지 못한다. '숲의 끝'[51]에 '질투의 동굴'[52]이 있고, 거기에 '질투의 사내'[53]인 용이 살고 있는데, 그 용을 때려 잡고 용의 피로 목욕을 하면서 진정한 영웅이 탄생한다는 이야기가 《니벨룽엔의 반지》제3부《지크프리트》의 이야기이다. 이 영웅은 용을 제압함으로써 새소리도 듣고 물소리도 들을 수 있는, 즉 자연과 소통하는 능력을 얻게 된다.

진정한 영웅은 진리와 소통하는 능력의 소유자이다. 진리는 '교리 문답서' 속에 담길 수가 없다. 그런 책 속에 담겨 있어서도 안 된다. 진리는 자연의 자연스러움에 의해서만 규명될 수 있다. 그 외의 모든 소리는 '유해한 생각'의 뿌리가 되고 비극의 원인이 될 뿐이다. 물론 배워야 할 때는 교실이라는 제한된 공간에서 머무르려는 의지가 요구되어야 하겠지만, 결국에는 더 넓은 세상 속으로 나아가야 하는 것이 인생의 숙명이다.

> 진리는 '교리 문답서' 속에 담길 수가 없다.
> **자연스러움에 의해서만 규명될 수 있다.**

Arthur Schopenhauer

이 시대는 철학이
추방되었다

진리와 정신은 아무래도 상관없다고 생각하는 반면, 자신들의 월급과 원고료를
가장 중시하는 자들이 철학의 추방에 앞장섰다.

_《인생》_

악마의 정신이 세상에 번졌다

철학이 추방되었다. 이것은 쇼펜하우어의 현실 인식이다. 하지만
오늘날의 현실 인식에도 적용될 수 있다. 모두들 돈 벌 생각밖에 없
다. 집을 사도 돈 벌려는 의도로 집을 산다. 집을 지어도 가성비를
따져 가며 집을 짓는다. 사람 사는 집이라 말하면서 아파트를 연상
하게 해놓았다. 마치 아파트에 사는 것이 인생의 종착역인 것처럼
말하는 사람들도 생겨났다. 어떤 집은 그다음 목적인 아파트에서

의 삶을 위한 중간, 즉 과도기쯤으로 설명하는 것이다.

　돈을 생각하는 것이 자본주의의 기본 이념이다. 부자 되는 것이 자본주의의 근본 관념이다. 명품으로 치장하는 것이 자본주의의 현상이다. 물론 돈을 생각하고 부자가 되고자 하는 것은 고대, 중세, 근대에 모두 존재했었다. 하지만 그것이 도구가 아니라 목적이 되고 나면 문제가 심각해진다. 예를 들어, 괴테의 생가를 찾아 가야 하는데 어느 아파트의 몇 동 몇 호실로 찾아가야 한다면, 어떤 일이 벌어지게 되는 것일까? 문제는 심각해진다.

　돈을 벌려는 사람들의 입장에서 보면 정답이 있다. 돈을 벌 수만 있다면 뭐든지 한다. 이것이 악마의 정신이다. 악마는 파우스트의 영혼, 즉 인간의 영혼을 얻을 수만 있다면 그의 노예가 되는 것도 마다하지 않는다. 그 정도는 아무것도 아니라는 것이다. 그의 욕망에 불을 붙일 수 있는 것이라면 다 들어준다. 개발이라 말하면서 사람들이 사는 땅을 파헤친다. 사람들이 살 좋은 터전을 만들겠다는 개발의 현장에서 도리어 많은 사람들이 삶의 터전을 잃고 쫓겨난다.

　괴테의 《파우스트》도 '개척사업'[54] 이야기로 마감한다는 점은 놀랍기만 하다. 그때도 그것이 문제였다는 것이 사람을 놀라게 한다. 사람 사는 이야기는 다 똑같다. 소크라테스 시대나 괴테 시대나 지금 현대 이 시대나 다 똑같다. 겉으로 드러난 현상만 두고 볼 때, 예수 시절에도 돈에 눈이 멀어 주인을 파는 제자가 있었다. 이런 이야기를 발견하는 것이 관건이다. 불멸의 이야기는 이런 이야기를 담아낼 때 실현된다. 불후의 명작, 즉 고전이라고 불리는 책들은 진정 사람 사는 이야기 외에는 들려주는 것이 없다는 것을 인정해야 한다.

시대를 불문하는 진리

'진리와 정신은 아무래도 상관없다'고 판단했던 사람들이 고대 수사학자들이었다. 그들은 설득이 기술을 가지고 돈을 벌었던 궤변론자들이었다. '소피스트'는 '지혜자' 혹은 '지혜로운 자' 등을 의미하는 말이지만, 그들의 지혜는 설득에만 집중했다. 설득만이 지혜로 인정받았다. 진실 따위는 중요하지 않았다. 그런 생각이 잔인한 현실을 만드는 양심으로 굳어지고 말았다. 양심도 없는 양심이 양심으로 군림하게 된 것이다. 피도 눈물도 없는 자들이 권력을 꿰찰 수 있는 시대가 펼쳐진 것이다. 그런 시대가 소크라테스에게 독배를 들게 했던 것이다.

괴테는 마녀들이 들끓던 시대를 살았다. 1772년, 스물세 살이 되던 해에, 그는 26살의 젊은 여자 '수잔나 마르가레타 브란트'[55]가 마녀라는 죄목으로 광장에서 화형당하는 현장을 직접 목격하게 된다. 자기가 낳은 자식을 자기가 죽였다는 것이 죄였다. 사회의 불합리에 대해서는 묻지도 따지지도 않고 사람을 죄인으로 몰고만 가는 무자비한 작태를 목격한 천재는 그 잔인한 현실을 폭로하려는 의도로 작품을 써내려가기 시작한다. 그것이 육십 년 동안 집필에 매달려 완성하게 되는 《파우스트》이다.

처녀가 애를 낳아도 살 수 있는 사회를 만들 생각은 하지 않고, 결과만 놓고 "넌 죄인이다!", "넌 살인자다!" 하고 잔인한 소리를 한다. 옛날이나 지금이나 똑같은 소리가 난무한다. 반성의 기미도 보이지 않는다. '진리와 정신은 아무래도 상관없다'는 말은 이런 데서 고민의 대상으로 떠올라야 마땅하다. 이런 고민을 담아 뉘른베르크의 천재 화가 알브레히트 뒤러는 〈네 명의 마녀들〉을 그렸다. 1491년의 사건이다. 누가 과연 마녀일까? 마녀라고 지목받은 자들일까? 아니면 멀쩡한 여자들을 향해 손가락질하는 자들일까?

가성비나 따지고 돈 벌 생각이나 하며 이득과 이윤만 밝히는 정신은 비윤리적일 뿐만 아니라 비정상적이라 말할 수 있어야 한다. 셰익스피어도 《베니스의 상인》을 통해 이런 이자 놀이를 하는 유대인을 희극의 주인공으로 삼기도 했던 것이다. 놀이를 하면서 사람의 살을 떼어내려 한다. 잔인하다. 비극의 원리가 비극적 현상을 통해 비극적 인식을 얻어내는 것과 마찬가지로, 희극의 원리도 희극적 현상을 통해 희극적 인식을 얻어내는 것이 관건이다.

〈네 명의 마녀들〉, 《베니스의 상인》, 《파우스트》와 같은 작품들은 불멸이 되었다. 아무리 세월이 흘러가도, 시대가 바뀌어도, 늘 재생산될 것이고, 항상 교실에서 언급될 것이며, 언제나 새로운 형식으로 탈바꿈하여 사람들 손에 들려질 것이다. 이제 우리는 이런 작품 속에 무엇이 담겨 있는지를 깨달아야 한다. 유행과 타협했던 정신은 베스트셀러라는 잠시 동안의 명예는 거머쥘지 모르겠으나

가혹한 세월의 검증에서 살아남을 수가 없을 것이다.

쇼펜하우어 시대에도 철학을 추방하려는 움직임이 강렬했다. 인문학의 위기 같은 분위기가 사회를 압도했다. 문학이니 철학이니 인문학이니 하는 것은 아무래도 상관없다는 생각이 시대를 이끌었다. 진정으로 잔인한 것이 무엇인지 깨닫지도 못하면서 모든 것을 '월급과 원고료' 등으로 사물을 가늠하려 한다. 돈 많이 받으면 최고라고 떠벌리는 정신이 현대의 정신이다. 괴테나 쇼펜하우어의 시각으로 바라보면 가소롭기 짝이 없는 현상이다.

사람 사는 이야기는 시대를 불문하고 똑같다.
고전은 진정 사람 사는 이야기만을 들려준다.

잘못된 인식은
잔인한 현상을 낳는다

그는 다른 사람의 고뇌를 바라봄으로써 자신의 고뇌를 완화시키려고 하며, 동
시에 다른 사람의 고뇌를 자신의 힘이 발현된 것으로 인식한다. 다른 사람의 고
뇌가 그에게는 이제 목적 자체가 되고, 바라보고 즐기는 구경거리가 된다.

_《의지》

슬픔으로 인한 카타르시스

'남의 고통은 나의 행복'[56]이란 말이 가장 잔인하다. 남이 울어야 내
가 행복하기 때문이다. 남이 고통을 당해야 내가 웃을 수 있기 때문
이다. 자기 자신의 행복을 위해 타인의 상처나 슬픔 혹은 고통을 필
요로 한다는 것 자체가 이기적인 발상이다. 이것이야말로 파우스
트의 우는 꼴을 보고자 그의 노예가 될 것을 자처하는 악마의 정신
이다. 악마의 논리는 파우스트라는 존재를 전제로 해야만 작동한

다. 악마가 행복할 수 있는 조건에는 방황하는 인간의 고뇌에 찬 모습이 있기 때문이다.

물론 비극의 원리도 있다. 슬픔을 바라보며 카타르시스를 경험할 수도 있는 것이다. 그런 잔인함을 가지고 예술 작품을 만들어냈던 장인들이 비극작가들이었다. 하지만 오해는 말아야 한다. 비극작가들이 지향했던 목적은 '남의 고통은 나의 행복'이라는 목적의식으로 일관하지 않았다는 사실이다. 그들이 비극이라는 예술 형식을 통해 지향했던 것은 인식이다. 깨달음이다. 그 인식의 순간에 쾌감이 주어지는 것이다. 알고자 하는 욕망이 채워지는 순간에 주어지는 것이 카타르시스라고 불리고 있을 뿐이다.

타인의 몰락을 꿈꾸는 사람들

하지만 본질이 나쁜 사람도 존재한다. 악마 같은 사악한 사람들이 있다. 그는 타인에게 고통을 주면서 행복을 느끼는 자이다. 타인의 몰락을 꿈꾸며 타인을 이끄는 정신이다. 도와준다고 말하면서 도와줘야 할 대목을 말하라고 기회를 준다. 이웃사랑을 외치는 정신들이 심방尋訪을 자처하는 이유가 바로 여기에 있다. 심방을 갔다 오면 마음이 엄청난 위로를 얻게 되기 때문이다. 타인이 어려워하는 꼴을 보고 나면, 마치 훌륭한 비극 작품 하나를 관람한 것만큼의 위로를 얻을 수 있기 때문이다. 그야말로 잔인하기 짝이 없다.

‘자신의 고뇌를 완화시키려고’ ‘다른 사람의 고뇌를 바라봄’ 그 자체는 문제가 되지 않는다. 가끔은 그런 방법을 써서라도 스스로의 고통을 극복하는 것도 나름대로 지혜라면 지혜이다. 고통이 극심할 때 미술관이나 극장을 찾는 것은 지극히 추천할 만한 일이다. 타인의 고통을 확인할 수 있기 때문이고, 그런 고통을 인식함으로써 새로운 깨달음을 얻을 수도 있기 때문이다. 이것은 건강한 이기주의라고 말해도 된다. 타인을 해코지하는 일은 아니기 때문이다.

하지만 의도가 나쁘면 안 된다. 자기가 행복하기 위해 의도적으로 타인을 괴롭히고 있다면 그것은 나쁜 짓이다. 그런 것이야말로 악마적인 인식이다. 극복되어야 할 인식이다. 그런 인식이 의지에 봉사하는 인식이다. 자기가 보고 싶은 대로 사물을 바라보는 형식의 결과물이다. 거기에는 창조적 행위도 없고 창조적인 삶의 내용도 없다. 거기에는 순간을 영원으로 만들어주는 계기도 없고 한계를 넘어 불멸로 만들어주는 원인도 없다.

타인의 실패 앞에서 자기의 힘을 과시하는 것은 비인간적이다. 병원을 찾아가 환자 앞에서 훈계를 하는 것은 비열한 짓이다. 사랑을 잃고 쓰러진 자에게 “무엇이 네게 모자랄 수 있니, 얘야?”[37] 하고 반문하는 자가 가장 잔인한 자이다. 타인에게 힘을 주지 않는 말들과 경쟁을 조장하고 희망을 꺾으며 상처를 주는 말들은 일상을 채우고 있다. 그런 말을 따라 하며 그것이 자신의 말이라고 떠벌리는 실수는 대부분의 사람들이 저지르는 것이다.

자기 자신의 생각이 중요한 사람들이 내뱉는 소리는 한결같다.

타인을 괴롭히기에 급급한 말들일 때가 너무도 많다. 입만 열면 잔소리, 거짓말, 나쁜 말을 일삼는 것이 대부분의 사람이 보여주는 일상의 모습이다. 이런 사람들이 모인 곳에서는 비극과 슬픔이 끊이지 않을 것이다. 하지만 위인은 다르다. 천재는 다르다. 좋은 생각을 거듭하며 좋은 말을 하며 살고자 하는 자들이 모이고 모였을 때, 비극은 인식을 주고 사라져버리는 것에 불과할 것이다.

> **타인의 비극을 보며 카타르시스를 경험할 수도 있지만,**
> **자기의 행복을 위해 의도적으로 타인을 괴롭혀선 안 된다.**

위대한 정신은 삶에 필요한 메시지를 들려준다

위대한 정신의 소유자들은 미망의 바다에서 헤매는 다른 사람들을 진리의 세계로 인도하고, 야비함과 천박함의 어두운 심연에 빠져 있는 그들을 저 높은 광명의 길로, 교양과 세련됨의 세계로 끌어올리기 위해 이 세상에 태어난 것이다.
_《인생》

선구자의 목소리

사람은 공부를 해야 한다. 사람이 공부를 해야 하는 이유는 다 똑같다. 자기 자신을 위한 것이기도 하지만 결국에는 타인을 위한 것이 되고 또 결국에는 인류를 위한 것이 되기 때문이다. 파우스트는 자기 욕심을 채우려고 애를 썼다. 자기 자신의 욕망에 귀를 기울였다. 하지만 그런 인물을 괴테는 구원받는 이야기로 만들었다. 그렇게 살아도 된다는 메시지를 전해준 것이다. 인류의 모범을 인식해야 한다. 그것이 선구자의 목소리가 되었다.

신에게 손을 내밀지 않고 악마와 손을 맞잡았어도 선의로 충만하여 최선을 다했다면 구원받을 만하다. 신의 뜻에 실망하고 악마의 뜻에 희망을 걸었어도 자기 자신과의 싸움에 집중을 했다면 그는 찬양가로 칭송받을 자격이 있는 것이다. 그런 노력이라면 허망한 노력이라 말할 수도 없고 그렇게 말을 해서도 안 된다. 타인을 해코지할 마음으로 또 이기적인 방식으로 삶에 몰두하지 않았다면, 앞서 말했듯이 오로지 신의로만 일관했다면, 그것은 칭찬받을 일이다.

염세주의 철학자 쇼펜하우어는 '위대한 정신'을 이야기한다. 염세주의의 논리 속에서 이 말을 해석할 수 있어야 한다. 염세주의가 바라보는 시선에서 이 말의 의미를 제대로 평가할 수 있어야 한다는 얘기이다. 무엇이 염세주의인가? 이 질문에 대한 정당한 인식이 주어져 있어야 한다. 세상이 허무하다고? 그것이 염세주의라고? 그렇게 간단하다면 쇼펜하우어는 쓰레기 같은 철학자에 불과할 것이고, 그의 철학은 쓸데없는 사치에 지나지 않을 것이다.

삶에서 필요한 것

쇼펜하우어는 누구든 개념과 원칙을 기반으로 한 지도가 필요하다고 했다. 누가 되었든 간에 그 누구는 일단 배워야 한다. 자기 생각만으로 살아갈 수가 없기 때문이다. 공부 자체는 늘 과거로 시선을 돌리게 해주지만, 그 과거에서 미래의 가능성을 발견하는 것이 공부의 묘미이다. 삶은 늘 필요한 것에 대한 인식부터 주어져야 한다. 자기 자신은 무엇인가 필요한 존재이다. 무엇이 필요한가? 지금 당장 필요한 것이 무엇인가?

사람은 일단 스승을 두고 배워야 한다. 배우지 않고 살아갈 수는 없다. 사람은 몸으로도 살아야 하고 생각으로도 살아야 한다. 쇼펜하우어는 모든 대립을 하나로 통합하는 것이 본래 철학의 주제라고 했다. 쇼펜하우어의 철학은 생철학이나 실존철학의 기원이 된다. 그의 철학은 인문학적인 발상에서 시작하고, 그 철학의 중심에는 인간적인 이야기가 뿌리를 내리고 있다. 그런데 사람이 사람 사는 이야기를 제대로 들을 수 있으려면 배워야 한다는 것이 문제이다.

아폴론의 "너 자신을 알라"나, 괴테의 "나도 아르카디아에 있노라"나, 쇼펜하우어의 "모든 인생은 고통이다"나, 모두 다 영원과 맞닿으며 불멸이 되고 고전이 된 말들이다. 이른바 좋은 말들이다. 이런 말들이 묵상의 대상이 되어야 한다. 이런 말들이 성스러운 말로 인식될 수만 있다면 인문학적인 사고는 가시화될 것이다. 인문학의 위기를 극복하고 인문학의 새로운 도래를 실현시킬 것이다. 이제 심연 앞에서 깊은 반성의 시간을 가져보자. 사람은 자기도 모르는 존재이고, 어디가 천국인지도 모르는 존재이며, 고통이 뭔지도 모르는 존재라고.

아프다고 말은 하지만 그 아픔이 가상일 때가 너무도 많다. 돈을 잃었는데도 전부를 잃은 것처럼 생각하는 자들이 너무도 많다. 사랑했던 한 사람을 잃었는데도 세상 전부를 잃은 것처럼 생각하는 자들이 너무도 많다. 아픔을 느끼는 주체, 슬픔을 슬퍼하는 주체에 대한 고민은 전무한 상태이다. 돈 걱정, 사람 걱정, 시험 걱정, 성공 걱정 등이 생각의 내용과 형식을 지배하고 있다. 생각하는 존재가 생각에 지배당하고 만 것이다. 이제 '인식'을 바꿔야 할 때가 되었다. 미망의 바다에서 빠져 나와 진리의 세계로 나아가야 할 때가, 어두운 심연에서 빠져 나와 광명의 길로 나아갈 때가 된 것이다.

> 사람은 자기 생각만으로 살아갈 수 없다.
> 과거의 이야기에서 미래의 가능성을 발견해야 한다.

10장

해탈

멀리 떠나라 그리고 나의 별이 돼라

나쁜 의지는
자기 자신을 속인다

이는 개별화의 원리에 사로잡혀 마야의 베일에 의해 속고 있는 것이다.
_《의지》

사람이 속는 이유

'개별화의 원리'와 '마야의 베일'은 어쩌면 쇼펜하우어가 자신의 주
저서 《의지와 표상으로서의 세계》에서 가장 많이 언급한 개념들 중
의 하나가 아닐까 싶다. 그는 이 개념들을 가지고 사람 사는 세상의
이야기와 그 현상을 설명하는 데 주력했던 것이다. 사람은 속고 있
고, 속아서 살며, 속음으로써 잘못된 의지를 드러내며 스스로 희생
자가 되고 만다. 사람이 속는 것은 개별화의 원리에 사로잡혀 있기

때문이고, 인식이 의지에 봉사하고 있기 때문이다.

의지도 의지 나름이다. 의지에도 좋은 의지가 있는가 하면 나쁜 의지도 있다. 도움이 되는 의지가 있는가 하면 방해를 일삼는 의지도 있다. 자기 자신의 의지라지만 자기 자신을 위하기보다는 전혀 다른 어떤 것을 지향하게 할 때도 있다. 쇼펜하우어는 그 나쁜 의지의 하나로 '삶에의 의지'를 언급한다. "그 의지는 나 자신을 오해하며 스스로에게 무기를 들이대는 것과 같다"라고 하며 문제로 지적한다.

산스크리트어에서 '마야*Maya*'는 여성의 이미지를 띠며 환상이나 망상 혹은 마법을 뜻한다. 현상계를 지배하는 힘으로 표현되며, 동시에 좋은 앎과 나쁜 앎을 모두 지배한다. 좋은 쪽으로의 앎의 대표적인 예는 결혼식날 신부가 베일을 쓰는 전통에서 볼 수 있다. 이제부터 좋은 것만 보라는 의미로 베일을 씌워주는 것이다. 문제는 나쁜 앎이다. 그것은 속임수나 맹목을 일으키는 힘으로 작동한다.

'맹목'이라고 번역한 독일어는 '페어블렌둥*Verblendung*'이고, 단어의 형태를 살펴보면 적극적이고 능동적인 의미를 갖게 하는 '페어'라는 접두어와 눈이 멀어 맹인이 된다는 의미의 '블렌둥'이 합쳐진 것을 알 수 있다. 즉 멀쩡했던 사람이 맹목적으로 생각하고 행동할 때가 있다. 전혀 자기 자신의 존재와는 상관도 없는데 생각과 행동을 고집하는 현상이 발생한다. 마치 행동대장이 된 것처럼 스스로를 누군가를 위해 종사하고 봉사하는 신세로 만든다.

생각하는 존재가 가장 경계해야 할 것은 자기 자신의 생각에 갇히는 것이다. 자기 자신에게 얽매이는 것이다. 이런 사람은 나쁜 사람이다. 이런 사람은 힌두교나 불교에서는 '악인'이라고 불리기도 한다. 쇼펜하우어는 이런 것을 두고 악인의 마음에 마야의 베일이 짙게 드리워진 것이라고 했다. 마음이 마음 같지 않다. 사람을 불안하게 하는 마음이 있다. 지극히 사심으로 가득 찬 존재들이 있다. 그런 마음이 이끄는 인식은 고집만 내세운다.

맹목적인 사람은 당해낼 수가 없다. 상대를 배려하는 마음은 전혀 없고, 오로지 자기 자신의 생각에 집착하고 타인을 설득하려는 의지로만 세상을 살아간다. 이런 인식과 의지가 사람을 악인으로 만든다. 전혀 도움이 되지 않고 나쁜 영향을 주는 사람이 되는 것이다. 이런 사람은 타인의 삶을 방해하기도 하지만 자기 자신에게도 엄청난 손실을 초래하고 만다. 왜냐하면 그런 맹목적인 상태가 언젠가는 밝혀질 것이기 때문이다.

쇼펜하우어는 자기 자신을 속이는 의지를 꿈에 비유했다. 이런 꿈이 사라지면 꿈꾼 사람은 자신을 속이고 쾌락을 맛본 대가로 고민을 치르게 된다고 했다. 문제는 누구나 이런 꿈을 꾸고 또 이런 꿈에 갇혀 있다는 것이다. 꿈에서 깬 자가 드물다는 것이 문제이다. 소위 계몽된 자는 소수에 불과하다. 꿈이 현실이라고 말하며 사는 사람들이 일상을 채우고 있다. 꿈꾸며 살면서도 제정신이라고 떠벌리는 것이다.

시대를 관통하는 문장

사람이 자기 자신을 향해 던져놓은 명령 하나가 이토록 오랜 세월을 관통하며 살아남았다. '너 자신을 알라!' 고대 신화시대에서부터 시작하여 여전히 그 생명력을 과시하고 있다. 그 이유는 대부분의 사람들이 자기 자신을 모르고 있다는 것이다. 그래서 지금까지 통하는 것이다.

아직까지 살아 있는 고전의 말들은 현재를 넘어 영원히, 즉 인류가 존재하는 동안 존속할 언어라서, 이것을 무시하면 자기 손해이다. 어떻게든 자기 언어로 만드는 것만이 유일한 해결책이다. 마찬가지로 "개별화의 원리에 사로잡혀 마야의 베일에 의해 속고 있는 것이다"라는 쇼펜하우어의 말도 고전의 반열에 올랐다. 그것을 틀리다고 말하거나 틀린 말이라고 무시하면 자기 손해이다. 자기가 죽고 나서도 사람들은 이 문구를 두고 고민할 것이기 때문이다.

> 생각하는 존재가 가장 경계해야 할 것은
> 자기 자신의 생각에 갇히는 것이다.

Arthur Schopenhauer

좁디좁은 마음을
거대한 듯 착각한다

우리의 삶은 현미경으로 봐야 할 정도로 아주 작은 점에 불과한데, 우리는 그 점을 시간과 공간이라는 두 개의 강력한 렌즈로 확대해 엄청나게 큰 것으로 보고 있다.

_《인생》

인식과 의지가 균형을 이루어야 한다

'우리의 삶'은 우리의 책임이다. 삶은 사소한 점에 불과하다. 우주의 시선으로 바라보면 이 지구 자체가 먼지처럼 작은 점처럼 보이기도 한다. 그렇다면 그 시선이 위대하다고 봐야 할까? 그런 시선이 올바른 것이라고 판단해야 할까? 문제가 심각해진다. 철학자가 '우리의 삶'을 이런 식으로 사소하게 만드는 말들을 들을 때 우리는 혼란 속에 빠지고 만다. 한때 우리는 염세주의를 삶을 부정적으로 평가하고 바라보는 것으로 또 때로는 '맹목적 의지' 같은 개념으로 설명할 때가 많았다. 이것들은 모두 거대한 여행을 위한 시작 지점에 불과한 것들임에도 불구하고 마치 그것이 염세주의의 본령인 양 떠벌리고 있었던 것이다.

철학자 쇼펜하우어가 설명했던 맹목적 의지는 동물 수준의 의지에 지나지 않는다. 쇼펜하우어는 인식을 동반하지만 인식에 인도되지는 않는다는 것을 맹목적 의지의 문제로 지적했다. 동물에게도 인식이 있지만, 인식이 의지에 영향을 끼치지는 못한다. 하지만 사람의 세계는 달라도 한참 다르다. 사람은 인식이 의지를 지배하기도 한다. 그래서 동물은 절대로 할 수 없는 다이어트도 사람에게는 가능한 것이다.

먹고 싶어도 안 먹는다. 놀고 싶어도 놀지 않는다. 잠을 자고 싶어도 잠을 안 잔다. 가고 싶어도 가지 않는다. 사람은 의지의 동물이지만 그 의지에 반하여 살아갈 수도 있다. 동물적인 맹목적 의지에 저항하는 또 다른 의지의 출현을 스스로 실현시킬 수도 있다. 그래서 사람인 것이다. 하지만 사람이 인식에 지배를 받아도 문제이고, 의지에 지배를 받아도 문제이다. 둘이 서로가 서로를 위한 균형을 잡아줄 때에만 진정한 삶의 의미가 주어지는 것이다.

몸과 마음이 문제이다. 육체와 정신이 문제이다. 체력과 정신력이 문제이다. 이 두 가지는 서로가 얽히면서 수많은 혹은 무궁무진한 상황을 연출한다. 사람 사는 세상은 다양성의 원리로만 해석이 가능하다.

사람 마음은 좁고 또 좁다

이제는 귀를 닫고 귀를 열어야 할 때가 되었다. 눈을 감고 눈을 떠야 할 때가 된 것이다. 〈수월관음도〉에서 그려놓지도 않은 달을 보았는가? 거울 앞에서 자기 자신을 상실해보고 또 보이지도 않은 자기 자신을 제대로 본 적이 있는가? 자기 자신을 정말 제대로 안 적이 있는가?

사람은 바뀔 수 없다. 그래도 사람은 바뀔 수 있다. 성격은 변하지 않는다. 그래도 성격은 변할 수 있다. 이럴 때도 있고 저럴 때도 있다. 이럴 땐 이런 말이 어울리고, 저럴 땐 저런 말이 어울릴 뿐이다. 사람을 만날 때 그 사람에게 어울리는 말을 해줘야 한다. 그 사람에게 힘이 되는 말을 해주어야 한다. 그러나 오해는 있을 수밖에 없다. 특히 내가 없는 자리에 내가 아는 두 사람이 모일 때가 오해의 늪이다. 그럴 때는 내가 한 말을 두고 서로 다른 입장에서 토론을 해나갈 것이기 때문이다. 대부분의 사람들은 이럴 때 상처를 입게 된다. 자기는 듣지 못한 말을 누구는 들었다는 것을 두고 큰 상처를 입게 되는 것이다.

참으로 세상은 좁디좁다. 사람의 마음도 너무도 좁고 또 좁다. 옴짝달싹할 수가 없다. 돋보기를 이용해 태양의 빛을 한 곳에 집중시키면, 빛이 모인 그곳은 불에 타듯이, 시선이 한 곳에 집중하게 되면 그 지점은 불에 타버리고 마는 것과 같은 이치이다. 마음도 새카맣게 타들어 갈 수 있다. 마음은 마음을 먹는 것이 관건이지만, 새로운 마음을 먹을 마음이 없다는 것이 문제이다. 그 좁디좁은 마음을 두고 스스로는 거대한 듯이 착각하고 산다는 것이 너무도 큰 문제이다. 사람 사는 곳의 문제는 바로 이 문제밖에 없다.

세상은 다양성의 원리로만 해석이 가능하다.
다양하지 않다면 사람 사는 이야기가 될 수 없다.

가면은
언젠가 벗겨진다

인생의 끝 무렵은 가면을 벗는 가장무도회의 끝 무렵과 같다.
_《인생》

누구나 이성 때문에 가면을 쓴다

기욤 세냑의 〈피에로의 포옹〉이란 그림이 있다. 정확히 1900년에, 즉 세기 전환기에 세상에 나온 그림이다. 고대의 비너스 상을 감상할 때처럼 인간의 현상에 대해서 고민하게 하는 대표적인 그림이다. 얼굴을 하얗게 분칠한 피에로가 뒤에서 여인의 목에 가볍게 키스를 한다. 여인은 간지러운지 살짝 움찔하며 몸을 비틀지만 싫지 않은 느낌이다. 게다가 가면 뒤로 조금 보이는 눈웃음은 순수하기 짝이 없다. 피에로의 오른손은 여인의 가슴을 감싸고 있고, 여인은 그의 그런 손을 향해 살짝 저항하고 있다고 할까. 가장 노골적인 것은 그녀의 입가에 드리운 환한 미소이다. 너무도 노골적이어서 당황스럽기까지 하다. 이런 장면이 세기 전환기의 분위기를 전한다.

세상이 변했다. 육체에 대한 생각이 변했다. 물론 사람은 누구나 이성 때문에 가면을 쓸 수밖에 없다. 이성 때문에 거짓말을 하며 살아야 하는 것이다. 때로는 의도적으로 때로는 의도치 않게 거짓말을 하게 되는 것이 사람 사는 이야기이다. 상대를 해코지하지 않는다면 거짓말도 좋은 일이다. 대부분의 창작물은 사람을 속이는 데서부터 시작된다. 상대에게 기쁨을 줄 수 있다면 거짓말도 권장할 만한 것이다. 꿈과 희망을 주는 대부분의 작품은 예술 작품으로 인정받고 있다는 점을 간과해서는 절대로 안 된다.

과거 선배들은 진리를 말한다면서 종교재판을 일삼았다. 생각을 틀에 박아놓고 사람을 판단했다. 자기 생각이 옳다면서 상대방의 생각을 무시하거나 정죄하기 바빴다. 진리로 사람을 죽이려는 양심에 사로잡혀 양심의 노예가 되기를 자처했다. 양심을 진리의 주변에 두고 나니 사람 죽이는 것은 식은 죽 먹기보다 쉬웠다. 진리를 운운하며 사람을 꼼짝 못하게 만들었다. 진리를 독점한 단체가 세상을 지배하는 이상한 일들이 벌어지고 만 것이다.

거짓말도 거짓말 나름이다. 거짓말은 어떤 형식으로든 또 언젠가는 반드시 본 모습을 드러낸다. 역사는 언제나 그것을 증명한다. 부정적인 거짓말도 결국에는 빛 속에 드러난다. 하지만 평생 그런 거짓말에 휘둘려 산 인생이라면 안타까울 것이다. 자기 자신의 삶을 다시 살 수 없기 때문이다. 단 한 번뿐인 삶을 속아서 살았다는 느낌에 억장이 무너진 것이다. 자기 마음대로 살아보지 못했다는 생각보다 더 지독하고 악랄하며 사악한 생각은 없기 때문이다.

물론 긍정적인 거짓말도 빛 속에 드러나겠지만, 그때는 흐뭇한 미소를 지을 것이다. 긍정하는 마음이 지배적이면 행복한 분위기가 상황을 압도한다. 창조적인 거짓말을 했다면 용서가 가능하다. 타인에게 꿈과 희망을 주었던 거짓말이라면 예술가의 기질을 확인하는 순간이 연출될 수도 있다. 파우스트처럼 아무리 악마의 도움을 받아 나쁜 짓을 했어도 그 나쁜 행동이 결국에는 인류를 위한 것으로 증명된다면 신도 그의 영혼을 구원해줄 것이다. "두려워하지 말고 믿기만 하라." 그 믿음의 대상은 긍정과 희망이어야 한다.

내 인생의 가면들

인생의 마지막 순간은 어떨까? 나는 죽을 때 어떤 모습일까? 죽지 않을 수 없기에 우리는 이런 질문으로부터 자유로울 수 없다. 사람은 누구나 질문의 노예가 된다. 누구나 이런 질문에 발목 잡힌 채 교수대로 끌려 갈 것이다. 울어도 소용없다. 운다고 해결될 일도 아니고, 운다고 바뀔 상황도 아니다. 그렇다고 반대로 마냥 웃으며 살 수도 없다. 웃는 연습을 아무리 해도 삶이라는 현장은 마냥 웃게 내버려두지 않는다. 기어코 울게 만들 것이다. 삶은 참으로 잔인하다. 그래서 철학이 필요하다.

내가 쓰고 있던 가면은 어떤 가면일까? 내가 내 일이라고 간주하고 해냈던 역할은 진정으로 나에게 주어진 나의 역할이었는가? 또 내가 쓰고 있던 가면을 벗고 나면 나의 모습은 어떤 모습일까? 생각으로 살아온 그 사람의 본 모습은 어떤 모습을 하고 있을까? 그 얼굴은 어떻게 생겼을까? 궁금하기 짝이 없다. 이성적 존재는 어쩔 수 없이 이성을 활용하며 살아갈 것이고, 그 이성의 결과물은 생각의 흔적을 따라서 형성될 것이 틀림없다. 결국 무슨 생각을 하며 살았는가 하는 질문 앞에 스스로 서게 될 것이다. 아무도 피할 수 없는 질문이다.

'가장무도회'는 끝날 것이다. 이성이 빛을 잃으며 삶도 끝날 것이다. 의도했든 의도치 않았든 가장무도회는 삶과 함께 진행될 수밖에 없고, 그 가장무도회에서 사람은 누구나 자기 자신에게 주어진 역할을 담당할 수밖에 없다. 누구를 만나든 행복을 주는 사람이 되기를 바라는 것이 쇼펜하우어의 진심이다. 그의 좌우명은 이랬다. "아무도 해치지 말고, 모두를 도와주어라, 네가 할 수 있는 데까지." 이것이 염세주의 철학을 낳은 염세주의 철학자의 작은 소망이자 원대한 꿈이었다. 그는 한평생 이런 말을 해주려고 철학의 길을 걸었던 것이다.

살다 보면 의도치 않게 사람을 해칠 수도 있다. 그러면 진심으로 사과하면 된다. 도와주려고 했던 그 진심을 드러내고 설명해주면 되는 것이다. 사람은 용서해줄 수도 있는 존재이다. 사람은 누구나 용서받을 자격을 갖춘 존재이기도 하다. 사람은 실수도 하는 존재이다. 생각을 잘못할 수도 있는 것이다.

삶이라는 가장 무도회는 언젠가 끝난다.
누구를 만나든 행복을 주는 사람이 돼라.

Arthur Schopenhauer

인생의 껍데기는 가라

> 성욕이 소멸된 후에는 인생의 본래적인 핵심이 소모되어, 이제는 인생의 껍데
> 기만 남아 있다고, 아니 인생이란 인간에 의해 시작되지만 나중에는 로봇이 인
> 간의 의상을 입고 끝까지 연기하는 희극과 같다고 말할 수 있겠다.
>
> _《인생》_

현상과 본질은 공존한다

인생의 껍데기는 현상의 결과물이다. 현상은 존재를 끝까지 끌고
간다. 그 끝에서의 현상을 존재에게 기어코 보여주고 만다. 한계에
도달한 존재는 그때가 되어서야 패배를 인정한다. '의지의 모든 노
력은 본질적으로 허망한 것'이라는 진리를 그때가 되어서야 깨닫게
된다. 그나마 깨달아서 다행이라고 말할 수도 있겠지만, 그런 깨달
음은 삶에 도움이 되지 못한다. 때는 너무 늦어버렸기 때문이다. 놓

쳐버린 것은 시간뿐만이 아니다.

너무 늦지 말아야 한다. 깨달음의 순간을 죽음 직전으로 몰고 가지 말아야 한다. 현상 뒤에 본질이 있다. 눈에 보이는 것이 전부가 아니다. 눈에 보이지 않는 것도 절반의 인생이다. 쇼펜하우어는 '모든 대립을 하나로 합치는 것이 본래 철학의 주제'이며, '플라톤이 지적했듯이 서로 다른 현상에서 동일한 것을 인식하고, 유사한 것에서 차이를 인식하는 것이야말로 철학의 조건'이라고 했다.

현상과 본질은 공존한다. 둘이 모여야 가장 큰 세상이 완성된다. 아쉽게도 플라톤은 본질을 선택하고 말았다. 그런 선택의 결과로서 현상을 무시하는 결과를 초래하고 만 것이다. 쇼펜하우어는 본질에 가려져 홀대받고 있던 현상을 관찰했다. 현상의 의미를 거듭 추궁했다. 플라톤이 무시했던 현상의 의미를 깨닫고 그것을 극복해보고자 했다. 본질이 배경으로 버텨주지 않는 현상은 속이 텅 빈 껍데기에 불과하다는 것을 깨닫고 그 한계를 넘어 서려고 한 것이다.

부정은 긍정을 위한 조건이다

쇼펜하우어는 껍데기에 대한 비유를 참으로 많이 사용했다. 껍데기는 그 안의 것을 감싸주는 역할을 할 뿐이다. 진짜는 그 안의 것이다. '마야의 베일'이라는 수수께끼 같은 개념이 껍데기에 대한 비유로 인해 내용이 보다 충실해진다. 껍데기는 속이 빈 호두처럼 주름살로 뒤덮여 있지만, 내용은 하잘것없거나 아예 아무것도 없다. 쇼펜하우어는 세상의 거의 모든 것은 속 빈 호두와 마찬가지라고 했다. 이런 인식이 와줘야 그다음이 실현될 수 있다.

인식도 인식 나름이다. 의지에 봉사하는 노예 같은 인식은 삶을 맹목적으로 끌고 간다. 이때는 의지가 원하는 대로 하지만, 모든 노력이 헛수고로 끝날 위험이 크다. 마치 아서 밀러의 《세일즈맨의 죽음》에서 주인공이 돈을 벌기 위해 평생을 다 바쳐 물건을 팔아왔지만 정작 판 것은 자기 삶이었던 것처럼, 자기 자신에게 주어진 소중한 시간을 팔아버린 것이다. 그런 죽음은 슬픔의 현상으로만 비춰진다.

늘 경고하지만, 부정적인 말에 발목이 잡히는 일이 없도록 해야 한다. 부정은 긍정을 위한 조건이 될 뿐이다. 연꽃이 진흙 속에 뿌리를 내린 것이나, 빛 속으로 들어가기 전에 어둠의 세상을 두루 섭렵하는 것이나 다 같은 원리임을 깨달아야 한다. 고생해봐야 인생의 낙을 안다. 아침놀이 위대하게 보이는 이유는 긴 어둠을 견뎌냈기 때문이다. 한치 앞도 안 보이는 현실 속에서 자기 자신을 온전히 지켜낸 정신을 빛으로 보답을 받는 것이다.

쇼펜하우어가 지속적으로 또 반복적으로 부정적인 말을 인용하거나 설명의 도구로 삼지만 그것을 가지고 그가 무슨 말을 하는지에 귀를 열려고 애를 써야 한다. 그래야 염세주의 철학이 들려주는 지혜의 소리를 들을 수 있다. 염세 그 자체는 나쁘다. 고통 그 자체는 아무도 좋아하지 않는다. 싫은 것은 싫은 것이다. 하지만 그 나쁜 것으로, 그 싫은 것으로 철학자는 무엇을 지향하고 있는가? 그것에 대한 대답을 스스로 들을 줄 알아야 한다.

앞서도 한 번 언급했지만, 묵상하는 의미에서 다시 이야기한다. 쇼펜하우어는 당황스런 상태를 뚫고 헤쳐 나오려고 하면서 철학자가 되는 것이라고 했다. 참으로 멋지고 좋은 말이다. 좋은 말은 반복하며 외워야 한다. 반복 속에서 인식이 주어질 것이기 때문이다. 삼보일배하는 이유도 반복 속에 인식이 주어진다는 것을 알고 있기 때문이다. 염주를 돌려가며 스님들이 염불을 외우는 것도 반복 속에 깨달음이 주어진다는 것을 인정하기 때문이다.

눈에 보이는 것이 전부가 아니다.
눈에 보이지 않는 것도 절반의 인생이다.

진정한 인식 속에는
'내가' 없다

이미 언급한 《베다》의 공식인 "그것은 바로 그대다!"라는 문구로 표현하는 것
보다 더 적절하게 표현하는 길을 알지 못한다.

_《의지》

단일한 본질과 다양한 현상

'탓 트왐 아시 _Tat twam asi_'는 '그것은 바로 그대다'라는 의미이다. 쇼펜
하우어는 《의지와 표상으로서의 세계》에서 '탓 트왐 아시'라는 말을
여러 번 언급했다. 왜 쇼펜하우어는 이 문구를 그토록 선호했던 것
일까? 왜 이 문구가 그의 철학에 있어서 그토록 중요하다고 판단했
던 것일까? 그것은 진정한 인식에 대한 가르침을 전하고 있기 때문
이다.

진정으로 아는 공식 속에는 '내가' 없다. 자기 자신은 존재하지 않는다. 자기 자신 안에는 오로지 '너'에 대한 인식뿐이다. 이런 공식을 쇼펜하우어는 동정의 의미로 해석했던 것이다. 카타르시스를 경험하려면 동정에 풍덩 빠져봐야 한다. 동정 속에서 고통이라 불리는 모든 것을 채워봐야 한다. 동정으로 인해 자기 자신은 자기 자신을 상실하는 고통 속에 허덕이게 되겠지만 그런 고통이 결국에는 자기 자신을 구원하는 결과로 나아가게 될 것이다.

'탓 트왐 아시'를 누구는 '타트 트밤 아지ᵀ^{at tvam asi}'라고 독일식으로 발음하기도 한다. 발음이야 어떻든 상관없다. 이름 때문에 어떤 사람이 헷갈리지 않는 것처럼, 서로 다른 발음 때문에 개념에 대한 이념이 헷갈리거나 혼동하는 일은 없어야 한다. 물론 이름이 중요하지 않다고 말해서는 안 되지만, '학교'라고 말하든 '각고우'라고 말하든 다 같은 의미를 나타내는 말이라는 데서 인식을 얻어야 한다. 하나는 한국말이고, 다른 하나는 일본말일 뿐이다.

다양한 현상들 속에서 단일한 본질의 것을 인식하고, 단일한 본질의 것에서 다양한 현상들을 인식하는 것이 철학이 하는 일이라고 했다. '그것은 바로 그대다'라고 번역했지만, '이게 바로 너'라고 번역해도 되는 말이다. '그대'라고 번역해도 되고 '너'라고 번역해도 된다. 인식의 순간에 내뱉는 이성적인 마지막 단 한 마디가 이런 말이라는 것이 중요하다. '내 안에 너 있다'라는 말이 도대체 무슨 말일까? 이 말은 쇼펜하우어 철학의 중요한 메시지를 담은 말이기도 하다.

인식의 주체

인식 주체는 '나'로서 굳건히 버티고 있다. 하지만 '내가 인식의 주인이다!' 하고 전면에 나서지 않는다. 그런 이기적인 의지가 인식을 주도하거나 조종하고 있지 않은 것이다. 나에게 중요한 것은 오로지 너뿐이다. 너는 나의 의미가 된다. 네가 있어 내가 있다. 네가 내 안에 있어 내가 존재할 수 있다. 네가 내 안에 있어서 내가 살 수 있다. 나의 삶은 오로지 너의 존재에 의해 규명된다. 이것이 '탓 트왐 아시'의 진정한 의미가 된다.

힌두교의 궁극적인 이념은 '탓 트왐 아시'를 중심에 두고 도는 느낌이다. 이를 두고 '무아지경'이란 말도 하고 '황홀지경'이란 말도 한다. 무아, 즉 내가 없어도 좋다는 그 느낌이 최고의 경지를 일컫는 말이 된다. 힌두교에서는 자기가 아닌 자기를 두고 '안아타_Anatta_'58라고 말한다. 이것은 '둑카_Dukkha_(고통)'와 '아니카_Anicca_(무상함)'와 더불어 현존재를 일컫는 삼대 개념이 된다. 인생이 무엇인가? 그것은 자기가 아닌 자기로 사는 것이고, 고통으로 일관하는 것이며, 결국에는 무상함에 직면하게 되는 것이다. 그렇다면 어떻게 해야 되는가?

'그렇다면 어떻게 해야 되는가?' 이런 질문이 등장해야 힌두교도 불교도 쇼펜하우어의 염세주의도 도움의 손길을 내밀 것이다. 부정적인 개념들에 둘러싸여 있다가 출구를 찾지 못하는 지경에 처해지지 않도록 늘 경계하고 깨어 있어야 한다. 진정으로 명상을 하려면 잠들어서도 안 되고 완전히 이성적으로 존재해서도 안 된다. 그 경계 지점에서 오랫동안 버텨야 하는 것이 명상의 관건이다. 쉽지 않은 일이다. 스님들도 명상을 하다가 잠이 들면 죽비로 깨워준다. 선수도 실수를 하기 마련이다. 그래서 늘 조심하며 살아야 한다.

> 다양한 현상들 속에서 단일한 본질을 인식하고,
> 단일한 본질에서 다양한 현상들을 인식하는 것이
> 철학의 일이다.

Arthur Schopenhauer

생로병사를 넘어
열반에 이르러라

너는 열반에, 즉 생로병사의 네 가지 형태가 없는 경지에 들어간다.
_《의지》

한계에 처했을 때 고전이 손을 건넨다

열반에 들어간다. 경지에 들어간다. 쇼펜하우어는 철학적으로 중
요한 대답을 내놓아야 할 때마다 산스크리트어로 작성된 베다나 우
파니샤드, 즉 힌두교나 불교의 경전을 인용하며 설명에 임한다. 어
떤 학자는 그가 누가 언제 번역한 경전을 읽었는지 등을 연구하는
사람도 있지만, 사실 그런 것은 부차적인 문제에 불과하다. 우리가
궁금해해야 할 사항은 그런 것이 아니라, 쇼펜하우어가 이런 말을

가지고 어떤 설명을 내놓고 있느냐 하는 것이다.

철학자 쇼펜하우어가 힌두교를 제대로 이해했는지, 불교의 이념을 제대로 이해했는지 등을 따지는 학자도 있지만, 그런 것도 중요한 사안이 아니다. 그냥 믿고 따라주는 것이 좋다. 왜냐하면 쇼펜하우어의 책은 고전의 반열에 올라섰기 때문이다. 아무리 비난하며 끌어내리려 해도 끌려 내려오지 않을 것이다. 고전은 그런 것이 아니다. 늘 그렇듯이 고전을 부정하고 무시하면 자기 손해이다.

하지만 고전을 이해하면 죽을 때까지 친구가 생기는 것이다. 늘 한계에 처해 있을 때 고전이 미켈란젤로가 그림으로 연출한 신의 손길을 떠올리게 할 것이다. 항상 신의 손에 이끌려 상상도 못했던 세계 속으로 들어 설 수 있게 될 것이다. '의지와 표상으로서의 세계'를 이해하고 나면, 또 그의 '행복론'과 '인생론'을 이해하고 나면, 쇼펜하우어가 철학적으로 설명하려 했던 신세계가 펼쳐질 것이다. 그 세계를 일컬어 이상향이라고 말해도 되고 천국이라고 말해도 된다. 쇼펜하우어처럼 힌두교와 불교의 궁극적인 인식의 경지를 일컫는 '열반'을 떠올려도 상관없다.

이제 그토록 대답을 미뤄왔던 '열반'에 대해 고민을 해봐야 할 때가 되었다. 쇼펜하우어도 이 말을 하려고 무지 애를 썼다. 늘 이 말을 해야 하는 상황에서는 '아직 때가 되지 않았다'라고 말하며 뒤로 미뤘다. 아직 대답을 들을 상황이 아니라면서 시기를 늦춘 것이다. 사실 깨달음의 소리는 준비된 자에게는 카타르시스의 효과를 자아내지만, 준비되지 않은 자에게는 혐오감만 불러일으킨다.

대부분의 사람들은 혐오감을 앞세운다. 나이가 들면 들수록 혐오감은 높아만 간다. 좋은 것보다 싫은 것이 너무도 많아진다. 자기 생각에 둘러싸여 밖을 보려 하지도 않는다. 아니 밖을 내다 볼 수 있는 처지도 못 된다. 그것이 늙은 사람들의 현상이다. 사랑한다면서 자기 생각을 강요하기 일쑤이고, 배운다면서 가르치려 드는 것이 노인들의 흉한 모습이다. '내 안에 너 있다'는 말을 알고 있을지 모르나, 그것을 실천할 수 있는 정신은 드물다.

생로병사라는 문제

생로병사가 문제였다. 생로병사가 여전히 문제이다. 생로병사가 문제가 될 것이다. 그런데도 불구하고 생로병사에 대해 고민을 하는 자가 드물다. 어떤 이는 생로병사라는 말을 하면서 전혀 다른 이야기로 넘어간다. 그런 것이 생로병사라고 우기는 것이다. 그런 우기는 말에 휘둘리지 않도록 조심해야 한다. 쇼펜하우어의 글은 고전이 되었음을 인정하고 그가 하는 말에 귀를 기울이고 제대로 들을 준비를 해야 한다.

대부분의 사람들에게는 생로병사가 문제되지 않는다. 아직도 여전히 생로병사가 문제되지 않는다. 생로병사가 앞으로도 문제가 되지 않을 것이다. 이 말도 맞는 말이다. 하지만 몰라서 문제되지 않았던 것과 알고도 문제 삼지 않는 것은 전혀 다른 문제이다. 쇼펜하우어도 생로병사의 문제로 철학의 길을 걸었다. 사람의 삶을 문제 상황으로 인식했고, 그것을 두고 평생을 통해 고민에 고민을 거듭했다. 그러면서 불멸이 될 말들을 만들어냈던 것이다.

'열반'으로 번역된 원어는 '니르바나Nirvana'이다. 해탈이라 번역해도 무방하다. 물론 누구는 이 단어를 '니르와나Nirwana'라고 발음하는 사람도 있다. 이 또한 상관하지 말자. 중요한 것은 의미이나. '니르'는 '밖으로' 혹은 '밖에'라는 뜻이고, '바나'는 의성어로 '바람 부는 소리'를 뜻한다. 바람이 부는 소리를 '바나' 하고 들었던 것이다. 충분히 그럴 수 있다. 입으로 내는 소리라면 '훅!' 하는 소리 정도라고 생각해도 되겠다.

'열반'은 힌두교와 불교에서 공통적으로 최고의 경지를 일컫는 개념이다. 기독교의 '임마누엘'이나 '천국' 혹은 '영생'의 이념처럼 수수께끼 같다. 늘 이상은 현실의 저편에서 기다리고 있다. 항상 저세상은 이 세상의 반대편에서 기다림의 손짓을 하고 있다. 사람은 이상을 포기할 수가 없다. 생각은 이상으로 치닫기 때문이다. 생각은 극단적일수록 매력적이다. 상상을 초월하는 것일수록 매혹적이다. 시간과 공간의 원리를 벗어날수록 황홀하다.

깨달으면 열반으로 들어간다. 열반도 세계이다. 그 세계도 '표상의 세계'이다. "세계는 나의 표상이다"라는 말로 시작한 책이 《의지와 표상으로서의 세계》이다. 사람 사는 세상 이야기로 충만하지만 그 내용은 오로지 열반을 지향하고 있다. 스핑크스의 수수께끼만큼이나 신비롭다. "아침에는 네 발로, 점심에는 두 발로, 저녁에는 세 발로 걷는 것은 무엇인가?" 정답은 사람이라고 했다. 사람에게 '사람이 정답인 문제'가 수수께끼가 되는 것이다.

마찬가지로 세계는 있다. 세상에서 가장 당연한 것이 세상이다. 세상을 두고 문제 삼을 필요는 없다. 당연한 것을 당연하게 인식하는 것이 관건이다. 그런데 생각하는 존재에게는 눈에 보이는 세상만 세상이 아니다. 눈에 보이지 않는 세상도 존재한다는 것이 문제이다. 바로 이 지점에서 사람과 동물의 차이점이 발견된다. 쇼펜하우어는 '인간은 동물에게서는 볼 수 없는 사고력을 지녔기에 동물도 가지는 고통과 즐거움이라는 동일한 좁은 토대 위에 인간의 행복과 불행이라는 높고 큰 건물을 세운다'라고 했다. 사람은 동물이면서 동시에 동물 그 이상의 어떤 존재이다. 그 어떤 존재가 수수께끼의 대상이 되는 것이다.

생로병사가 없다면 어떤 곳일까? 태어남도 없고 늙어감도 없고 병도 없고 죽음도 없다. 그런 세계는 도대체 어떤 세계일까? 기독교의 이념으로 말하자면 그것이 바로 '영생'이 되는 것이다. 우리는 너무도 쉽게 영생을 바란다. 하지만 그 '영생'의 의미를 알고 있느냐는 전혀 다른 문제이다. 생각하는 존재는 그런 것을 충분히 생각해 낼 수 있다. 그런 세상이 존재하지 않는다고 말한다면 그것은 독단이 된다. 독단은 지양의 대상이다.

모든 것은 가능하다. 가능성을 인정하는 순간 다양성은 선물로 주어진다. 가능성을 배제할 때 망상은 생각을 덮칠 것이다. 쇼펜하우어는 망상은 뛰어내리는 것 말고는 다시 아래로 내려가는 방법이 없는 언덕과 같다고 했다. 그런 망상에서 뛰어내리면 열반에 들어설 것이다. 겁먹을 필요가 없다. 두려워할 필요가 없다. 망상이라고 판단되면 과감해져야 한다. 뛰어내림 외에는 답이 없기 때문이다. 그때는 "하지만 안심하라!"라는 말만 기억해주면 된다.

세상에서 가장 당연한 것이 세상이다.
당연한 것을 당연하게 인식하는 것이 관건이다.

무의 형식이
세상의 모든 것을 담아낸다

인간의 죽음을 바라볼 때 여기서 어떤 물자체가 무가 되리라고 어떻게 생각할
수 있겠는가?

_《인생》

"생각할 수 있겠는가?"

참으로 길고 긴 여정을 걸어왔다. 이제 마지막 장의 마지막 절에 이
르렀다. 정말 마지막이다. 죽음 앞에서도 우리는 '마지막'을 입에
담게 될 것이다. 그래서 그런지 해안에서 알을 낳는 거북이의 기분
이 들기도 한다. 알을 깨고 나온 새끼들이 해안을 잘 찾아 갈지도
걱정이고, 알이 부화될 수 있도록 날씨도 도와줄 것인지도 걱정이
다. 어쨌거나 거북이는 알을 모래 속에 낳아야 한다. 모래 속에 숨

겨두듯이 그렇게 알을 세상 속에 내놓아야 한다.

쇼펜하우어의 주옥같은 말들을 징검다리 삼아 살펴본 이 책의 그리고 이 글의 마지막 절이다. 늘 이 지점에 도달하면 뒤를 돌아보게 된다. 그리고 그와 함께 마지막 인용문까지 이어지는 과정을 살펴보게 된다. 하지만 여기에, 바로 이 마지막 순간에, 하나의 심각한 질문을 남겨놓고 싶다. 의미심장한 질문이길 바란다. 물론 의미는 받아들이는 자의 몫이 되기도 한다. '생각할 수 있겠는가?' 이 질문으로 한참 동안 머물러 있길 바란다.

아는 만큼 보인다고 했다. 질문할 수 있는 만큼 들을 수 있다. 감당이 되어야 보이고 들린다. 아무리 좋은 말이라 해도 준비가 되지 않은 자에게는 쓸데없는 말이 되고 만다. 이제 이런 질문으로 스스로 검증을 해보자. 사람이 죽고 나면 무엇이 될까? 사람은 죽고 나면 어떻게 되는 것일까? 천국이나 지옥에 갈까? 중세 천 년 동안 사람들은 이런 말들로 묵상의 시간을 보냈다. 천국은 가고 싶고, 지옥은 가기 싫다. 신에게는 곁을 주고 싶고, 악마에게는 곁을 주고 싶지 않다. 이렇게 생각하기 시작하면 덫에 걸린 것이 된다. 함정에 빠진 정신이 되고 만다.

쇼펜하우어를 스승으로 섬겼던 니체는 《차라투스트라는 이렇게 말했다》에서 죽어가는 광대가 악마와 지옥을 이야기하며 한숨 섞인 한탄을 쏟아내고 있을 때 그를 향해 이런 명언을 하나 남겼다. "악마도 없고 지옥도 없다. 너의 영혼이 너의 신체보다 더 빨리 죽어갈 것이다."[59] 쇼펜하우어도 니체도 모두 생철학의 선구자들로 일컬어지고 있다. 무시하지 말고 그 말을 인정하고 들어보자. 자기 마음대로 생각하지 말고 철학자의 마음으로 생각해보자.

'악마도 없고 지옥도 없다.' 없다면 또 어떻게 되는 것일까? 없어도 괜찮은 것일까? 그런 것이 없으면 무엇이 있는 것일까? 그렇다면 반대로, 신이 있는 것일까? 천국이 있는 것일까? 니체는 그런 이분법적인 논리로 위로를 하려 하지 않았다는 것을 깨달아야 한다. 죽음 이후? 그것에 대해 미리 겁을 내서 현실에서 주눅 들면 자기 손해이다. 안심하라! 철학자의 간절한 목소리를 들을 수 있으면 된다. 지옥에서도 살아나올 수 있을 것이다.

생각으로 무에 도달할 수 있다

죽음 이후는 그냥 마음의 문을 열어두면 될 일이다. 모든 것이 되기도 하고 무가 되기도 한다는 쇼펜하우어의 말로 마지막 순간에 대해 마음의 준비와 훈련을 해두면 될 일이다. 무엇이 닥치든 감당하려는 마음만 있으면 된다. 그러면 죽음 이후도 멋진 여행으로 인식될 것이다. 자식에게 행운을 주고 바다에 보내라는 쇼펜하우어의 말처럼 죽은 후에 다시 태어나는 자기 자신의 자식에게 행운을 빌어주며 바다로 향할 수 있도록 길을 열어 주면 될 일이다.

쇼펜하우어의 철학적 대명제는 '무가 되리라'라는 말로 집중한다. 그가 자신의 주저서로 꼽았던 《의지와 표상으로서의 세계》도

"이 세계는 모든 태양이나 은하수와 더불어 ─ 무인 것이다"라는 말로 마감했다. 정말 종소리 같다. 텅 빈 범종이 들려주는 소리처럼 여운이 길기만 하다. 이 책을 시작했던 문구는 "세계는 나의 표상이다"라는 문구였다. 결국 시작과 끝이 맞물린다. 무의 형식이 이 세상의 모든 것을 담아낸다.

모든 것이 무이다. 쇼펜하우어는 이런 말을 너무도 당연하게 또 너무도 쉽게 내뱉는다. '영원하리라'니 '영생을 얻으리라'니 하는 희망적인 말은 절대로 들려주지 않는다. 이런 그의 말은 전도서의 말을 닮기도 했다. "헛되고 헛되며 헛되고 헛되니 모든 것이 헛되도다."(전도서 1:2) "죽는 날이 출생하는 날보다 나으며."(전도서 7:1) 그런데 전도서가 말하는 헛됨의 형식과 쇼펜하우어가 말하는 무의 형식은 완전히 다른 내용으로 채워져 있다.

전도서의 내용은 하늘나라를 꿈꾸게 만드는 반면, 쇼펜하우어가 전하는 철학의 메시지는 삶의 현상에서 본질로 나아가게 한다. 현상과 본질이 태극의 음과 양처럼 서로가 절반의 세계를 차지하며 세상에서 가장 큰 세상을 만들어주길 바라고 있다. 태극! 가장 큰 세계에 대한 이념이다. 쇼펜하우어는 삶이 있어야 가능한 세상을 새롭게 가르쳐주고 있다.

쇼펜하우어는 자신도 곧 무로 돌아갈 것이라고 했다. 무이면서 전부가 될 수 있다. 공이면서 전체가 될 수 있다. 이런 공과 무로 채워진 것이 범종이다. 속이 텅 빈 종이 맑은 소리를 낸다. 그런 소리가 죽음 이후에 지옥에 떨어진 모든 영혼을 위로하는 소리가 된다.

사람은 귀신도 보는 존재라고 했다. 사람은 악마도 지옥도 생각할 수 있는 존재라고 했다. 사람은 자기 자신의 생각에서 벗어날 수 없다. 거기에 천국도 있고 지옥도 있다. 살아 있는 동안 생각은 멈추지 않을 것이다. 그래도 좋다. 생각으로 무에 도달할 수 있기 때문이다.

무로 돌아간 정신은 위로의 소리를 조용히 들려줄 것이다. "나 역시 곧 무로 돌아갈 것이다." 나에게는 결국 허무함이 도래하겠지만 그 허무 속에 내가 들어갈 것이다. 그런데 그 허무의 허무함이 공과 무의 형식으로 인식될 것이다. 모든 것을 받아들이는 한계 없는 깊이를 느끼게 될 것이다.

"나 역시 곧 무로 돌아갈 것이다." 대답으로 만족하지는 말자. 질문을 망각하면 대답은 무의미해지고 말기 때문이다. 기억을 거듭하며 므네모시네를 따라가고 진리를 맛보도록 하자. '생각할 수 있겠는가?' 낚싯바늘 같은 물음표를 깊은 심연 속에 던지며 영원과 불멸을 낚아보자. 인생은 시간 속에서 태어나고 진행되지만, 그 시간으로 인해 영원이 선물로 주어진다는 진리를 깨달아보자. '생각할 수 있겠는가?' 마지막 순간까지 놓치지 말아야 할 질문이다.

> 무로 돌아간 정신은 위로의 소리를 들려줄 것이다.
> 긴 여운을 남기며 가슴속에 채워질 것이다.

죽기 전에
꼭 읽어봐야 할 책

모두 열 개의 장으로 구성했고, 각 일곱 개의 절로 나눴으며, 그때마다 인용문을 하나씩 제시했다. 모두 칠십 개의 인용문이 선택된 셈이다. 그래도 욕심은 남는다. 선택받지 못한 말들이 너무도 많기 때문이다. 그래도 이것으로 오래 읽힐 책을 꿈꿔본다. 무모한 도전이 될 수도 있고, 훗날 비웃음의 대상이 될 수도 있겠지만, 나의 도전은 멈출 수도 숨길 수도 없다.

2014년 11월에 《쇼펜하우어, 돌이 별이 되는 철학》을 내놓으면서 작가의 인생길을 걷기 시작했다. 그리고 세월이 흘러 지금까지 단독저서 외에 공동저서 및 번역서까지 합하여 45권에 달하는 책들을 내놓았다. 정말 앞만 보고 달렸다.

"쓰레기 속에 진주가 있다"라고 한 괴테의 말을 믿고 묵상하며 살았다. 일단 쓰레기부터 만들어야 한다는 일념으로 나 자신을 단련시키고 문체를 수련했고 반복해서 훈련했다. 늘 마지막이라고 생각하고 유언을 남기듯이 글을 썼다. 신화라는 이야기의 형식 속에서 수천 년을 견뎌 온 트로이의 성을 쌓고 싶었다. 성은 사라져도 이야기는 영원히 남기 때문이다.

죽기 전에 꼭 읽어봐야 할 책을 쓰고 싶었다. 죽기 전에 읽으면 희망이 보이는 그런 책을 쓰고 싶었다. 쇼펜하우어는 묘한 매력을 지닌 철학자이다. 그에겐 단 한 학기, 그것도 겨우 한두 달 정도, 대학 강단 위에 선 것이 대학이력의 전부이다. 책도 학위논문을 빼고 나면 《의지와 표상으로서의 세계》와 《인생론》 단 두 권밖에 없다. 좀 극단적으로 말하자면, 두 권의 책으로 불멸이 된 철학자가 쇼펜하우어라는 얘기이다.

천재는 그를 알아보는 또 다른 천재에 의해 역사가 된다. 젊은 청년이었던 쇼펜하우어의 글을 읽고 최초로 좋은 평가를 했던 사람은 괴테였다. 괴테는 질풍노도의 시기를 통해 신에게 저항하고 또 인간의 편에 서서 인간애의 정신을 구가하며 고전주의를 완성시킨 위대한 문호이다. 어쩌면 근대 르네상스를 이끌었던 휴머니즘 사상은 그의 언어와 문체에 의해 더욱 선명하게 빛을 발하게 되었다고 단언해도 될 것 같다.

문학가 괴테가 인정했던 철학자 쇼펜하우어의 매력은 정말 독특하다. 문학과 철학이 태극 속 음과 양처럼 서로를 지향한다. 철학의 형식 속에 문학이라는 내용이 가득 채워져 있는 느낌이다. 쇼펜하우어는 칸트를 추종했고 헤겔과 맞섰지만, 그의 문체는 이들과 전혀 달랐다. 소위 관념론이라는 형이상학적 개념을 남발하는 그런 문체가 아니었다.

쇼펜하우어는 일상 속에서 평범한 사람들이 모두 사용하는 말로 글을 썼다. 칸트가 순수한 것의 순수성을 가르치고, 헤겔이 절대적인 것의 절대성을 가르치며 허공을 바라보게 했다면, 쇼펜하우어는 사람의 사람다움과 삶의 의미를 곱씹게 했다. 그는 사람의 삶을 밤하늘의 별이 되게 했다. 우리의 시인 윤동주처럼 별을 헤아리며 어머니까지 떠올리게 한 것이다. 별을 볼 때마다 좋은 말 한마디씩 생각나게 한다.

철학자의 철학 속에 이념이 있다. 생각이 관점을 형성하고, 관점이 관념을 형성하며, 관념이 이념을 형성할 때까지 견뎌주길 바란다. 이념을 생각의 흔적이라 말하면 너무 식상할까. 하지만 이렇게 말을 해도 된다고 가르친 사람이 쇼펜하우어이다. 너무 어려운 개념으로 말을 이어갈 필요가 없다. 인간의 인생은 한자어여서 이념적인 냄새가 난다. 사람의 삶이라고 말하면 조금 더 일상적인 냄새가 난다. 그냥 그때그때 적당한 말을 하며 살면 된다.

삶에서 정해진 것은 없다. 변화가 삶의 본질이기 때문이다. 운동이 인생의 본질이기 때문이다. 산다는 것 자체가 변화이고 운동이다. 죽을 때까지 죽지 말고 살아보자. 사람에겐 삶만이 진리라고 말해도 되는 양심을 만들어보자.

주석

1부

1 이준구 편저, 《공자의 논어》, 스마트북, 2013, 65쪽.

2 참고, 쇼펜하우어, 홍성광 역, 《쇼펜하우어의 행복론과 인생론》, 을유문화사, 2015, 108쪽.

3 참고, 리처드 바크, 류시화 역, 《갈매기의 꿈》, 현문미디어, 2013, 70쪽; "가장 높이 나는 갈매기가 가장 멀리 본다."

4 참고, 이동용, 《쇼펜하우어, 돌이 별이 되는 철학》, 동녘, 2015, 199쪽.

5 재인용, 이동용, 《초인 사상으로 보는 인문학》, 세창출판사 2022, 270쪽.

6 이동용, 〈자전거 버리던 날〉, 《한국산문》, 통권 130권, 한국산문작가협회 2017년 2월호, 22쪽.

7 법정, 《무소유》, 범우사, 1994, 34쪽.

8 참고, 이동용, 《내 안에 코끼리》, 이파르, 2016, 49쪽부터.

9 생텍쥐페리, 베스트트랜스 역, 《어린 왕자》, 더클래식, 2012, 115쪽.

10 재인용, 이동용, 《쇼펜하우어, 돌이 별이 되는 철학》, 동녘, 2015, 365쪽.

11 쇼펜하우어, 김재혁 역, 《쇼펜하우어의 인생론》, 육문사, 2012, 27쪽.

12 법정, 《아름다운 마무리》, 문학의숲, 2008, 24쪽.

13 https://de.wikiquote.org/wiki/Letzte_Worte; "Macht doch den zweiten Fensterladen auf, damit mehr Licht hereinkomme."

14 이동용, 《초인 사상으로 보는 인문학》, 세창출판사, 2022, 133쪽.

15 세르반떼스, 김현창 역, 《돈끼호떼》, 동서문화사, 2014, 1271쪽.

16 이동용, 《초인 사상으로 보는 인문학》, 세창출판사, 2022, 100쪽.

17 윤동주, 권영민 편,《하늘과 바람과 별과 시》, 문학사상사 1995, 37쪽.

18 같은 책, 118쪽.

19 이동용,《니체, 문학과 철학의 두물머리》, 휴먼컬처아리랑, 2019, 234쪽.

20 참고, 이동용,《사랑한다! 괜찮아!》, 제2권, 휴먼컬처아리랑, 2022, 10쪽부터.

21 재인용, 이동용,《초인 사상으로 보는 인문학》, 세창출판사, 2022, 143쪽.

22 하이데거, 전양범 역,《존재와 시간》, 동서문화사, 2016, 30쪽.

23 참고, 이동용,《쇼펜하우어, 돌이 별이 되는 철학》, 동녘, 2015, 362쪽.

24 참고, https://de.wikipedia.org/wiki/Siegfried_der_Drachentöter; 지크프리트는 게르만 민족의 영웅전설 '니벨룽엔의 노래'의 주인공 이름이다. 이 전설을 음악가 바그너는 음악극의 형식으로 전환을 시켜서 4부작에 달하는《니벨룽엔의 반지》라는 불후의 명작을 남겼다.

25 리처드 바크, 류시화 역,《갈매기의 꿈》, 현문미디어, 2013, 18쪽.

26 이동용,《내 안에 코끼리》, 이파르, 2016, 196쪽.

27 참고, 이동용, 〈헤세의 '데미안'과 알을 깨고 나오는 새〉,《초인 사상으로 보는 인문학》, 세창출판사, 2022, 189쪽부터.

28 이동용,《사랑한다! 괜찮아!》, 제2권, 휴먼컬처아리랑, 2022, 303쪽.

29 참고, 이동용,《쇼펜하우어, 돌이 별이 되는 철학》, 동녘, 2015, 415쪽.

30 이동용,《니체와 초인의 언어》, 휴먼컬처아리랑, 2021, 19쪽.

31 이동용,《방황하는 초인의 이야기》, 휴먼컬처아리랑 2020, 234쪽.

32 참고, 이동용,《내 안에 코끼리》, 이파르, 2016, 117쪽.

33 재인용, 이동용,《초인 사상으로 보는 인문학》, 세창출판사, 2022, 284쪽.

34 참고, 쇼펜하우어, 홍성광 역,《의지와 표상으로서의 세계》, 을유문화사, 2015, 460쪽부터.

35 이동용,《초인 사상으로 보는 인문학》, 세창출판사, 2022, 76쪽.

36 이동용,《나르시스, 그리고 나르시시즘》, 책읽는사람들, 2001, 309쪽.

37 재인용, Willy Grabert 외,《Geschichte der deutschen Literatur》, München 21/1984, 80쪽; "Es muss gestorben sein, nicht vielleicht, sondern gewiss! Wann sterben ist nicht gewiss; wie sterben ist nicht gewiss; wo sterben ist nicht gewiss; aber sterben ist gewiss."

38 제임스 매튜 배리, 이정은 역,《피터 팬》, 예림당, 2012, 35쪽.

39 이동용,《내 안에 코끼리》, 이파르, 2016, 117쪽.

40 천상병,〈귀천〉,《나 하늘로 돌아가리라》, 시인생각, 2015, 13쪽.

41 이상,〈15호〉,《오감도》, 미래사, 신판, 2004, 27쪽; '실내'와 '외출중'은 원래 한자로
     적어놓았지만, 인용에서는 한글로 바꿔놓았음을 밝혀둔다.

42 윤동주,〈자화상〉,《하늘과 바람과 별과 시》, 위의 책, 100쪽.

43 이동용,《사막의 축제》, 제1권, 이파르 2017, 111쪽.

44 이동용,〈창문에 갇힌 파리〉,《문학사계》, 2016년 가을, 59호, 198쪽.

45 이동용,《내 안에 코끼리》, 이파르, 2016, 17쪽.

46 Seneca,《Von der Kürze des Lebens》, München, 2006, 7쪽; "das Leben ist lang, wenn
     man es recht zu brauchen weiß."

47 이동용,《내 안에 코끼리》, 이파르, 2016, 37쪽.

48 Goethe,《Italienische Reise》, hg. v. Christoph Michel, Frankfurt am Main 1976, 9쪽;
     "Auch ich in Arkadien!"

49 이동용,《쇼펜하우어, 돌이 별이 되는 철학》, 동녘, 2015, 132쪽부터.

50 이동용,《초인 사상으로 보는 인문학》, 위의 책, 84쪽.

51 Wagner,《Siegfried》, Stuttgart, 2002, 42쪽; 'am Ende des Walds'.

52 같은 곳, 'Neid-Höhle'.

53 같은 책, 74쪽; 'neidischer Kerl!'

54 이동용,《방황하는 초인의 이야기》, 휴먼컬처아리랑 2020, 223쪽.

55 같은 책, 61쪽부터.

56 이동용,《쇼펜하우어, 돌이 별이 되는 철학》, 동녘, 2015, 333쪽.

57 재인용, 이동용,《나르시스, 그리고 나르시시즘》, 책읽는사람들, 2001, 139쪽.

58 https://de.wikipedia.org/wiki/Anatta

59 재인용, 이동용,《니체, 문학과 철학의 두물머리》, 휴먼컬처아리랑 2019, 64쪽.

삶이라는 지옥을 건너는 70가지 방법

1판 1쇄 인쇄 2024년 3월 27일
1판 1쇄 발행 2024년 4월 3일

지은이 이동용
펴낸이 고병욱

기획편집1실장 윤현주 **책임편집** 한희진 **기획편집** 김경수
마케팅 이일권 함석영 황혜리 복다은
디자인 공희 백은주 **제작** 김기창 **관리** 주동은 **총무** 노재경 송민진

펴낸곳 청림출판(주)
등록 제2023-000081호

본사 04799 서울시 성동구 아차산로17길 49 1009, 1010호 청림출판(주)
제2사옥 10881 경기도 파주시 회동길 173 청림아트스페이스
전화 02-546-4341 **팩스** 02-546-8053

홈페이지 www.chungrim.com **이메일** cr2@chungrim.com
인스타그램 @chungrimbooks **블로그** blog.naver.com/chungrimpub
페이스북 www.facebook.com/chungrimpub

ⓒ 이동용, 2024

ISBN 979-11-5540-230-6 03100